Astrologia para astrólogos e
amantes da astrologia

Dados Internacionais de Catalogação na Publicação (CIP)
(Câmara Brasileira do Livro, SP, Brasil)

Assuramaya
  Astrologia para astrólogos e amantes da astrologia: enfoque místico e científico para o terceiro milênio / Assuramaya. -- São Paulo : Ágora, 2006.

  ISBN 978-85-7183-024-X

  1. Astrologia I. Título.

06-7587   CDD-133.5

Índice para catálogo sistemático:

1. Astrologia para o terceiro milênio   133.5

Compre em lugar de fotocopiar.
Cada real que você dá por um livro recompensa seus autores
e os convida a produzir mais sobre o tema;
incentiva seus editores a encomendar, traduzir e publicar
outras obras sobre o assunto;
e paga aos livreiros por estocar e levar até você livros
para a sua informação e o seu entretenimento.
Cada real que você dá pela fotocópia não-autorizada de um livro
financia o crime
e ajuda a matar a produção intelectual de seu país.

Assuramaya

Astrologia para astrólogos e amantes da astrologia

Enfoque místico e científico para o terceiro milênio

EDITORA
ÁGORA

ASTROLOGIA PARA ASTRÓLOGOS E AMANTES DA ASTROLOGIA
Enfoque místico e científico para o terceiro milênio
Copyright © 2006 by Assuramaya
Direitos desta edição reservados por Summus Editorial

Capa: **Mari Pini**
Projeto gráfico e diagramação: **Raquel Coelho/Casa de Idéias**
Fotolitos: **Pressplate**

Editora Ágora
Departamento editorial:
Rua Itapicuru, 613 – 7º andar
05006-000 – São Paulo – SP
Fone: (11) 3872-3322
Fax: (11) 3872-7476
http://www.editoraagora.com.br
e-mail: agora@editoraagora.com.br

Atendimento ao consumidor:
Summus Editorial
Fone: (11) 3865-9890

Vendas por atacado:
Fone: (11) 3873-8638
Fax: (11) 3873-7085
e-mail: vendas@summus.com.br

Impresso no Brasil

Meu trabalho como conferencista, jornalista e escritor ganhou vida e cor nos anos 1970, com a chegada de Regina...

Revisora vigilante, coordenadora competente, companheira de ideal e emoções nas últimas três décadas da vida desse velho catador de diamantes nos garimpos da alma humana, Regina é, naturalmente, co-autora espiritual deste livro.

A ela dedico esta obra.

Amorosamente,

Assuramaya

Sumário

Juramento do astrólogo, 15
Prece a Deus, 17
Apresentação, 19
Aos meus leitores, colegas e alunos, 25

I. O sistema astrológico, 35
   Onde e como surgiu a astrologia, 35
   O Zodíaco e os doze signos zodiacais, 36
      O Zodíaco, 36
      História e simbologia dos doze signos zodiacais, 39
      Os signos do Zodíaco, 43
         O signo de Áries, 44
         O signo de Touro, 47
         O signo de Gêmeos, 48
         O signo de Câncer, 50
         O signo de Leão, 51
         O signo de Virgem, 52
         O signo de Libra, 53
         O signo de Escorpião, 54
         O signo de Sagitário, 55
         O signo de Capricórnio, 56
         O signo de Aquário, 57
         O signo de Peixes, 57

Os signos segundo os quatro elementos, 58
 Os quatro estados da matéria e os quatro elementos, 58
 A fúria dos elementos, 63
 Os quatro elementos, 65
  Terra, 65
  Água, 66
  Ar, 67
  Fogo, 68
 O elemento terra e seus três estágios: Touro, Virgem e Capricórnio, 69
  Primeiro estágio no signo de Touro, 69
  Segundo estágio no signo de Virgem, 70
  Terceiro estágio no signo de Capricórnio, 71
 O elemento água e seus três estágios: Câncer, Escorpião e Peixes, 71
  Primeiro estágio no signo de Câncer, 71
  Segundo estágio no signo de Escorpião, 72
  Terceiro estágio no signo de Peixes, 73
 O elemento ar e seus três estágios: Gêmeos, Libra e Aquário, 74
  Primeiro estágio no signo de Gêmeos, 75
  Segundo estágio no signo de Libra, 75
  Terceiro estágio no signo de Aquário, 76
 O elemento fogo e seus três estágios: Áries, Leão e Sagitário, 77
  Primeiro estágio no signo de Áries, 77
  Segundo estágio no signo de Leão, 78
  Terceiro estágio no signo de Sagitário, 79
As doze casas astrológicas, 80
 Casa 1 ou signo ascendente, 81
 Casa 2, 81
 Casa 3, 83
 Casa 4, 85
 Casa 5, 86
 Casa 6, 88
 Casa 7, 88

Casa 8, 89
Casa 9, 90
Casa 10, 92
Casa 11, 92
Casa 12, 93
As casas astrológicas segundo seus triângulos, 94
   O triângulo da vida, 95
   O plano instintivo – Casa 5 – O ser animal, 96
   A mente humana – O poderoso gerente da vida – Casa 9 – O ser intelectual, 97
   O espírito divino – O Homem-Deus em formação – Casa 9 – O homem liberto pelo conhecimento, 99
   Triângulo da atividade – Casa 6 – Casa 2 – Casa 10, 101
   Triângulo das uniões – Casa 3 – Casa 7 – Casa 11, 102
   Triângulo dos fins – Casa 4 – Casa 8 – Casa 12, 103
Os luminares e os planetas, 104
   Sol, 104
   Lua, 105
   Mercúrio, 106
   Vênus, 106
   Marte, 107
   Júpiter, 107
   Saturno, 108
   Urano, 109
   Netuno, 110
   Plutão – planeta ou asteróide?, 110
   Dignidades e debilidades planetárias, 119
   Dignidades acidentais, 121
Planeta aplicador e aspectos (angulações), 121
   Trígono, quadraturas etc.: quem fere quem?, 124
Estrelas fixas e sua importância nos horóscopos, 125
   Como usar as estrelas fixas no horóscopo, 127
   Tabela das estrelas fixas – posição e significado, 128

Correção da posição das estrelas fixas para o ano correspondente, 132
Justa homenagem a Claudius Ptolomeu, 132
As eras astrológicas, 134
Precessão dos equinócios segundo Assuramaya, 135
Era de Leão (de 11015 até 8855 a.C.), 137
Era de Câncer (de 8855 até 6695 a.C.), 138
Era de Gêmeos (de 6695 até 4535 a.C.), 140
Era de Touro (de 4535 até 2375 a.C.), 141
Era de Áries (de 2375 até 215 a.C.), 142
Era de Peixes (de 215 a.C. até 1945 d.C.), 143
Era de Aquário (de 1945 d.C. em diante), 143

II. O fenômeno cósmico, 149
Astrologia – A mãe da astronomia, 149
Olhando para o céu, 149
Um olho no espaço. Matéria e tempo. Lá e cá, 151
Entre o homem e o buraco negro – A mão de Deus, 158
O buraco negro. O traslado da evolução para um universo paralelo.
O infinito, a eternidade, 164
Elétron e pósitron, 165
Reflexões, 170
As constelações, 173
Constelações zodiacais, 173
Descrições das constelações zodiacais, 176
O Conglomerado das Plêiades, 176
O Quadrilátero do Orião, 177
Gêmeos, 178
Cão Maior, 179
Constelação do Leão, 179
Constelação da Virgem, 179
Constelação de Libra, 179
Constelação da Lira, 179
Constelação Carena, 180

Constelação do Escorpião, 181
Cruzeiro do Sul, 181
O Centauro, 182
Constelação da Águia, 182
Constelação Eridano, 182
Via Láctea – A nossa galáxia, 183
   Uma galáxia do grupo local, 183
O planeta Terra, 184
Calendário e ano bissexto, 185

III. Diferenciais Assuramaya de interpretação astrológica, 187
Interpretação de horóscopo – Regra básica, 187
   Disposições planetárias e aspectos diretos e reflexos, 190
Síndrome Saturno-Lua, 190
   Introdução e descrição, 190
   O que é Saturno? O que é Lua?, 196
O regente do ASC nas casas e vice-versa, 208
   O signo ascendente, cúspides das casas e seus regentes, 208
   O regente do ASC na casa 1, 212
   O regente do ASC na casa 1 no signo co-regente, 212
   O regente do signo co-regente do signo ASC neste signo, na casa 1, 213
   O regente do signo co-regente do ASC na casa 1, no signo co-regente do ASC, 213
   O regente do ASC na casa 2, 213
   O regente da casa 2 na casa 1, 215
   O regente do ASC na casa 3, 215
   O regente da casa 3 na casa 1, 216
   O regente do ASC na casa 4, 218
   O regente da casa 4 na casa 1, 220
   O regente do ASC na casa 5, 220
   O regente da casa 5 na casa 1, 221
   O regente do ASC na casa 6, 222

O regente da casa 6 na casa 1, 223
O regente do ASC na casa 7, 223
O regente da casa 7 na casa 1, 225
O regente do ASC na casa 8, 226
O regente da casa 8 na casa 1, 228
O regente do ASC na casa 9, 229
O regente da casa 9 na casa 1, 230
O regente do ASC na casa 10, 231
O regente da casa 10 na casa 1, 233
O regente do ASC na casa 11, 233
O regente da casa 11 na casa 1, 234
O regente do ASC na casa 12, 234
O regente da casa 12 na casa 1, 235

O Hilec e o Anareta, 235

A Lilite, 237

Explicando Lilite, 238

Horóscopo individual e progressões, 240

Método Assuramaya de progressões: um verdadeiro "Ovo de Colombo", 243

Exemplo de uso do método Assuramaya de progressões, 246

Início do ano astrológico, 247

Casa 2, 249

Casa 3, 249

Casa 4, 249

Casa 5, 250

Casa 6, 250

Casa 7, 251

Casa 8, 251

Casa 9, 252

Casa 10, 252

Casa 11, 252

Casa 12, 253

IV. Perguntas mais freqüentes, 255
   Astrologia em geral, 255
      O que é astrologia? 255
      Astrologia é uma arte, ciência ou religião? Qual sua função como disciplinadora do comportamento humano ante a existência, o destino e a felicidade humana?, 258
      Podem-se comprovar cientificamente as informações contidas em um horóscopo?, 259
      Quando ou qual a idade indicada para efetuar o horóscopo de uma pessoa?, 259
   Interpretação astrológica, 261
      Qual o signo mais forte do Zodíaco? Existe isso?, 261
      Se existe um signo mais forte, há também um signo mais fraco? 262
      Existem signos hostis? Em caso positivo, essas pessoas devem ser evitadas?, 262
      Qual a importância do signo ascendente e do signo solar em um horóscopo?, 263
      Por que se diz que os homens são de Marte e as mulheres são de Vênus?, 264
      A propósito, que fator astrológico determina a sexualidade em um horóscopo?, 264
      Qual fator do horóscopo determina o sucesso de algumas pessoas e dificuldades na vida de outras? Existe um determinismo astral?, 266
   Astrologia e suas técnicas, 268
      Existe um indicador vocacional determinante de objetivos, como área de saúde, financeira, política, de comunicação, social, empresarial, governamental etc.?, 268
      O que é sinastria? Qual a importância da análise de duas pessoas, seja para a avaliação afetiva em uma união conjugal seja para a formação de uma sociedade comercial?, 268
      O que é progressão?, 269
      Existe uma astrologia empresarial? Pode-se fazer o horóscopo de uma empresa? Como procedê-lo?, 270

Existe uma prática de efetuar os horóscopos de países. O Brasil também tem o seu horóscopo. Qual a validade dessas informações?, 271
Existe uma astrologia lunar?, 271
Além dos luminares, Sol e Lua, planetas e estrelas, que outros elementos podem ser considerados em um horóscopo?, 272
O que é Hilec e o que é Anareta?, 273
O que é "movimento retrógrado" dos planetas e qual a sua importância para análise do horóscopo?, 273
O que o astrólogo não deve revelar ao seu cliente? Até onde o astrólogo pode usar o direito do arbítrio?, 274

Anexos, 277
A bandeira do Brasil e suas estrelas, 277
    As constelações e estrelas presentes na bandeira brasileira, 277
O horóscopo do Brasil, 278
    Ensaios e erros, 278
    Horóscopo do Brasil, 280
O horóscopo de Luís Vaz de Camões, 283

Juramento do astrólogo
criado por Assuramaya

1) Juro, por minha honra, estudar a sagrada ciência com dedicação, amor e seriedade, procurando compreender todos os seus postulados por meu próprio esforço ou me dirigindo ao meu Instrutor, sempre que a dúvida surgir, com o devido respeito e carinho.

2) Juro manter sigilo absoluto e jamais revelar, a quem quer que seja, ou em qualquer circunstância, os segredos que me forem confiados ou aqueles encontrados na leitura de um horóscopo.

3) Juro que jamais transformarei a astrologia em um mercado vil e, mesmo que faça dela minha profissão, exercê-la-ei com dignidade, jamais me aviltando em vibração mercenária.

4) Juro que serei sempre o confidente amigo, o conselheiro discreto, o orientador correto toda vez que solicitado a interpretar um horóscopo, o que farei com correção científica, como será assinado por meu Instrutor.

5) Juro que farei tudo ao meu alcance para divulgar a astrologia em seu aspecto científico, desfazendo a incompreensão que o seu mau uso tem trazido para as pessoas em geral.

6) Juro realizar pesquisas, coordenar esforços e acrescentar conhecimentos para a glória de minha ciência e para o bem da humanidade...

7) Juro respeitar os postulados da ética, jamais pesquisando a casa 8 (morte) de pessoas vivas, sob qualquer pretexto ou outros atos que o bom senso e a boa moral rejeitam...

8) Sempre que eu cumprir este juramento, o bem que eu proporcionar a meu semelhante traga-me a felicidade de dever cumprido; mas, se algum dia eu o trair, que os Excelsos Regentes do Carma me façam justiça.

(Publicado em meu livro *Manual de Astrologia*, Editora Renes, 1974)

Prece a Deus

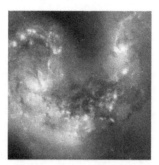

Galáxias antenas em choque

A foto acima é também uma imagem santa.

Mirar-se nessa foto, sentir o Deus que palpita e estremece na vibração celestial desse colosso, levar-nos-á a uma profunda reflexão sobre quem somos, de onde viemos, por que estamos aqui... E para onde vamos!

O Deus de todos nós, Criador do universo, galáxias, estrelas, nebulosas, conglomerados estelares, berçários de estrelas e bilhões de bilhões de estrelas como o nosso Sol da vida.

O Deus de todos nós, Criador do Sistema Solar, do Sol, dos planetas, da Terra, das criaturas que aqui habitam e de toda a humanidade.

Amado leitor, fiquei cerca de uma hora contemplando esse colosso sideral, com o mesmo êxtase místico do devoto diante das imagens santas.

Imaginei mais de cem bilhões de estrelas na grandiloqüência de uma verdadeira comunhão celestial, numa eucaristia cósmi-

ca, na qual as criaturas e o Seu Criador comungam a mesma vibração.

Imaginei como vivem as criaturas aqui na Terra, tão distantes dos eventos siderais e mais distantes ainda da grandeza imensurável de Deus.

E orei ao Criador: "Senhor, abranda os corações dos homens maus e retira deles o cetro do poder..."

Para que não destruam aqui na Terra a Tua generosa Criação.

Para que parem os conflitos gerados em suas mentes enfermas.

Para que não cometam atrocidades contra os seus semelhantes, deformando a natureza que fizestes com arte e beleza.

Senhor, observando extasiado a magnífica fusão dessas duas galáxias antenas, senti uma opressão no peito e uma vontade irresistível de mergulhar no Teu universo e compreendê-Lo para amá-Lo.

Porque eu quero o bem para mim, mas o quero também para toda a humanidade!

E vejo com desgosto que as fúrias egressas dos corações dos falcões das guerras torturam e dilaceram corpos e almas dos teus filhos, criados por Ti para viver no Paraíso.

Senhor, eu vi, das janelas de minha alma, o esplendor de Tua grandeza na fusão dessas duas galáxias fotografadas pelo Hubble.

Senhor, permite que os falcões do poder troquem os canhões da guerra por milhares de Hubbles para nos ajudarem a contemplar a Tua imensa grandeza.

Para que haja amor nos corações e sabedoria nas mentes dos humanos, coragem em suas almas e santidade em seus espíritos.

Permite, Senhor, que as imagens celestiais alcançadas pela tecnologia materialista dos poderosos alcancem também os seus corações, convertendo-os para o bem da humanidade.

E o estudante de Astrologia, caminhando humildemente sobre as trilhas abertas pelos astrônomos nas imensidões siderais, agradece, deslumbrado e contrito, e roga a Deus: Senhor, abre os olhos da ciência para a Tua grandeza. Eles se encontram diante dela... Mas ainda não perceberam.

Apresentação

> *Se quisermos entender um vegetal, devemos pôr em discussão não somente a planta, o animal, o ser humano, mas, sobretudo, o cosmo, pois a vida não se origina somente da Terra, mas do universo inteiro. A natureza é uma, e suas forças agem em todas as direções. Quem tiver a mente aberta para a ação manifesta dessas forças poderá, então, compreendê-la.*
>
> (Rudolf Steiner, 1938, *Agricultura*)

Desde que cortaram o cordão umbilical que me unia ao ventre materno, venho tentando descobrir meu grau de parentesco com este fascinante universo no qual o planeta Terra, nossa linda morada, está inserto. Quando menino, em Nova Esperança, eu tinha o hábito de levar um lençol para o gramado, a fim de observar as estrelas.

Deitado, com as mãos detrás da cabeça, e levantando o olhar em direção ao céu límpido, eu contemplava cheio de admiração todos aqueles mundos cintilando próximos um do outro.

Lá em cima, também, estava a Lua, exuberante, passeando pelo céu, ofuscando com seu brilho o cintilar das estrelas.

Meu avô costumava dizer que povos da Antigüidade usavam o céu como guia, já que o firmamento encerrava sinais, trazia presságios, podia contar histórias.

Os egípcios observavam o modo como a Mãe Natureza espelhava os eventos celestes e percebiam que o Nilo repetidamente transbordava sempre que a estrela Canícula surgia com o Sol.

Outros povos descobriram que o movimento das marés coincidia com as fases da Lua, que, por sua vez, afetava a agricultura, principalmente nas bacias dos rios Indo, Yang Tse, Tigre e Eufrates. Na verdade, esse prodígio acontece porque a Lua está perto do nosso planeta.

Em sua trajetória ao redor da Terra, a Lua se torna um gigantesco ímã que atrai massas de água, fazendo subir os oceanos. O efeito maior acontece nas fases da Lua Nova e Cheia.

Essas mesmas forças também afetam a água que está impregnada no solo. O aumento da umidade faz que a semente inche e rebente. Lembro bem que meu pai e os lavradores da comunidade também semeavam tomando as fases da Lua como referência.

Ensinava-se, de modo geral, que quando a Lua cresce a planta desenvolve melhor as folhas. Quando a Lua começa a minguar, as energias vão se exaurindo e a planta desenvolve suas raízes.

Finalmente, no quarto minguante, a força gravitacional cessa e a Lua descansa. Meu pai aproveitava esse repouso para ceifar, fazer transplante de mudas e realizar podas.

Minha curiosidade pela Astrologia começou em 1969, quando eu ainda morava em Paris.

Aprendi que a crença na influência da energia planetária sobre a Terra teve início cerca de mil anos atrás, provavelmente, entre os caldeus ou assírios, embora alguns estudiosos afirmem que ela tenha se originado dos babilônios.

No Egito, onde se adotava a sangria, método terapêutico que tinha por finalidade restaurar o equilíbrio dos humores corporais, cada signo do Zodíaco regia uma parte do corpo humano. O médico, auxiliado pelas forças curativas da natureza, retirava o "humor em excesso", ou o "humor vicioso".

Quando a Lua estava posicionada no signo zodiacal que governava aquela parte, a sangria era evitada, uma vez que a atração lunar poderia causar uma perda de sangue em excesso.

Agora, 3.500 anos depois, meu pai cortava os chifres das vacas na fase da Lua Minguante, a fim de evitar que as energias poderosas da Lua Cheia fizessem o animal sangrar infinitamente.

Segundo alguns estudiosos, a Medicina foi um dos principais motivos que fizeram o Ocidente se interessar pela Astrologia.

Na Idade Média, estas disciplinas estavam tão irmanadas que, durante séculos, não foi possível desassociar uma da outra, já que era comum o uso de posições dos planetas no diagnóstico e tratamento de enfermidades.

Ainda no século XVIII, era impossível conseguir, em algumas universidades, o título de doutor em Medicina, a menos que o pretendente se submetesse a um exame em Astrologia.

Mesmo nos dias de hoje, apesar dos avanços da ciência, a procura por um elo entre o homem e o universo não tem diminuído. "Quem sou eu? De onde vim? Qual é o sentido desta jornada solitária que estamos empreendendo?", indaga o ser mais profundo.

A astronomia moderna nos tem mostrado, talvez de modo diferente daqueles imaginados pelos astrólogos da Antigüidade, que, no universo, tudo vem da mesma fonte.

Fragmentos de meteoritos, amostras da composição do solo lunar trazidas por espaçonaves, o vento solar, os raios cósmicos – que, provavelmente, são originados de estrelas que explodem –, todos mostram a presença das mesmas partículas que conhecemos aqui na Terra.

Podemos até duvidar de que nosso destino individual esteja ligado ao resto do universo de maneira profunda. Porém, a matéria-prima da qual cada um de nós é constituído está intimamente unida a uma série de prodígios que ocorreram em gigantescas distâncias no espaço, longe de nós, em imensos intervalos de tempo.

96,2% do peso do corpo humano originam-se de elementos orgânicos presentes em diferentes formas. DNA, proteínas, lipídios, açúcares são formados por átomos de oxigênio, carbono, hidrogênio e nitrogênio abundantes no universo.

O ferro, imprescindível para o transporte do oxigênio no sangue, o carbono de nossos genes, o cálcio de nossos dentes, todos foram produzidos há bilhões de anos no interior flamejante de um gigantesco astro vermelho. E o que dizer do potássio, que faz nosso coração pulsar regularmente, e com ternura? Não provém ele igualmente das estrelas?

Da mesma argila que fez a jarra, o sábio oleiro também fez as xícaras.

Isso quer dizer que, se uma energia eterna fez nascer todos os sóis, todas as luas, os planetas, as estrelas, enfim, todas as coisas existentes, nós também nascemos dela e, portanto, estamos nela. E, se as coisas originadas dessa energia estão ligadas entre si, elas não podem fazer nada sem o seu consentimento.

Assim sendo, é razoável aceitar que corpos celestes tenham uma influência sutil. Mas teriam eles uma influência definitiva na vida humana? Podem as estrelas dizer quem somos?

Tive o privilégio de conhecer Assuramaya em 2002, por intermédio de uma amiga estudiosa em Astrologia.

Ela, que havia visitado diferentes astrólogos, fez uma consulta com ele e saiu satisfeita. Disse que Assuramaya tinha um modo especial de interpretar a simbologia dos astros, e sugeriu que eu fizesse uma carta astral com ele.

Nessa época, Assuramaya residia em Bom Jardim, no Rio de Janeiro. Porém, tinha necessidade de vir ocasionalmente a São Paulo para atender alguns clientes.

Enviei-lhe informações a respeito do lugar, dia e hora do nascimento e fiquei aguardando o momento de sua chegada. Afinal de contas, após percorrer tantos caminhos por esse mundo afora, eu tinha a curiosidade de saber o que as estrelas sabiam de mim e se guardavam algum segredo.

Finalmente, ocorreu o encontro esperado.

Dirigi-me até o *flat* onde Assuramaya estava hospedado. Fui recebido por um senhor amável, de estatura média, idade avançada e barba branca comprida. Levou-me até uma sala e começou a dissertar sobre a carta, gravando tudo em fita cassete.

Falou sobre a astrologia como instrumento do conhecimento de si.

Em seguida, deu seqüência à análise da configuração planetária na hora do nascimento. Passou a interpretar as casas zodiacais até chegar à casa 4, que, segundo ele, é o campo do inconsciente e está relacionada com tudo que liga o nativo à família, a seus ancestrais e a seu passado.

"A casa 4 é conflitada", disse. "Quando o Valdi tinha 11 anos de idade, acontecimentos dramáticos sacudiram a família dos Ercolani. É bom fazer uma avaliação", disse. Houve silêncio.

Não era preciso dizer mais nada, pois foi exatamente nessa época que meu pai tentou suicídio. O enigma da esfinge havia sido decifrado. Saturno, que pregara uma peça ao pequeno Valdi, revelou, ao velho sacerdote, um segredo há mais de cinqüenta anos ocultado.

No lado de fora, a noite caía sobre a cidade.

Despedi-me de Assuramaya com a alma leve; porém, havia dentro de mim uma nostalgia profunda. Lembrava-me das estrelas de Nova Esperança e sentia falta delas.

Mas quem consegue ficar longe de seus elementos sem sentir saudades ou tristeza?

Valdi Ercolani
Escritor e empresário
São Paulo, outubro de 2005

Aos meus leitores, colegas e alunos

Queridos leitores, colegas astrólogos e alunos, este tratado de astrologia tem por escopo abordar o ensino da ciência astrológica em seu aspecto científico, mas também místico, sob a lente de minha observação ao longo de cerca de cinqüenta anos de estudo, pesquisas e do exercício sistemático da prática astrológica – realizado no Curso Assuramaya de Astrologia Científica desde o ano de 1954.

Devo minha formação científica às exaustivas pesquisas durantes décadas, naturalmente inspiradas na obra fecunda de ilustres astrólogos e grandes luminares. Cito Paracelso e os magníficos mestres da escola francesa, Jean Baptiste Morin de Vilefranche, André Boudinaeu, Antoine Volguine, Paul Chacornac, Ulysse Bouchet, E. Caslant, George Muchery, George Antarès, Janduz, Eudes Picard, E. Caslant e muitos outros cuja memória reverencio com profunda gratidão.

Entre os brasileiros, Botelho de Abreu, Batista de Oliveira, Demetrio de Toledo, meu saudoso amigo João Romariz, Ruben Peiruque e o mestre alemão/brasileiro Ullo Getzel, fundador da escola As Celan, no Rio de Janeiro.

Com humildade, mas com a convicção alcançada em cinco décadas de dedicação, seriedade científica e fidelidade espiritual, pretendo realizar esse projeto de cuja responsabilidade e grandeza tenho a devida noção.

Isto porque a astrologia ainda não possui um código de ética científico, ou porque não temos ainda uma instrução acadêmica ou universitária que obrigue aos que pretendem exercer esse digno ministério o estudo das ciências correlatas e inerentes ao profundo conhecimento exigido para a formação de um astrólogo.

Entre essas ciências, estão a astronomia, a astrofísica, a física de partículas, a biologia, as matemáticas, a filosofia, a mitologia, a psicologia, entre outras – como procurarei demonstrar ao longo desta obra –, que nos permitem exercer esse sagrado ofício com convicção científica, sabedoria, serenidade, segurança e o inarredável abrigo da virtude.

Esta soma de conhecimentos científicos é necessária e indispensável para que, no exercício da função de astrólogo, este não se encontre, em nenhum momento, vulnerável à dúvida, resultante da falta da cultura indispensável para o analista astrólogo exercer com segurança inabalável a arte de analisar horóscopos.

Houve um tempo em que os astrólogos eram designados magos, quer dizer, sábios, luzes de poderosos dignitários humanos, nobres, eclesiásticos, governantes, reis e príncipes, e preceptores dos filhos desses influentes potentados, em diferentes épocas de nossa civilização.

E foram esses magos da Antigüidade os precursores dos sábios e cientistas da Idade Contemporânea.

É sabido que em toda atividade humana, ciência ou profissão, encontramos, não raro, indivíduos exercendo atividades para as quais não possuem o devido preparo ou crédito, causando muito maiores malefícios do que benefícios por sua participação indevida.

Livros são publicados aos milhares, por editoras que se regalam no prestígio que a astrologia desfruta entre grandes setores do público leitor.

Cursos de astrologia proliferam em abundância. Alguns, felizmente, de grande respeitabilidade e expressão científica; mas, infelizmente, outros tantos nem sempre sob orientação de sábios astrólogos, responsáveis pela divulgação de ensinamentos eivados de erros e carentes de valor científico...

Felizmente, a partir dos últimos trinta anos, aproximadamente, associações de classe e sindicatos dirigidos por astrólogos responsáveis e de respeitável cultura e ciência têm surgido, tentando coibir as práticas ilícitas, procurando disciplinar a entrada de intrusos despreparados, criando códigos de ética e excelentes escolas que privilegiam o ensino da ciência astronômica, da matemática e da física – bases angulares da astrologia – para, no mínimo, isolar a nefasta concorrência, criando um selo de referência astrológica...

Quero deixar bem claro, repito, que este livro não pretende exercer poder de polícia nem polemizar.

Meu objetivo é compartilhar com os mais lúcidos e responsáveis entre os mestres astrólogos de notório saber científico e reconhecido valor moral, pois nos encontramos no mesmo barco, felizmente, inspirados na magnífica orientação que se reflete do universo infinito e suas exuberantes constelações de imensuráveis corpos siderais, feitos todos da mesma energia da qual somos formados nós humanos.

E, por não pretender desestimular os neófitos bem-intencionados ou estudantes responsáveis que pretendem se iniciar no aprendizado da ciência astrológica, escrevi este livro, que contém, para eles, os princípios elementares e fundamentos básicos da astrologia, e para os meus pares, astrólogos formados, além do alerta, inúmeras experiências que, acredito, poderão acrescentar não uma nova face da astrologia – o que seria herético –, mas sim inúmeras experiências de importante valor científico e didático, além de algumas práticas retiradas de sucessivas pesquisas realizadas durante o meu longo aprendizado.

Essas experiências foram realizadas, simultaneamente, na Granja Experimental de Astrologia de Sepetiba, onde realizei, nos anos de 1950, milhares de observações para a confirmação do que lera nos magníficos tratados de astrologia e nos registros das informações de grandes mestres, nos mais diferentes setores da pesquisa; no Curso Assuramaya de Astrologia Científica, em milhares de aulas, palestras, conferências, simpósios; no Centro de Pesquisas Astrológicas da Universidade Estácio de Sá, que fundei em 1978; e no contato maravilhoso que tive nesses longos anos com meus alunos, com quem aprendi a ensinar lições preciosas e indispensáveis para o ingresso desses companheiros de ideal científico e espiritual em nosso lúcido e sublime mestrado.

Finalmente, e por outro lado, quero lembrar que é muito difícil, quase impossível, colocar a astrologia dentro de um universo acadêmico fechado, debaixo de normas e postulados inarredáveis das conclusões científicas, que por sua vez se sustentam em conclusões verdadeiras sobre premissas devidamente demonstradas.

Daí a necessidade de um olho vigilante, guiado pela luz do conhecimento e pela indispensável e constante presença da virtude.

Lembramos que o astrólogo não pode cometer erros. O médico erra e o doente sob sua guarda morre; o advogado erra e o seu cliente vai para a cadeia; o engenheiro erra, cai uma ponte; o economista erra e resulta uma falência... O astrólogo não pode errar: porque a sua matéria-prima é a alma humana. E matar uma vida, em vida, pode ser o maior desastre da existência.

Convido a todos, especialmente os mais lúcidos entre os companheiros de jornada, para uma reflexão humilde e sensata, no sentido de blindar nossa ciência contra a invasão desses apedeutas e suas perigosas inovações, as quais tantos danos podem acarretar à astrologia.

Tenho a honesta pretensão de acreditar que o livro *Astrologia para astrólogos e amantes da astrologia*, que estou passando às suas mãos, vai atingir o objetivo que proponho: ajudá-lo a esclarecer as dúvidas sobre a real importância da astrologia, afastando importantes setores da sociedade humana dos verdadeiros propósitos de sua existência e dos benefícios que o seu exercício honesto e científico poderá acrescentar à grande maioria das populações humanas. Apresento-lhe a astrologia não só em seu aspecto científico, técnico e astropedagógico, mas também místico e espiritual.

Científico e técnico porque os cálculos astrológicos se baseiam nos mesmos cálculos astronômicos feitos pelos astrônomos, e as cartas astrológicas obedecem aos mesmos critérios dos cálculos feitos por esses profissionais.

Astropedagógico porque a análise do mapa astral pressupõe uma astroanálise plena e inclui o que eu denomino educação pelos astros, para nortear o nativo em suas relações com o ambiente e com as pessoas com as quais interage normalmente.

Além disso, acrescento ao longo das páginas seguintes importantes informações sobre os mais diferentes temas, na tentativa de esclarecer e tentar elucidar as dúvidas que inevitavelmente surgirão ao longo de nosso estudo.

Ante o mal explicado e mal difundido caráter divinatório e seu conseqüente segmento adivinhatório, e o verdadeiro caráter científico que lhe atribuem diferentes juízos, pretendo colocar um seminário de informações, fatos, experiências científicas e dados estatísticos que têm sido semeados e colhidos no Centro de Pesquisas Astrológicas do Curso Assuramaya de Astrologia Científica.

Astrologia para astrólogos e amantes da astrologia, como o próprio nome diz, é destinado a meus pares astrólogos e aos amantes da astrologia em geral – e, também, ao grande público leigo no assunto, mas também constituído de sérios buscadores da verdade...

Porque a astrologia não é, em hipótese alguma, um feudo de privilegiados.

As observações, conclusões e teses que seguem são dirigidas também aos estudantes de mística científica e aos cientistas nãomísticos, aos quais envio um lembrete tão verdadeiro quanto a própria ciência que é o seu ofício e sua arte:

"*Negar aprioristicamente é anticientífico...*"

No entanto, acredito, estou lavorando em seara fecunda por estarmos vivendo em plena Era de Aquário – a era dos grandes eventos e das grandes transformações. Os seres mais lúcidos, que em sua maioria estão seriamente voltados para um espiritualismo científico de resultados que preencha os seus reclamos espirituais, não aceitam por inteiro uma ciência atéia que já não atende às expectativas mais superiores da alma humana.

Entretanto, até compreendo a notória aversão de setores do seleto grupo de cientistas que comanda a ciência no mundo moderno contra quaisquer movimentos científicos não-convencionais, incluindo as proclamadas "ciências ocultas" em cujo leque colocam, indevidamente, por negligência ou ignorância, a astrologia.

Quem freqüenta as livrarias e bancas de jornal e tem discernimento para separar o joio do trigo certamente sentirá um mal-estar ao observar certa literatura que em nada justifica a cultura nem cultua a virtude, sendo, não apenas pequena minoria, verdadeiros embutidos de falsidades, embustes e pornografia.

Para citar um único exemplo, e talvez o mais generalizado de todos, lembro o livro do famoso médico e astrólogo francês do século XVII, Michel Nostradamus, o mais falsificado, falseado e pirateado autor de todos os tempos.

Sua famosíssima obra *Les vrayes centuries et propheties* foi publicada em Amsterdã no ano de 1666 e tinha, pasmem, apenas 20 páginas no original. Tenho em minha biblioteca essa preciosidade, o texto original do autor, que guardo como uma relíquia.

Entretanto, amados leitores, milhares de livros, com o falso título de *Centúrias*, foram publicados ao longo dos séculos que se seguiram à sua publicação original, pelas mais diferentes e até respeitáveis editoras, com centenas de páginas, notoriamente enganando os incautos que acreditam ler o mestre Nostradamus, quando, na realidade, estão lendo embutidos literários da imprensa marrom...

Por testemunho do opróbrio, embora com desgosto, guardo em uma estante de minha biblioteca um desses vilipêndios com mais de 300 páginas.

Por essa e outras razões, até justifico a antipatia que certos setores da comunidade científica têm pelas ciências às quais se estabeleceu, erradamente, chamar "ciências ocultas" (que jamais foram ocultas, mas sempre "ocultadas"). Elas, que não passam pelas lentes do micro ou do macroespaço da ciência convencional ou pelo crivo de seus olheiros eletrônicos e satélites-robôs, estão por isso mesmo aprioristicamente condenadas ao ocaso da credibilidade.

Mas nós, místicos cientistas, não sorrimos amarelo quando a "comunidade" substitui velhas teorias por novos conceitos científicos que correspondem aos últimos ajustes da observação corrente.

Há até cerca de algumas décadas, a ciência convencional admitia como preceito científico, certo e definitivo, a existência da malfadada geração espontânea.

Tinha-se como verdade e era ensinado até na divina Sorbonne que ratos nasciam de velhos monturos e vermes nasciam de carne apodrecida.

Foi preciso o naturalista italiano Redi demonstrar com as duas cubas com carne, uma protegida com gaze e a outra ao descoberto, a incoerência desses ensinamentos.

A "comunidade" comemorou com júbilo ao constatar que na cuba descoberta entraram moscas e puseram ovos dos quais nasceram vermes. Amados leitores, há quase trinta séculos já sabiam os gregos que vermes nascem dos ovos das moscas...

Basta-nos recorrer ao fascinante relato de Homero em sua *Ilíada* – Poema da Humanidade –, no qual narra com pujante beleza o cerco e os conflitos durante a Guerra de Tróia (publicação da Editora Atenas, página 351, livro XIX – 10), descrevendo os acontecimentos ao redor do velório de Pátroclo, amigo de Aquiles, que fora morto por Heitor.

Aquiles, que passara a noite velando o corpo do amigo, foi instado pela mãe, Tetis, a descansar. Ao que o inconsolável Aquiles teria redargüido, enquanto abanava o corpo do defunto para livrá-lo das incômodas moscas.

– Não posso deixá-lo, mãe, pois temo que entrem moscas em suas feridas e nasçam vermes...

Desse exemplo clássico concluímos que a ciência somente é verdadeira quando demonstra com provas irrefutáveis o fato científico... Mas nem sempre é verdadeira quando nega aprioristicamente um fato não comprovado sob seu crivo evidentemente científico.

Não pretendo o milagre do consenso, especialmente no mundo científico. Mas aguardo com mística ansiedade conversões cada vez mais significativas para discutir, pesquisar com o objetivo precípuo de comprovar as influências astrais descortinadas na leitura dos horóscopos.

Outro dia, li na revista *Scientific American* um artigo de um cientista afirmando que uma estrela é mais simples do que um inseto. É emocionante observar como eles, os cientistas, cada vez mais se aproximam das verdades fundamentais ocultas na "verdade" que eles pesquisam.

Em nenhum momento pretendo polemizar com setores da comunidade científica responsáveis pelos mais importantes acontecimentos, na vanguarda de nossas civilizações. Seria injusto e reconheço, com humildade, minha impossibilidade para tal, além de injustificável profanação.

Respeito as opiniões contrárias às minhas, mas pretendo exercer o direito de participar da comunidade científica, porquanto a astrologia científica tem se revelado um dos mais importantes santuários de cura das mazelas humanas, em todos os tempos, desde os terrores da matéria até os temores da alma.

Mesmo porque a astrologia, mãe da astronomia, se baseia nos mesmos mapas astronômicos traçados pelos astrônomos quando estudam a esfera celeste, e suas conclusões não se afastam das leis universais da física.

"A inércia de um corpo material não é uma qualidade intrínseca da matéria, mas sim uma medida de sua interação com o restante do universo." Este é o enunciado do Princípio de Mach, o sábio que ajudou Einstein a elaborar a teoria da Relatividade.

E eu proponho: a inércia de um ser humano não é uma qualidade intrínseca deste, mas sim uma medida de sua interação com o restante do universo – que é Deus.

Aí estão explicados os fundamentos científicos da astrologia, pois Deus é a equação inarredável da própria existência do universo. Isso porque um atributo indispensável de Deus é a onipresença; sendo Ele, pois, onipresente, está implicitamente presente em tudo: no universo, na galáxia, na estrela, no planeta e no homem.

Tenho zelo e respeito pelos nossos cientistas, e sei de sua vital importância para o progresso da ciência; admiro os nossos gênios e deles sinto orgulho, os quais imagino perplexos, trilhando insólitos caminhos nas "imensidões" dos universos infinitamente pequenos nos limites do nada, e nas imensidões dos universos infinitamente grandes, escarafunchando galáxias, estrelas, magnetares, quasares, pulsares, supernovas, percorrendo as insólitas bordas dos formidáveis buracos negros, perdendo-se na escuridão da matéria escura, perdendo-se e tentando se reencontrar na antimatéria, na eterna e incansável busca de novas luzes.

Astrologia para astrólogos e amantes da astrologia não pretende polemizar, mas esclarecer o grande público atordoado sob verdadeiras avalanches de informações, aleivosamente disseminadas, muito mais para confundir do que para bem informar.

Meu propósito é divulgar com clareza a verdadeira ciência dos astros, para que ela possa continuar exercendo harmoniosamente, cientificamente, sacerdotalmente, seu ministério sagrado.

É notório o interesse das pessoas, as mais lúcidas e intelectualmente bem-dotadas, pela astrologia científica e pelo acompanhamento regular e seletivo de seus horóscopos por astrólogos científicos e, conseqüentemente, confiáveis...

Assuramaya

Capítulo I
O sistema astrológico

Onde e como surgiu a astrologia

Fala-se que a astrologia surgiu na Caldéia...
Naturalmente, nos límpidos céus da antiga Caldéia, região da Mesopotâmia, entre os rios Tigre e Eufrates, aqueles povos pastores observavam os céus com interesses imediatos, buscando nos sinais das estrelas os momentos mais oportunos para suas atividades – agricultura, negócios, viagens – e até para os grandes rituais da religião.

Mas a astrologia é muito mais antiga do que se pode supor.

Como ciência cósmica, determinando a cosmogênese e a própria formação dos seres, inclusive do homem, pode-se dizer que a astrologia não tem princípio. Ela apenas sempre existiu.

O homem, sim, este somente teve acesso à divina ciência quando pôde compreendê-la e manipular os altos conhecimentos ditados a partir dos sinais do firmamento.

E gradativamente foi iniciado pelos grandes mestres e instrutores, recebeu as chaves ditas herméticas para orientar seus semelhantes no uso do livre-arbítrio, a fim de melhorar o destino e apressar a Evolução.

Em nossa cultura moderna, o que sabemos de astrologia é ainda, por assim dizer, muito elementar.

A astrologia, ao contrário das outras ciências, caminhou para trás... Sim, infelizmente somos forçados a afirmar que nossos antepassados conheceram muito mais do que nós sobre as informações ditadas pelos trânsitos planetários.

Ptolomeu foi o supremo mestre da astrologia, e sua obra ainda hoje norteia o pensamento dos astrólogos científicos de nossa era.

Com seus ensinamentos, Ptolomeu trouxe muito mais benefícios aos humanos do que os modernos programadores de bem-estar de uma sociedade que nem sabe para onde ir. Seu catálogo de estrelas fixas foi, sem dúvida, sua mais importante contribuição para o aperfeiçoamento desses conhecimentos.

O Zodíaco e os doze signos zodiacais

O Zodíaco

A palavra "Zodíaco" deriva do grego e quer dizer Roda dos Animais – isto porque as constelações que o formam são, em sua maioria, constituídas por grupos estelares com nomes de animais.

As estrelas ou constelações zodiacais estão situadas ao longo do caminho aparente do Sol.

Imagine uma linha acompanhando o movimento aparente do Sol. Coloque-se de pé, de frente para o nascente, estenda os braços para o alto e um pouco afastados da cabeça, quase tocando as orelhas. Seus dedos estarão riscando no céu duas linhas paralelas, que irão desde o horizonte do Leste até o horizonte do Oeste, onde se põe o Sol. Terá uma faixa de 180° no hemisfério superior ou visível. Há um hemisfério complementar embaixo, o hemisfério inferior. A mesma faixa prossegue, completando assim os 360° da faixa zodiacal.

Essas duas linhas formarão uma faixa no firmamento, ao longo da qual se encontram as estrelas do Zodíaco.

No dia 21 de março, o Sol entra no signo de Áries, passando sobre o Equador, ao mesmo tempo que entra no hemisfério Norte...

Este ponto, em zero grau de Áries, é denominado "ponto vernal".

Prosseguindo em seu percurso ao longo do Zodíaco de Áries, seguem-se Touro e Gêmeos, e, no dia 21 de junho, atinge a mais alta latitude Norte, no primeiro grau do signo de Câncer.

É o início do inverno boreal.

Continuando seu curso zodiacal, o Sol percorre todo o signo de Câncer, Leão, Virgem, chegando a Libra no dia 23 de setembro – quando tem início a primavera austral ou Sul.

O Sol, adentrando o hemisfério Sul, percorre todo o signo de Libra, Escorpião, Sagitário, chegando a Capricórnio no dia 23 de dezembro, quando inicia o verão austral...

O dia 23 de dezembro é também chamado o Dia da Natividade, relacionado como o nascimento do Sol.

A Igreja Católica identificava o Nascimento de Cristo com esse evento astrológico, e o papa Libério, no quarto século de nossa era, determinou por bula papal que "Cristo é Deus – Sol da Vida – e nasceu no dia do Nascimento do Sol".

Por um erro do calendário na época, celebrava-se a entrada do Sol em Capricórnio no dia 25 de dezembro.

Em seu retorno ao hemisfério Norte, o Sol da vida percorre todo o signo de Capricórnio, Aquário e Peixes, entrando em Áries no dia 21 de março e iniciando o novo ciclo anual ou zodiacal.

Vamo-nos reportar há milhares de anos e imaginar o hemisfério Norte da Terra, os nossos ancestrais mais civilizados que fizeram e escreveram a história da civilização. Então se criou a lenda e a lenda virou história.

Com o tempo, milhares de anos depois, criou-se o mito.

Aqueles povos, observando o movimento do Sol nos signos de Capricórnio, Câncer, Libra e Áries, aprenderam a identificar as estações.

Quando o Sol retornava ao hemisfério Norte, fluía a vida. Mais calor, mais luz, mais alimentos; mas, quando o Sol mudava de hemisfério, percebiam que em sua ausência o frio e a penumbra aumentavam, assim como a fome e a morte.

Os rios congelavam, sumiam os peixes, rareava o pasto. O gado era guardado no celeiro com zelo incontido, prevenindo da fome, do frio e da morte.

No verão faziam o feno, produzido a partir dos vegetais disponíveis. Os feixes de feno eram guardados como ouro em galpões para alimentar o gado durante as intempéries. Naquele tempo essas intempéries eram cruéis.

Os recursos eram parcos, e a vida desolada e difícil para as pessoas, para as tribos e as sociedades humanas.

– Onde está o Sol? – clamavam. E oravam a Deus para trazê-lo de volta, aquecendo a terra, derretendo a neve, tornando os rios piscosos – enfim, fazer refluir a vida, os mananciais, os vegetais, os pastos, trazendo luz e calor, tornando a vida saudável e vitoriosa.

Na primavera, o Sol retornava de sua longa viagem outonal ao hemisfério Sul.

No dia 21 de março, eles imolavam o carneiro num ritual cerimonial, festejando o renascer da vida. E no dia 21 de junho o Sol atingia a mais alta latitude do Norte.

Era o início do verão, quando celebravam o retorno do Sol, o esplendor do Sol que surgira do caos.

O Sol era o deus que trazia a vida. Aí eles festejavam, com intensos rituais, acendiam fogueiras, soltavam balões festejando o retorno do doador da vida.

Com os anos, a civilização cresceu e as regiões austrais do hemisfério Sul passaram a ser habitadas.

Os europeus vieram para o Novo Mundo, trazendo antigas memórias de seus antepassados.

O dia 21 de junho representava em sua memória o grande evento da existência!

Portanto, mesmo no hemisfério Sul, conservaram a tradição, festejando o retorno do Sol nessa marcante data, mesmo não representando a magnitude do sol do verão...

Continuaram com aqueles festejos... A tradição foi absorvida pela Igreja, que transformou a festa junina em festa "joanina"...

Por isso, nós aqui no hemisfério Sul sempre celebramos em 24 de junho, por ocasião da data de São João, comemorações que provavelmente estão ligadas àqueles festejos – acendendo fogueiras, soltando balões, como na Antigüidade do mito se celebrava o culto do Sol.

História e simbologia dos doze signos zodiacais

O homem nasce, vive, cresce, participa da vida nos diferentes setores da atividade humana, cria sua obra, ama, deixa herança, se perpetua e morre.

Esta sucessão de fenômenos que compõem a existência não é percebida na devida proporção pela grande maioria dos seres humanos durante sua fantástica trajetória evolutiva aqui na Terra.

Na verdade, poucos são os que se dão conta de sua participação no insólito mundo de interações em que nos encontramos envolvidos, interagindo com nossos próprios semelhantes, com nossos companheiros dos reinos animal, vegetal, mineral e dos imensuráveis mundos siderais e dos mundos invisíveis dos seres microscópicos e das partículas fundamentais. Partículas químicas, físicas, elétricas, eletromagnéticas, térmicas, luminosas, gravitacionais, microondas dos mais infinitos comprimentos de onda, sejam produzidas na Terra, sejam oriundas dos mais distantes campos do universo...

Quando avaliamos esses fenômenos e sua interação com outros fenômenos cósmicos sobre a atmosfera terrestre, obviamente, começamos a perceber a real distância em que se encontra a grande maioria dos humanos do contexto no qual se encontram insertos.

Este livro também a eles se destina, com o objetivo implícito de despertá-los para essa maravilhosa fonte do conhecimento que é a astrologia.

Indubitavelmente, esse insólito membro da espécie humana tornou-se, ao longo dos milênios, o mais fantástico amálgama da evolução, tanto na Terra como nos mais diferentes espaços dos céus conhecidos até aqui...

Um astrofísico já afirmou: "Uma estrela é mais simples que um inseto".

O que diria esse sábio do ser humano?

O que dirá esse sábio do ser humano, sabendo que o homem é a mais fantástica composição universal – pois tudo que há lá fora, até no mais remoto infinito, o homem tem dentro de si.

Quanto mais evidentes estão as descobertas no campo da física de partículas, como nas modernas incursões das ciências no domínio da astrofísica, mais e mais se encontram evidências das semelhanças entre as constituições humanas e cósmicas.

Tomamos por exemplo a imensidão provavelmente infinita da esfera celeste, com tudo que dentro dela pulsa e evolui.

Desde o grão de poeira até a imensidão galáctica. Desde o homem até Deus...

Uma verdade inevitável surge desse contexto: o homem e a estrela são movidos e constituídos das mesmas substâncias, que têm um nome: ENERGIA.

Na realidade, a matéria-prima do universo é a ENERGIA, que nos alimenta e é parte integrante de nossa própria existência.

Nela nos encontramos mergulhados, é o produto do infinitamente pequeno átomo e suas partículas interatômicas.

E homens e estrelas são constituídos por essas partículas fundamentais que formam e preenchem todo o cosmo.

Do ponto de vista do homem que pensa, situado dentro do mundo em que vive, ele é o centro do universo.

Somos, cada um de nós, desse ponto de vista e dentro do processo evolutivo, o centro do universo.

Na mesma linha de pensamento, a Terra, em que vivemos e realizamos nossa parte no contexto, também é o centro do universo – pelo menos no que diz respeito à nossa própria sobrevivência, embora não o seja do ponto de vista astronômico e universal.

Portanto, somos nós, a Terra que nos alimenta e a esfera celeste na qual a Terra está inclusa um só corpo imensurável e infinito.

Observada na esfera celeste, dentro do Sistema Solar, a Terra pode ser escalonada conforme sua posição em relação à sua órbita ao redor do Sol.

Sabemos que o Sistema Solar se encontra em um dos braços da galáxia, mais precisamente no Braço do Oríon.

Mas, observando-nos no planeta, somos forçados a criar sistemas de medições que nos orientam, seguindo as leis de horizontalidade e verticalidade, em relação ao resto do universo em que vivemos.

Mais precisamente, para nós habitantes terrestres, consideramos as coordenadas geográficas de longitude e latitude, a órbita elíptica, a posição do nosso Sistema Solar no Braço do Oríon a cerca de 30 mil anos-luz de distância do núcleo da galáxia.

Os doze signos zodiacais nos contornam, condicionando nossa relação com a esfera celeste e dando-nos uma dimensão física de como nos relacionamos com o Zodíaco, com o Sol, com a Lua, com os planetas, as estrelas e demais corpos celestes que compõem o mundo em que vivemos.

Destarte, estando nós no centro desse colossal sistema de tantos e diferentes mundos que nos cercam, somos bombardeados a cada milésimo de segundo por imensuráveis toneladas de micro-ondas oriundas dos mais diversos confins siderais.

O cinturão cósmico dos signos que nos ajustam aqui na Terra diversifica e estabelece normas nessa interação sideral entre o homem e o mundo circundante.

Toda a história do eterno ciclo de criação, transformação e ressurgimento, da vida e da morte, da evolução sideral, terrestre e humana, em seu conjunto, compõe um capítulo fascinante da participação gloriosa do homem no contexto sideral.

Essa magnífica, eterna e infinita epopéia, que nós observamos emocionados, será estudada nesta obra, com palavras humanas – esperando que nossos alunos e leitores entendam, aprendam e apreendam também, para, ao final da leitura do livro, se encontrarem verdadeiramente integrados no conjunto do qual somos, indubitavelmente, a parte e o momento, a causa e o objetivo final.

Sim, porque o homem é um Deus em formação. Deus é o homem pronto, o produto final do processo evolutivo universal.

O objetivo de nosso trabalho e pesquisa é tentar demonstrar aos nossos leitores que somos a parte mais importante, mais sedutora, decisiva e definitiva do imensurável drama cósmico do qual participamos tão intimamente.

Este é o objetivo final que pretendemos alcançar, muito mais do que prosseguir em um estágio mais adiantado de um curso de astrologia, por filosófico e espiritual, muito acima do material e técnico, para tentar fazer que os nossos amados leitores se convençam por conclusão própria de que somos:

Cidadãos do cosmo em Busca da Perfeição.
Centelhas divinas no corpo de Deus diferenciadas.
De que nossa família é a humanidade...
Nossa pátria é o universo.
Nosso dia é a eternidade.
Nossa vida é a luz do firmamento...

E, mesmo que existam seres muito mais importantes e evoluídos do que nós, humanos, na esfera sideral, já os imaginamos, os pesquisamos e, ansiosamente, os procuramos nas noites gélidas e longas de nossos pensamentos e de nossos telescópios.

Os signos do Zodíaco

Os doze signos zodiacais, com 30 graus cada um, são percorridos pelo Sol com seu cortejo planetário ao longo de doze meses do ano.

Um signo em cada mês.

Um grau do Zodíaco, aproximadamente, por dia.

Enquanto o Sol caminha um grau por dia na esfera celeste, a Terra dá um giro ao redor do seu próprio eixo em um dia de 24 horas, aproximadamente.

E, enquanto o Sol caminha 30 graus na esfera celeste em 30 dias, a Terra percorre um signo em um mês e, simultaneamente, dá 30 voltas ao redor de seu próprio eixo.

No mesmo período de um mês, o Sol percorre um signo e a Lua realiza uma revolução sideral, inteira, percorrendo os doze signos zodiacais de Áries até Peixes.

E, em um tempo um pouco mais alongado, o luminar da noite alcança o Sol em duas conjunções consecutivas – ou uma lunação, correndo atrás do Sol, alcançando-o a cada 30 dias na conjunção dos luminares ou Lua Nova.

Desses fantásticos jogos siderais, do qual participam o Sol, a Terra e a Lua, resultam a sincronicidade e a misteriosa alquimia cujo desfecho será, por sua vez, a própria evolução. É a fantástica alquimia da evolução sideral, na qual estamos todos envolvidos, deuses, universos, seres humanos e toda a vida debaixo do infinito cosmo cujo corpo sideral reverenciamos com o santo nome de Deus.

A astrologia estuda esse magnífico ciclo de sincronicidade entre a esfera celeste, o Zodíaco, o sistema planetário, a Terra e o homem.

Quatro signos estacionais demarcam as estações correspondentes: Áries, Câncer, Libra e Capricórnio.

Estes quatro signos não são determinados arbitrariamente; ao contrário, são observados segundo sua posição em relação ao Sol em particular e ao sistema planetário como um todo.

Sabemos que a Terra guarda uma posição ordenada em relação ao Sol, em torno do qual gira em uma órbita anual. Determinou-se que o ano astronômico começa quando a Terra se coloca exatamente sob o Sol, fazendo coincidir o Equador com a eclíptica, o caminho aparente do Sol.

Este é o momento dos equinócios, que ocorrem duas vezes por ano. O primeiro, quando o Sol retorna do hemisfério Sul entrando pelo umbral do Equador no hemisfério Norte no dia 21 de março de cada ano, é o início da primavera boreal e o início do primeiro signo, Áries. O segundo, seis meses depois, quando retorna ao hemisfério Sul, no dia 23 de setembro, e assinala o início da primavera austral no signo de Libra.

Este movimento anual da Terra em sua órbita determina o trânsito do Sol nos doze signos zodiacais durante um ano.

O signo de Áries

No dia 21 de março, o Sol, em sua trajetória zodiacal ao longo da eclíptica, passa sobre o Equador retornando de sua longa viagem de seis meses ao hemisfério Sul, até o signo de Capricórnio.

Como vimos, o grau do Zodíaco percorrido pelo Sol nesse dia se chama ponto vernal – ou zero grau de Áries. E é, também, zero grau de longitude zodiacal.

Os antigos sacrificavam o carneiro, festejando a vinda do Sol, que em seu trânsito para o hemisfério Norte e para o hemisfério Sul, ao longo do Equador, determinava os ciclos estacionais que compõem as quatro estações ou os quatro signos cardinais: Áries, Libra, Câncer e Capricórnio, a cruz cardinal do Zodíaco.

No dia 21 de março, o Sol, que estivera nas lonjuras outonais durante seis meses, retorna. Nossos ancestrais, habitantes boreais (do hemisfério Norte), aguardavam com ansiedade mística o doador da vida, aquele círculo dourado do fogo abrasador que regressava, trazendo luz e calor para aquecer a neve, derreter o gelo dos rios que novamente se tornavam piscosos, aquecer o ventre pejado da Mãe Natureza, no qual a semente da vida jazia, despertando para um novo ciclo.

E os homens oravam:

"Cordeiro de Deus, que tirais os pecados do mundo, vinde a nós!"

E virá! Porque no dia 21 de março o Sol retorna de sua longa viagem ao hemisfério Sul.

É o signo de Áries que começa no dia 21 de março; o fogo equinocial de Áries e sua energia marciana vão despertar o germe que jaz encerrado no interior da semente para um novo ciclo de vida. Com a força abrupta do Marte Ariano, o germe rompe a clausura que o encerra no interior da semente e nasce para a vida.

É o equinócio da primavera, trazendo luz e calor para propiciar o novo ciclo de vida.

O bramir das cachoeiras, que despencam vertiginosas dos altos despenhadeiros, o sopro vigoroso dos ventos, que contrapõem a divina ópera de mil figurantes.

Pássaros canoros recitando melodias, cascatas decorando muretas de pedra, tímidos riachos rolando medrosos a sinfonia do divino coral.

Árvores colossais estremecendo o vigor da estação lançam suas sementes para a perpetuação.

A vida vegetal, a vida animal, a vida se reanima.
E a alma humana agradece ao Criador o milagre da vida!

Esse fenômeno tem sido acompanhado durante os últimos milênios da evolução da vida terrena no hemisfério Norte, nos primórdios da evolução humana, nos primeiros passos da civilização. A contrapartida se repete no hemisfério Sul, embora em menor intensidade, sabendo-se que o hemisfério Norte é o pólo positivo do planeta, a "cabeça" do mundo em que vivemos, o pólo gravitacional que põe em movimento as correntes de energias telúricas geratrizes e genetrizes do projeto vida.

Os nossos ancestrais que viveram o ciclo do gelo, o terrível ciclo do frio boreal, guardam em sua lembrança genética o pesadelo de milênios...

E, de repente, sentem que a natureza se renova.

O calor do Sol que retorna aquecerá também a alma dos seres, despertará as sementes que produzirão a uva, a vinha, o vinho que aquecerá a alma.

Despertará a semente do trigo que produzirá o pão, o pão nosso de cada dia, na mesa dos nossos ancestrais.

É um ritual magnífico; a alma humana se eleva em agradecimento ao deus Sol que traz a luz e o calor na ara sacrificial e promove o ritual da santa eucaristia.

É o signo de Áries que tem início; o signo da audácia, da determinação, da vida que se renova.

É o signo da reação contra os fenômenos naturais, porque todos os obstáculos serão vencidos para que a vida se perpetue.

Ideograficamente, o signo de Áries está relacionado com os cornos do carneiro em posição de ataque; a atitude ariana é atitude de ataque, como o carneiro alegórico.

As características cósmicas se refletem no microcosmo, e os nativos deste signo são audaciosos, corajosos, aguerridos.

Os mais bem-dotados usam essas energias no processo positivo da evolução. São ativos participantes da evolução no ritmo audacioso do progresso.

No cotidiano social, são agentes da ação, executivos, comandantes, militares, estão sempre à frente do comando e das atividades, seja na empresa privada ou na organização governamental.

Os tipos menos dotados podem usar essas energias de modo violento. Ou são arregimentados para a realização do esforço físico que gera trabalho ou se rebelam desordenadamente, agindo com violência, promovendo distúrbios, lutas, agressões e guerras.

Em geral, empunham o ferro como artefato de trabalho, seja para as lutas, na defesa e no ataque, seja para facilitar o processo evolutivo como instrumentos e utensílios de trabalho para facilitar-lhe a vida.

O signo de Touro

A semente plantada na terra vivificou, o germe que despertou para a vida vai atravessar a dureza da terra, o elemento terra.

Para consegui-lo, necessita do árduo esforço, constante e determinado, dia a dia, sem desvanecimento, o árduo labor material para a conquista do espaço no qual deverá realizar sua parte no processo evolutivo.

Não se arrefece em esforço a ação de Touro, pois sabe, por convicção inata, que deverá ser fixo e inarredável em suas decisões. Fixo e determinado no trabalho que se propõe a realizar, seguro e consciente do propósito de que se incumbiu, poderoso na construção da obra que tem como dever inarredável, por conta da argila, sua matéria-prima, o elemento terra, que é sua essência fundamental.

Não se entrega nem à preguiça nem à negligência, que poderá desviá-lo de seu caminho.

Por que o touro?

Seu ideograma é a cabeça do touro simbolizando a poderosa atividade do animal puxando o arado, em seu passo lento, constante, determinado, preparando a terra para a semeadura.

Em Touro, o trabalho cadenciado visando à realização de um objetivo fixo gera a sensualidade para o vigor da vida que renasce, a determinação, a constância, a cadência; não há pressa no Touro que puxa o arado, há necessidade de realizar o seu trabalho, cumprir a sua tarefa.

Também não há pressa no germe que gradativamente se liberta da clausura da semente para a libertação e para a vida.

O signo de Touro é assim: determinado, constante, inabalável em suas decisões. Mas sem pressa, sabe o que quer, o que deseja, e que vai conseguir o seu objetivo, no tempo certo, conforme os seus propósitos.

Seus tipos superiores são dotados de determinação, constância e inabalável resolução de jamais abandonar o projeto que se dispõem a cumprir.

Sabem cuidar da terra e dos bens que dela resultam.

Com o seu trabalho incansável, buscam sempre os meios ideais para atingir os propósitos relacionados com a riqueza extraída da terra, cujo objetivo é a sustentação da própria existência.

Geralmente, são grandes financistas e administradores rurais.

Seus tipos inferiores são egoístas, intransigentes, difíceis de ser conduzidos ou convencidos mesmo diante de evidências irrefutáveis.

Quando atingem o poder, são despóticos e reacionários. Jamais dividem decisões ou o governo que detêm com intransigência inarredável...

O signo de Gêmeos

No signo seguinte, o germe da vida surge tênue e timidamente na superfície da Terra, e abre-se para o ar, o terceiro elemento, em busca de alternativas.

É o terceiro signo, Gêmeos, erguendo-se sobre a Terra, oferecendo-se ao elemento ar, conquistando a vida, respirando o ar da atmosfera do planeta.

É nesse estágio que surge o arquétipo da divisão, o impulso do conflito, abrindo-se na diversidade de seus galhos.

Um galho para a direita e outro para a esquerda, um para a frente e outro para trás, movidos pelos estímulos fototrópicos ou quimiotrópicos (atração pela luz ou pelo ambiente), respirando a vida, conhecendo a diversidade.

Então, o germe da vida se diversifica.

Aqui temos o arquétipo primevo que futuramente haverá de criar a mutação para o reino seguinte – o reino animal. Mas já abriga em sua essência os arquétipos do futuro sistema nervoso, um passo adiante na escalada evolutiva.

Durante muitos milhões de anos, esta atitude de se diversificar é a proposta daquele impulso da vida em busca de alternativas.

A célula verde que está buscando a luz do Sol por meio da fotossíntese está se exercitando no aprendizado da vida, criando a oportunidade da multiplicidade de decisões. Futuramente, no ser humano, isso geraria o conflito das idéias. E acabou responsável pelo desenvolvimento do arquétipo intelectual que no futuro se vai humanizar, desenvolvendo a mente.

Vivenciando ainda a fase vegetal apenas um arquétipo tímido da diversificação.

O signo de Gêmeos é representado ideograficamente por duas linhas horizontais que se cruzam, indicando a diversificação e a dualidade.

A natureza vive sua experiência; o ser mineral transmuta-se e forma-se o germe da semente em Áries.

O ser vegetal nasce para a vida passando pelo ciclo da Terra.

O primeiro impulso é de fogo – o fogo solar –, que determina o impulso primeiro.

O segundo impulso é de terra, o transcurso do germe da vida através do ventre da Mãe Terra em Touro.

No terceiro impulso, Gêmeos, abre-se para o ar.

Os caracteres cósmicos ressoam no microcosmo, e os nativos de Gêmeos são dotados dessas influências e arquétipos que influenciam seu temperamento, caráter e vocação.

Os tipos superiores de Gêmeos são experimentados observadores, encontram-se sempre em eterno movimento, na busca do conhecimento que os torna exímios colecionadores de informações, novidades, armazenando as mais diversas fontes do saber que os torna mais ou menos auto-suficientes.

Intelectuais de carreira, estudiosos e incansáveis viajantes, são parceiros confiáveis, sempre capazes de fornecer o caminho ideal a quem quer que necessite de uma orientação.

Seus tipos menos dotados são irrequietos, buliçosos, extravagantes, e estão sempre causando conflitos por conta de sua inexperiência.

Teimosos, nunca aceitam opinião de terceiros, mas estão sempre mudando de opinião.

O signo de Câncer

É preciso que a natureza se renove; é preciso que a natureza assuma um novo estágio na escalada evolutiva, um novo degrau da evolução, porque a evolução não pára e o artifício da espécie é recriar no ventre da Mãe Divina a semente que está se especializando.

No passo que segue em Câncer, o germe da vida se modifica, protegido pela natureza que o abriga em seu ventre generoso.

Para isso se acasalam dois germes, os dois gametas que hão de se fecundar no ventre individualizado da mãe vida, réplica da Mãe Natureza em Câncer.

O ventre cria a placenta, cheia de líquidos, na qual os dois gametas se fecundam e iniciam uma nova experiência no quarto signo zodiacal: Câncer, signo de água, cuja representação ideográfica representa uma placenta com os dois germes da vida. Os gametas são positivo (o espermatozóide) e negativo (o óvulo). Eles se fecundam para formar o novo ser.

Câncer é o quarto signo zodiacal, que não será fecundado sem o concurso do quinto signo, que é Leão.

Representa a maternidade, a proteção, o amor e a família, a emoção.

Seus tipos superiores são devotados, organizados, ciosos de seus deveres, embora emocionalmente voltados para a guarda de seus valores e bens, que protegem com dedicação e zelo.

Desenvolveram uma intransigente vocação para a maternidade e guarda dos filhos e de tudo que a eles pertence: o lar, a família, os bens de que necessitam para assegurar-lhes o sustento e a segurança.

Seus tipos menos dotados são emocionais, passionais, inseguros, facilmente deprimíveis.

O signo de Leão

O signo de Leão é, indubitavelmente, o mais nobre dos doze signos zodiacais.

O signo do Sol está intimamente relacionado com o passo seguinte da criação.

É o signo responsável pela força geratriz que completa Câncer no processo da geração.

Sua representação ideográfica é de um falo, símbolo viril. Semelhantes a uma ferradura, os dois pólos significam os testículos do órgão gerador e o membro ereto que se sobrepõe: o falo que foi carregado em procissão pelos antigos povos que o adoravam exaltando a virilidade de Leão.

Leão é o signo do Sol da vida e representa o pai, o poder, o governo, a ação do governante, bem como a liderança e a magnanimidade.

O inconsciente de Leão desperta os arquétipos da virilidade, e a liderança paterna está nele exaltada.

No inconsciente atávico, é o macho forte da tribo que atravessa a paliçada, enfrenta a adversidade para trazer a caça, o fogo e a água, para defender a tribo ou a taba da adversidade, dos perigos e dos inimigos.

Leão é, pois, o signo do poder, da fortaleza, da liderança, da força e da energia provedora e protetora sob a qual a sociedade humana se guarda de forma submissa, desde tempos imemoriais.

Leão produziu ao longo dos milênios de evolução a hierarquia que se distribuiu seletivamente. Surgiram os reis no governo do mundo, e os líderes espirituais, os sacerdotes, guias e instrutores, sempre debaixo da hierarquia imposta pelo signo do Sol.

Seus tipos superiores são os grandes governantes, poderosos conquistadores, vitoriosos empresários e governantes lúcidos e bem-sucedidos. De caráter magnânimo e dotados de grande coragem, jamais recuam ante o perigo ou a adversidade.

Esse é o tipo superior de Leão...

Seus tipos menos dotados são, ao contrário, despóticos, tiranos e violentos. No governo do mundo, são responsáveis pelos grandes traumas das nações e pelos tratados que se rasgam, seguidos pelas guerras que tantos sofrimentos e aflições têm acometido a humanidade em todos os tempos.

O signo de Virgem

Signo de terra, tem na representação ideográfica a figura de um animal com a cauda abaixada, protegendo o órgão da geração.

É um signo dos mais fascinantes porque sua representação mítica iconográfica é da Virgem Imaculada – a Virgem Mãe...

Sim, porque a Mãe Terra está sempre preparada para o despertar da semente que aí se guarda com zelo incontido durante anos seguidos, até que, no momento propício, sob as influências naturais oportunas, poderá ser fecundada para gerar a vida em seu ventre generoso.

O órgão da geração protegido significa o repouso da Mãe Natureza.

Ela é virgem e mãe ao mesmo tempo, pois guarda em seu santuário divino o germe da vida...

Assim, a Virgem se guarda em repouso preparando sua matriz para o ato sagrado da fecundação, para o qual se encontra sempre pronta.

Zelosa no cumprimento de seu mister, jamais se afasta de seu dever, consciente da missão superior que tem pela frente.

Caprichosa, organizada, cuidadosa. Ninguém como a Virgem saberá com tal precisão organizar a vida que deverá ser administrada e protegida com intuição maternal.

Por ser regida pelo Mercúrio noturno, guia-se pela intuição natural e jamais se perde em seu propósito, cuidando com sabedoria e protegendo o tesouro da vida sob sua guarda.

Seus tipos superiores são generosos, mas sempre conscientes de que o dever sagrado e primeiro será sempre a proteção de sua guarda. Nisto são intransigentes, seletivos, criteriosos, embora jamais se arredem das responsabilidades assumidas.

Os seus tipos menos dotados são egoístas, intransigentes, difíceis de se relacionar – por conta de acreditarem demasiado em suas próprias convicções, nem sempre corretas...

O signo de Libra

Libra – sétimo signo zodiacal – é um signo de ar e tem em sua figuração ideográfica a idéia dos dois pratos de uma balança, indicando o equilíbrio. No céu estelar, as duas estrelas que formam a constelação são, principalmente, a Kiffa Boreal – o prato Norte da balança – e a Kiffa Austral – o prato Sul da balança...

Assim, o signo, por sua segura interpretação de equilíbrio, harmonia, arte e justiça, está impregnado, inarredavelmente, do espírito da Lei...

O impulso inicial de Áries se perderia não fosse a atração do signo oposto, Libra, tornando o movimento linear em movimento circular para que se cumpra ao longo do Zodíaco a tarefa completa da evolução. Libra é a harmonia dos contrários.

Vênus é a proposta dialética da harmonia que se propõe; a arte, a beleza, a verdade, o ser.

A arte como expressão do belo, o belo é a expressão da verdade, e a verdade é aquilo que é igual ao ser.

Libra exige que suas linhas sejam perfeitamente harmoniosas. Suas idéias e seu ideograma têm de ser iguais ao ser primordial, o projeto evolutivo como foi proposto na idéia original.

Libra é o signo da beleza, da arte e do amor, obviamente resultante do equilíbrio dos contrários.

A natureza atingiu o seu extremo, o seu oposto; é preciso renovar na força cósmica que imprime desde os primeiros tempos a idéia de evolução.

Seus tipos superiores são organizados, amantes da arte e do belo, da justiça e da verdade. Grandes artistas nos mais diferentes setores das belas-artes são originados neste magnífico signo de Vênus.

Seus tipos menos dotados são mesquinhos, egoístas, farsantes, extravagantes e de difícil convivência.

O signo de Escorpião

A árvore atinge seu esplendor...

O vigor da vida produz um tronco poderoso, galhos vigorosos, ramos diversos mas fortes, nos quais se pendura a flor que produz o fruto dentro do qual se guarda zelosamente a semente da vida. E com o passar do tempo o fruto sazonado pelos ácidos e fermentos acidificados de Escorpião faz que o fruto maduro e pesado caia no chão e apodreça, libertando a semente.

A semente desperta, renovada, revigora-se, crava suas raízes na terra e se eleva em árvore transformada para o ciclo que se segue.

É o mais fascinante dos signos, porque são os fermentos de Escorpião que hão de produzir o fruto que gera a semente, que, por sua vez, produzirá uma árvore igual à árvore-mãe de onde proveio.

Este símbolo fascinante, cheio de beleza infinita e insólitos mistérios, está relacionado com a essência divina existente na alma de cada um se renovando a cada instante no pensamento, na idéia, na proposta da eternidade.

É preciso se perpetuar para não perecer e, para isto, é preciso morrer.

A morte precede a vida.

Todas as religiões, como no mito da Virgem Imaculada em Virgem, têm no mito da morte o renascimento, a vida, a paixão e a morte em Escorpião.

A ressurreição virá depois em Sagitário, com os líquidos que se evoluem, ressurgindo ao cosmo como mostraremos em seguida.

O ser evolutivo em Escorpião adquire as características próprias deste magnífico signo.

Seus tipos superiores usam esta poderosa vibração para a análise do inconsciente; são grandes investigadores, cientistas que descobrem os fenômenos da vida, da morte e da eternidade.

Os tipos superiores estão relacionados com o vinho fermentado que aquece a alma e eleva o espírito à sublimação e à transformação alquímica.

Já os tipos inferiores estão relacionados com os venenos, com os fermentos e alucinógenos que enlouquecem e matam.

O fruto morto não se acaba; a semente continua a trajetória da vida e se perpetua... Os nitritos e nitratos, a uréia e a amônia, deteriorados na putrefação, se transformam nos gases que se evolam retornando ao etéreo de onde provieram, criando as condições ideais para a etapa seguinte no signo de Sagitário...

O signo de Sagitário

O signo de Sagitário está relacionado com o processo da matéria alquímica da transformação.

A matéria sublimada que se evola para o alto, a mente que se liberta da matéria, alçando-se nas asas da imaginação e da aspiração ideal para o vôo libertário do espírito divino.

Daí o símbolo do Centauro, metade homem e metade cavalo, empunhando a seta a ser lançada para o alto, símbolo da aspiração universal...

Sagitário é o pensamento que se eleva, é a mente que busca o Divino, é o Deus em nós buscando sua origem. O homem se encontra em Deus por meio da mente desperta em Sagitário. A distância entre um e outro é medida pela mente sagitariana. Sagitário é o signo do elemento fogo.

O ideal sublime do espírito que busca a verdade pelo conhecimento. O exercício da mente individual, humana... A mente é o trono, o assento do espírito divino.

Os seus tipos superiores são idealistas sublimes, lúcidos filósofos, dotados de mentes fecundas responsáveis pelo pensamento criador que constrói o mundo, preparando-o para os passos mais avançados na trajetória evolutiva do homem no planeta Terra.

Seus tipos menos evoluídos são dotados de mentes perigosas, criadores de métodos, doutrinas ou atividades levianas, procurando sempre tirar proveito de sua inteligência para objetivos egoístas sem jamais se preocupar com os danos causados às outras pessoas.

O signo de Capricórnio

Quando o homem atinge este estado de consciência, raciocina, perquire suas origens e se atribui uma limitação – porque aquele que pensa e raciocina se limita a si mesmo, ponderando em suas decisões. Atinge a maturidade.

É Capricórnio, o signo da corporização. A composição alegórica de seu símbolo é a do peixe-cabra, o peixe que abandona o oceano primordial, desenvolve barbatanas em membros e se transforma na "cabra mítica" que sobe a montanha e, do alto, olhando para trás, discute e questiona o que foi feito: o panorama da evolução que ficou para trás...

Capricórnio desenvolveu a razão: a criação do eu, as limitações que serão resolvidas no tempo. Os gregos denominavam Saturno *Cronus* – o tempo.

O tempo limita tudo, o tempo é a resposta de tudo e do carma que se cumpre. Mas é preciso dizer em um momento "Não" ao tempo – é preciso mudar; a natureza se perde; a evolução não continua se parar na limitação capricorniana.

Urano é o grande transformador. O regente do signo seguinte: Aquário.

Basta de limitações! Nem que seja pela morte, pela destruição, pela transformação total.

O signo de Aquário

As duas serpentes são a representação alegórica de Aquário: a serpente branca que prevalece sobre a serpente negra, ou ainda a água mítica do Akasha de Peixes – a água que mata a sede, da qual falou Cristo.

Aquele que morreu para se perpetuar em Escorpião, desenvolveu a mente em Sagitário, limitou-se na razão em Capricórnio, de repente precisa crescer mais e desenvolver uma nova opção: a transformação, a transmutação. Este busca a iniciação délfica: "Homem, entra dentro de ti e conhecerás o universo".

Em Aquário, o espírito divino atinge a consciência de sua evolução – e porque atingiu este plano evolutivo busca a iniciação do signo de Peixes.

Ele se liberta das cadeias da matéria porque já nem tem matéria. Etéreo como o ar de Aquário, busca a água mítica dos Peixes, onde o espírito divino tem assento.

O signo de Peixes

A representação mítica de Peixes está relacionada com os dois peixes nadando nas águas profundas, símbolo do capítulo mais fantástico da mitologia que narra Netuno em busca de Anfitrite, a Verdade Iniciática.

Netuno, o "deus dos mares", cavalgava seu carro eólico puxado por quatro cavalos sobre as águas do Atlântico, quando, passando sobre os ombros de Hércules – hoje Estreito de Gibraltar –, observa que, sobre as rochas, banhava-se ao Sol uma formosa Nereida, ninfa do mar.

Seus formosos cabelos debulhados sobre os ombros refletiam a luz do Sol. O impetuoso deus, ao ver a formosa Nereida, tenta alcançá-la e tomá-la em seus braços. Tímida em seus pudores, Anfitrite mergulha nas profundezas do mar.

Mas o deus não pode ficar frustrado; o deus tudo pode! Ele ordena aos dois delfins que penetrem nas águas profundas do Mediterrâneo (inconsciente) e tragam para seus braços Anfitrite, a "deusa do amor". Os dois delfins mergulham e trazem a formosa ninfa para os braços de Netuno.

Em psicologia, sabemos que as águas profundas são símbolos da alma humana. Penetrá-las é penetrar o inconsciente.

Trazer Anfitrite para a superfície é despertar o espírito divino para a verdade sublime da iniciação.

No décimo segundo signo zodiacal, Peixes, termina o drama cósmico do homem evolutivo que se transforma em Deus.

Somos todos nós uma síntese do todo, porque, quando ele sair pela porta de Peixes, carregará o projeto evolutivo que vem desde a mônada inicial carregando a purificação, a quintessência dos doze signos zodiacais.

Os signos segundo os quatro elementos

Os quatro estados da matéria e os quatro elementos

Empédocles de Agrigenco, o primeiro filósofo dórico, misto de profeta, médico e filósofo, já dividia o ser uno em quatro elementos, a saber: a terra, a água, o ar e o fogo.

O grande médico e sábio do século XVI, cognominado Paracelso, em sua vasta obra de medicina *Das enfermidades morbosas*, acrescentou inúmeros postulados aos ensinamentos do grego Empédocles.

Segundo a doutrina, os quatro elementos têm vida e são animados por forças ocultas que determinam o temperamento dos nativos dos signos quando prevalecem esses elementos.

Mesmo sem ter participado das grandes descobertas dos tempos atuais, principalmente nos ramos da física e da medicina, o mestre Paracelso, também um grande alquimista (já foi honrado com o título de "O Pai da Química"), deixou uma obra valiosa, ainda hoje altamente apreciável.

Nosso universo particular, constituído por dezenas de galáxias, bilhões de estrelas, magnetares, quasares, pulsares, gigantes supernovas, buracos negros, gás e poeira cósmica, matéria escura, sistemas planetários e os mais diversos corpos siderais, tem sua constituição universal de energia e matéria de diferentes freqüências e constituição...

Assim como a energia existe se manifestando em diferentes freqüências, a matéria também se manifesta em diferentes estágios de constituição.

Modernamente, a definição de matéria e energia pode mudar, mas o conceito tradicional e universal continua como dantes.

Encontramos a matéria, principalmente manifestada em quatro estados de evolução, até onde sabemos, de acordo com a disposição de seus átomos e moléculas. Esses quatro estados de matéria são: a terra, a água, o ar e o fogo.

Na matéria, os átomos se agrupam em moléculas, que são submetidas a duas forças antagônicas: a força de coesão, que tende a mantê-las ligada; e o movimento de agitação, ou a excitação, que exerce sua influência afastando-as umas das outras, caracterizando esses diferentes estados de matéria.

Quando a força de coesão é suficientemente forte para mantê-las agrupadas, nós temos os sólidos – o estado de sólido, caracterizado pela aparente harmonia e estabilidade que em princípio caracteriza o elemento terra.

Este elemento, segundo a medicina hipocrática, produz no plano orgânico ou instintivo dos seres humanos o temperamento *fleumático*.

Quando a agitação das moléculas consegue burlar as forças de coesão e as moléculas já não se mantêm confinadas em posições definidas, caracterizando a instabilidade, nós temos o estado de líquido, qualificando, em princípio, o elemento água.

Este elemento, segundo a medicina hipocrática, produz no plano orgânico e instintivo dos seres humanos o temperamento *linfático*.

Quando a agitação das moléculas é mais intensa do que as forças que mantêm a coesão, deixando-as livres para se expandir indefinidamente pelo espaço afora, nós temos o estado de gás que caracteriza a mutabilidade e, em princípio, o elemento ar.

Este elemento, segundo a medicina hipocrática, produz no plano orgânico e instintivo dos seres humanos o temperamento *nervoso*.

Quando a pressão térmica é suficientemente forte, atingindo altas temperaturas, as moléculas se desagregam completamente, desenvolvendo a combustão de matéria inflamável e produzindo calor e luz, encontrando-se aí um novo estado de matéria e a substância elementar que caracteriza, em princípio, o elemento fogo.

Este elemento, segundo a medicina hipocrática, produz no plano orgânico e instintivo dos seres humanos o temperamento *bilioso*.

Aliás, a partir desse quarto estágio, a matéria se torna imponderável, criando as condições peculiares para a verticalização da energia até altíssimas temperaturas, quando atinge o estado de plasma. Nos núcleos estelares, como em nosso Sol, sob temperaturas de milhões de graus centígrados, resultam as reações nucleares no seu interior assim como no interior das estrelas.

O plasma é o quinto elemento que, segundo informações contidas nas escrituras herméticas, interpenetra os demais. Cada um desses estados de matéria pressupõe seu "antiestado" ou a antimatéria correspondente.

As escrituras chamadas herméticas designam a ciência tattwânica, o estudo dos estados correspondentes de matéria no plano esotérico ou oculto. A ciência convencional tem feito progressivas descobertas e avanços no estudo da física de partículas.

As descobertas de Dirac e seguidores têm sido de grande significado para a compreensão e elucidação dos chamados mistérios.

Desde Johannes Kepler e Isaac Newton até Einstein, passando por Dirac, Mach, Fermi, Bohr, Hubble, Planck, Oppenheimer, Paoli, Rutherford e centenas de grandes gênios nesses ramos de pesquisas, incontáveis progressos têm aproximado verdadeiramente os conhecimentos científicos de sua contrapartida hermética, culminando com as modernas neurociências, a física de partículas, as teorias sobre a matéria escura, a teoria das cordas que pretende explicar as divergências das teorias da Relatividade e da Física Quântica, novos conceitos sobre o bigue-bangue, o mapeamento do DNA, as moderníssimas descobertas no domínio das neurociências e da mente humana.

Inumeráveis são os depoimentos colhidos nas escrituras sagradas e mitologias desde tempos imemoriais, nos Vedas, na Vedanta, no budismo esotérico e, mais recentemente, no rosacrucianismo de Max Heindel, na teosofia de Helena Blavatsky, na linguagem cifrada dos astrólogos, cabalistas e alquimistas.

Como o mais autêntico e verdadeiro repositório hermético, comprovando a sabedoria das ciências secretas da Antigüidade, podemos citar o inarredável testemunho dos números da Grande Pirâmide de Keops, no antigo Egito.

São tão expressivos esses registros científicos que nos basta citar o número de "pi", produto do cálculo da divisão de duas vezes a altura da pirâmide pela soma do perímetro da base para encontrarmos 3,14159997 – um número muito mais correto do que os matemáticos modernos conseguiram encontrar durante séculos de pesquisa.

Grandes sábios alimentaram a cadeia do conhecimento desde o mais remoto passado. Podemos citar alguns dos mais luminosos entre muitos outros, como Pitágoras, Aristarco de Samos, Arquimedes, Claudius Ptolomeu com seu *Tetrabiblos* e o *Centíloqui*, no início de nossa era, o erudito cabalista, médico e astrólogo Cornelius Agripa com sua *De oculta philosophia*, no século XVI, o já citado Philipus Theophrastus Bonbast Von Hohenheim – que se cognominou Paracelso – com o seu *Pagoium* e *Das enfermidades morbosas*, e, mais modernamente, Helena Petrovna Blavatsky, em sua *Doutrina secreta*, e Max Heindel, no seu *Conceito rosacruz do cosmo*, Eliphas Levi, em *Chaves dos grandes mistérios*, Luis Gerard Encause (Papus), no seu *Tratado de magia*...

Esses e inúmeros outros iniciados, que traduziram os ensinamentos ocultos desde o Tibete, a Índia, o Egito, a Caldéia e outros chacras benditos do planeta, têm trazido inúmeras luzes dos arquivos herméticos que guardam as ciências desde os tempos lendários da Atlântida.

Podemos concluir que a ciência moderna e seus gênios ocupam um espaço insubstituível para o progresso da humanidade, gerando grandes fortunas em forma de felicidade e bem-estar para os seres humanos em geral.

Entretanto, encontramos, como vimos acima, precedentes explicações para os mesmos fenômenos desde tempos remotos, quando foram registrados esses ensinamentos para a elucidação dos mistérios da vida, da morte e da eternidade.

Retornemos ao Teorema de Dirac, que afirmava sobre as antipartículas dos elétrons, dos prótons, dos nêutrons etc. Considerando-se as antipartículas da matéria em seus diferentes estágios, imaginemos a antipartícula da terra, a antipartícula da água, a antipartícula do ar, a antipartícula do fogo etc.

Encontramos nas escrituras herméticas, desde milênios atrás, nos Vedas, a descrição dessas antipartículas numa linguagem que se convencionou chamar "hermética"...

Assim sendo, as "antipartículas dos elementais", segundo as ciências herméticas, estão definidas na seguinte ordem:

> Elemental PRITHIVI, que em sânscrito significa terra, país, reino, é a alma do elemento TERRA.
> Elemental APAS, que em sânscrito significa água, o líquido, é a alma do elemento ÁGUA.
> Elemental VAYU, que em sânscrito significa ar, é a alma do elemento AR.
> Elemental TEJAS, que em sânscrito significa fogo, é a alma do elemento FOGO.

Do ponto de vista zodiacal ou astrológico, os quatro elementos fundamentais são responsáveis pela evolução cósmica aqui no planeta Terra. Especialmente quando falamos de astrologia, dizemos que eles se encontram presentes na constituição alquímica dos doze signos zodiacais.

Ainda, segundo a papisa da teosofia, Helena Petrovna Blavatsky, em seu *Glossário teosófico*, os elementais são o espírito dos elementos, criaturas desenvolvidas nos quatro reinos da natureza, a saber: os gnomos, os espíritos da terra; os silfos, os espíritos do ar; as ondinas, os espíritos da água; e as salamandras, os espíritos do fogo. Esses elementais são altamente sensíveis às mentes dos ocultistas e magos, que poderão, na medida de seus poderes ocultos, exercer exeqüível domínio nas artes da magia por meio do concurso desses seres do mundo oculto. Veja em meu livro *O sermão do mestre na mansão da alma* o capítulo sobre as artes da magia.

A fúria dos elementos

O ar é o mais liberto e independente dos quatro elementos. A terra precisa da água para fecundar a vida que ela própria gera, do ar que a alimenta e do calor do fogo para mantê-la viva. A água precisa da terra para ter onde realizar o seu trabalho e eficiência e se sustentar em estado de repouso, e do ar em forma de oxigênio e hidrogênio para sua própria composição. O fogo necessita da terra para alimento, ou seja, ter o que aquecer e queimar, e do ar para poder realizar sua combustão...

Mas o ar sobrevive sem a água, sem o fogo e sem o elemento terra...

A terra pode apenas limitar o seu caminho, pois poderá se encontrar livre em qualquer situação ou região no espaço terreno ou sideral, desde que não encontre barreiras sólidas impostas pela terra, para impedir a sua liberdade. Por isso o ar se encontra em toda parte...

A terra se apresenta estável enquanto reina a harmonia dos quatro elementos, mas se transforma no mais vulnerável e dependente desses elementos, especialmente quando os três outros se reúnem para afligi-la. Pois, quando o fogo, a água e o ar se juntam para castigá-la, ocorrem grandes catástrofes, devastações e destruições em sua estrutura.

Quando a fúria dos elementos se acomete sobre a terra e a tríplice legião fogo/ar/água investe poderosamente, tudo destrói, deixando no caminho a marca formidável do terror e da destruição, em forma de incêndios, tempestades, inundações, tornados, tufões, furacões ou ciclones etc.

Ocorre que, dos três outros elementos, a terra é o único que não dispõe de condições para mudar de lugar, da mesma forma como os seus parceiros. A água se movimenta por conta da força da gravidade; o fogo caminha sobre as matérias de que se alimenta; e o ar é livre, caminhando entre as diferentes correntes térmicas criadas pelo seu parceiro, o fogo.

Sabemos que o fogo é compatível com o ar e dele necessita para sobreviver, e este é também compatível com o fogo – pois sua constituição é, igualmente, etérea.

A água é compatível com a terra e esta o é igualmente compatível com a água. Obviamente o fogo é incompatível com a água e com a terra, e vice-versa. E o ar é incompatível com a água e com a terra e vice-versa...

A fúria dos elementos se processa quando a água, o ar e o fogo combinam a destruição da terra, revolvendo espaços, destruindo vales e montanhas, arremessando mares sobre litorais, montanhas sobre vales, fazendo tremer a crosta terrestre que entra em colapso. E quando o fogo atinge maior estado de exaltação insuperável ocorrem os relâmpagos, colossais espadas de fogo na batalha sideral, e os trovões, gritos de guerra dos elementos, produzidos pelo entrechoque das formidáveis massas atmosféricas que anunciam cursos atmosféricos em forma de tempestades, furacões, ciclones etc.

Como em cima é embaixo obviamente, os seres humanos, sob as influências dos elementos, também se encontram, vez por outra, em estado de convulsões elementais por conta da fúria dos elementos no interior de seus organismos.

Os quatro elementos

Terra

Estado de matéria no qual os átomos se encontram mais agrupados, ou seja, mais estáveis e em menor estado de excitação. A cristalização da matéria encontra no elemento terra sua constituição mais densa, tornando possível a estabilização. Daí o "estado de terra" ser o ideal para o trabalho no seu estágio inicial mais denso. Aliás, é nesse estágio que se torna possível construir a forma de acordo com o seu grau de individualidade e evolução.

Nos primórdios da evolução, o primitivo germe da vida surgiu pela primeira vez pelo concurso do elemento terra, que lhe deu a consistência indispensável para seguir sua trajetória evolutiva ao longo do tempo.

No elemento terra, o ser evolutivo "decide" sua constituição, obviamente debaixo das leis evolutivas e da seleção natural, que vai ditar o aproveitamento dos recursos acumulados ao longo das experiências dos indivíduos durante seu estágio no planeta. Por essa razão, o elemento terra, sob a influência-padrão da matéria planetária, recebe o aval para prosseguir em seu curso para os degraus superiores da evolução. A partir daqui, não podemos deixar de lembrar a contrapartida antimatéria ou espiritual, registrada nas escrituras herméticas do passado.

Conforme vimos anteriormente, do ponto de vista esotérico, segundo Helena Blavatsky, o elemento terra está relacionado com o *tattwa prithivi* e rege o sentido do olfato. Em sânscrito, a palavra *prithivi* quer dizer terra, país, reino, posse. O elemento terra está relacionado aos três estágios da evolução zodiacal planetária: a terra de Touro, a terra de Virgem e a terra de Capricórnio. O elemento terra é o mais estável dos quatro elementos. A terra é o cadinho onde se processa a evolução propriamente dita. Pois até a vida que progride nos oceanos depende da terra, porquanto os oceanos repousam sobre a terra.

A terra é sólida e pressupõe a estabilidade dos outros elementos e, conseqüentemente, da própria evolução em seus diferentes estágios. Segundo Helena Blavatsky, o elemento terra está relacionado com o éter odorífero atuando sobre o olfato...

Água

É o mediador plástico por excelência no processo natural da evolução. Por sua constituição, este elemento dá plasticidade à própria natureza, promovendo a interação entre os três outros elementos e, indiscutivelmente, tornando-se o elemento vital para que o projeto evolutivo tenha tido o seu curso natural durante a evolução, desde os seus primórdios. É sabido que onde não há água a vida se torna impossível, assim como o processo da evolução subseqüente – pelo menos nos limites como a conhecemos atualmente.

A água não somente alimenta a vida como torna possível o equilíbrio quando as condições dos elementos entram em conflito. Para conter e processar o trabalho alquímico do elemento água, é necessário moldá-la, não permitindo que se debruce sobre as bordas do recipiente em que se encontra contida, a não ser para aproveitamento da energia daí resultante.

Do ponto de vista esotérico, podemos acrescentar que o elemento água tem uma participação fundamental no comportamento dos seres. Promove o equilíbrio no plano atmosférico, ameniza as condições na superfície do planeta e influi poderosamente no psiquismo das criaturas em geral.

A indubitável interação do elemento água com o nosso satélite, a Lua, é fundamental para o biorritmo e o psiquismo dos seres humanos. E esta interação Lua-água-indivíduo, com sua participação nos mais delicados processos vitais, na arte de viver, nas emoções, nas artes, no amor, podendo-se afirmar sem exageros nos mais singelos acontecimentos do cotidiano das pessoas, faz parte da própria existência, alimentando-a e estimulando-a.

A contrapartida antimatéria do elemento água interage diretamente com o psiquismo, determinando o comportamento emocional dos seres humanos. Segundo Helena Petrovna Blavatsky, o elemento água está relacionado com o *tattva apas* e o *éter soporífero*, e rege o paladar.

Ar

Estado de matéria no qual as moléculas se encontram livres, admitindo a liberação e a expansão plenas, sem limitação. O ar é o mais sutil dos elementos por sua natureza volátil. Para conter e trabalhar a matéria do elemento terra, você somente precisa ampará-la, criando uma barreira entre esse elemento e a atração exercida pela gravidade. Por isso, não se torna difícil conter o elemento terra, porquanto você terá maior facilidade de coordenar suas atividades quando lida com material desse elemento. Somente precisa ter perseverança.

Por essa razão, para conter o elemento água você necessita do recurso das leis naturais e uma persistente avaliação no sentido de que não escape por onde você menos espera. Por isso, você necessita do concurso da emoção. Para conter e trabalhar o elemento fogo, você necessita de cuidados especiais, coragem, tenacidade e capacidade de lidar com problemas e encontrar soluções. Para conter e trabalhar o elemento ar, você necessita exercer seu ofício com perspicácia e arte, porquanto para conter o ar qualquer previsão poderá fracassar.

A inteligência e a arte são os elementos indispensáveis para lidar com o elemento ar. Por conta de sua extraordinária mutabilidade, este elemento encontra-se sempre disponível para acrescentar informações sobre os outros elementos e as reações naturais que resultam dessa composição. Pois é por meio do elemento ar que o movimento torna possível o próprio processo da evolução. Segundo Helena Blavatsky, o elemento ar está relacionado com o *tatwa vayu* e rege o sentido do tato.

Fogo

Estado de matéria no qual as moléculas se encontram em combustão ocorrida, por exemplo, quando moléculas de carbono (C) combinam-se com moléculas de oxigênio (O_2) para formar moléculas de dióxido de carbono (CO_2), ocorrendo a partir daí uma combustão que se propaga por radiação ou condução. Nesse estágio de matéria, o elemento, por assim dizer, se "desmaterializa", entrando num degrau superior quando as moléculas que o formaram passam para o estado de "antimatéria", atingindo altas temperaturas e entrando em combustão quando sua substância torna-se completamente imponderável e imensurável – somente podendo ser medida pela temperatura que não permite, em nosso planeta, a "convivência" natural com os outros três elementos.

Para conter e trabalhar o elemento fogo, você necessita de cuidados especiais, coragem, tenacidade e capacidade de lidar problemas e encontrar soluções. Em contrapartida, o elemento fogo atribui uma tenacidade e resolução impossíveis de ser igualadas nos outros elementos.

O elemento fogo é o mais instável dos quatro elementos, caracterizando o temperamento irascível e, na nomenclatura astrológica, o temperamento *bilioso*. Segundo Helena Blavatsky, o elemento ar está relacionado com o éter luminífero e rege o sentido da visão.

O elemento Terra e seus três estágios: Touro, Virgem e Capricórnio

TERRA – Estado de matéria no qual as moléculas se encontram sob a força de coesão, prevendo a supremacia da forma. Está relacionado aos três estágios de evolução zodiacal e planetária, a saber: Touro, Virgem e Capricórnio.

Primeiro estágio no signo de Touro

Nele, o elemento terra se constitui na terra primordial, nativa e natural.

Nesse estágio, esse elemento encontra-se primitivo e disponível para ser trabalhado sob a influência da Vênus noturna, que imprime pureza e arte, mas também vigor e sensualidade poderosa. Isto a prepara para receber e proteger o troféu primevo da existência, que deverá ser guardado com cuidadosa atenção e segurança em seu regaço durante esse primeiro estágio. A terra de Touro é de qualidade fixa, mas não tem forma. Por isso, necessita a arte do operador e artesão, sob os auspícios de Vênus, para iniciar os primeiros passos, preparando-o para os degraus seguintes de seu processo de realização e construção.

Sendo a terra de Touro de polaridade negativa, ela necessita do concurso de outros elementos para processar e iniciar o ciclo para o qual está destinada. E, nesse propósito, é constante, determinada, inarredável na realização do projeto a que se propõe.

Em função disso, está sempre disponível para ser usada com responsabilidade e experiência, a fim de cumprir os desígnios soberanos da evolução.

Segundo estágio no signo de Virgem

Aqui, o elemento terra atinge um grau mais aprimorado, admitindo o uso do elemento para a construção, a serviço da evolução – sempre levando em conta o desejo de aprimoramento.

Nesse estágio, há uma irrefutável preocupação com a eficiência na elaboração do projeto evolutivo.

A terra de Virgem, como uma donzela vaidosa, se preocupa, além da eficiência, também com a estética e a vigilante administração para que nada dê errado no projeto final.

Resulta daí a necessidade da organização imprescindível no uso do elemento, que somente se encontrará disponível quando pressupõe objetivos bem definidos.

Em Virgem, o elemento terra deve ser trabalhado para produzir o bem individual, e pode ser mudado porque Virgem é um signo de qualidade móvel e polaridade negativa.

A qualidade móvel torna o nativo naturalmente adaptável ao projeto sob sua responsabilidade. Poderá flutuar em suas decisões, mas sempre preocupado com o desempenho final que pressupõe a busca da perfeição.

Sua polaridade é negativa, o que lhe acrescenta maior desempenho sempre que necessita ajustar técnicas mais corretas para o bom desempenho de sua obra.

Em função disso, encontrar-se-á sempre predisposto a aceitar uma parceria da qual exigirá a irrefutável fidelidade, jamais transferindo suas responsabilidades.

Terceiro estágio no signo de Capricórnio

Neste estágio, o elemento terra, devidamente traçado, maduro, envelhecido pelo tempo, encontra-se ideal para receber a espátula corretora da qual não prescindirá jamais – pois o seu objetivo final é a perfeição.

A matéria-prima deve ser usada para produzir, indistintamente, bens móveis e bens imóveis para uso da coletividade, mas sempre sob a influência e determinação do tempo.

O tempo e o espaço são devidamente administrados de forma eficiente e rígida, sob leis predeterminadas a serem cumpridas sem negligência.

Seu uso estará sempre condicionado ao êxito do projeto evolutivo previamente estabelecido.

A terra de Capricórnio é trabalhada pela espátula, que limita e atribui ao tempo um destino previamente determinado.

Sua qualidade é cardinal, o que lhe confere plena segurança, equilíbrio e estabilidade em todos os momentos, já que neste sentido não há margem de erros.

Sua polaridade é negativa, podendo, apesar de sua rígida orientação, se amoldar ao projeto final, sempre que o destino conflite e a lei o permita.

A terra de Capricórnio não admite erros. Não é boa nem má, é justa...

O elemento água e seus três estágios: Câncer, Escorpião e Peixes

O elemento água está relacionado aos três estágios de evolução zodiacal e planetária, a saber: Câncer, Escorpião e Peixes.

Primeiro estágio no signo de Câncer

Nesse estágio, a água primordial se oferece como caldo de cultura da evolução, acomodando generosamente as sementes da vida. A partir daí, inicia um novo e emocionante estágio evolutivo, mais confortável e especializado.

A água de Câncer já desenvolveu a sua estrutura molecular ideal para abrigar o projeto evolutivo no seu quarto degrau evolutivo, criando as condições ideais para que os fermentos e estímulos hormonais desenvolvam o caldo de cultura a partir do qual o ser vivo deve encontrar as condições ideais para atingir o grau de evolução para o qual está destinado.

A primeira manifestação vital ocorre, inicialmente, no oceano primordial, onde a vida se desenvolveu em seus primeiros passos.

Em seguida, a natureza promove o mais fantástico artifício do processo evolutivo, abrigando zelosamente a semente da vida nos líquidos do santuário do útero materno, devidamente protegido, onde a vida se especializa.

Neste verdadeiro santuário da vida, as duas sementes retiradas dos progenitores – do pai, que é Saturno na carta astral, e da mãe, que é a Lua na carta astral – irão se fecundar.

Em seguida, durante o período de gestação, o ser evolutivo será alquimicamente preparado para a vida à qual se encontra predestinado.

A água de Câncer promove o caldo de cultura ideal no qual o nascituro deverá receber os elementos indispensáveis para entrar no planeta e realizar seu processo evolutivo segundo as leis previamente estabelecidas.

Sua qualidade é cardinal, admitindo o equilíbrio ideal para o projeto de vida que se perpetua.

Sua polaridade é negativa, concorrendo harmoniosamente para o perfeito desempenho dos objetivos previstos nessa etapa do processo evolutivo.

Segundo estágio no signo de Escorpião

A água fermentada se diferencia por conta dos fermentos que hão de participar de forma altamente especializada no processo de aprimoramento do projeto evolutivo.

O fruto nasceu, cresceu e vai "amadurecer" sob a ação da seiva fermentada produzida pela água de Escorpião.

E, gradativamente, no processo de maturação, o fruto pesado, intumescido, pejado de vida pelos fermentos do signo noturno de Marte... cai.

E no chão, aos pés da árvore que lhe deu vida, apodrece e... morre!

Em seguida, no epílogo dramático de sua morte, gloriosamente liberta a semente que produzirá uma árvore igual à árvore-mãe de onde proveio.

Este fenômeno retrata, com uma beleza sublime, o desiderato cumprido pela Mãe Natureza e reverenciado nas liturgias das religiões no mito da vida, morte e ressurreição.

Escorpião é cuidadoso e ao mesmo tempo vigoroso, não permitindo desvios no comando vital de sua responsabilidade...

Age oculto, na calada, sem despertar suspeita sobre o passo seguinte que está definido inarredavelmente no seu propósito.

Pois é nessa sublime etapa que a vida se encobre em profundos mistérios, que têm como objetivo preservá-la no mundo hostil, com zelo imperturbável nas subseqüentes fases do processo evolutivo.

A água de Escorpião, sublimada pela seiva alquímica do oitavo signo zodiacal, promove a transmutação necessária, ungindo o espírito, que é luz e eterno, e o corpo, que é matéria e finito.

Sua polaridade é negativa, favorece os propósitos definidos nesse estágio evolutivo.

Ao mesmo tempo, sua qualidade é fixa, não se permitindo se arredar do objetivo final, guardando-se imperiosamente, protegendo com abnegada coragem e zelo persistente o fruto que deve ser preservado.

Terceiro estágio no signo de Peixes

A água sublimada em Peixes abriga os objetivos superiores quando o ser evolutivo descobre sua divindade e descortina sua eternidade, aproximando-se do Deus que habita dentro dele mesmo.

A água de Peixes já não abriga o corpo denso, mas sim sua quintessência espiritual.

A energia espiritual, alquímica e divina, se alça para o degrau superior de superação dos conflitos da matéria. Somente aí atinge o seu estágio supremo e divino em busca da perfeição.

O ser animal e instintivo se alça em busca de sua divindade.

O ser evolutivo sob a água alquímica de Peixes se redime na religião e se abriga em Deus.

Sob a essência de Netuno, o deus das águas abissais, mergulha nas camadas profundas e ocultas do oceano primordial a fim de trazer para a superfície a divina nereida, ninfa das águas, símbolo da iniciação, representada pela busca da verdade.

A água de Peixes reserva ao ser evolutivo, nesse estágio superior de sua trajetória terrena, a oportunidade de, com o concurso de Netuno, mergulhar para a busca de sua própria iniciação, a busca da verdade, o encontro com Deus.

Sua qualidade é móvel, o que convém nesse estágio de transmutação para o espiritual.

Sua polaridade é negativa, o que lhe acrescenta maiores recursos nesse magnífico momento de fuga para o plano espiritual.

A água de Peixes é a água alquímica dos santuários da fé, e se encontra zelosamente guardada nos mistérios do Santo Graal.

O elemento ar e seus três estágios: Gêmeos, Libra e Aquário

AR – Estado de matéria no qual os átomos se encontram libertos, admitindo igualmente três estágios de evolução zodiacal e planetária, a saber: Gêmeos, Libra e Aquário.

Primeiro estágio no signo de Gêmeos

Nesse estágio, o ar de Gêmeos é primitivo, volátil, livre, não tem sentido nem direção. Movimenta-se ao sabor das correntes térmicas, mudando de direção incessantemente, sem propósito definido, sem destino, aleatoriamente, embora carregue sempre os registros disponíveis de todos os espaços e ambientes percorridos.

Por se movimentar constantemente, carrega em seu bojo todo o leque de informações que acumulou pelos quatro cantos de sua incansável caminhada.

Promove de forma ideal as informações necessárias ao desenvolvimento e à evolução do ser, e orienta de forma plena sobre os aspectos que o rodeiam, sobre os problemas e seres encontrados e a forma como solucioná-los.

O ar de Gêmeos, no entanto, não é seletivo; registra tudo que acontece ao seu redor e ao longo de suas intensas caminhadas.

Desenvolve, entretanto, um intelecto informal e muito importante, porém para ser aproveitado apenas por seu complementar, Sagitário – que se beneficia amplamente dessas informações para criar o banco de dados do Zodíaco, a fonte indispensável da mente humana.

O ar de Gêmeos é de qualidade móvel, o que lhe convém por sua natureza também móvel, estimulando sua natural habilidade para o movimento, condição indispensável para seu atributo maior: a informação.

Sua polaridade é positiva, acrescentando-lhe uma notável energia no exercício de suas atividades.

Segundo estágio no signo de Libra

Nesse estágio, o ar de Libra se especializa domando suas correntes naturalmente arrebatadoras para realizar o trabalho mais equilibrado e construtivo sob uma ordem cósmica perfeitamente harmoniosa.

Aqui, o ar de Libra se beneficia da eleição do planeta Vênus, regente diurno e natural do signo, acrescentando as benesses das artes, primazia deste planeta.

O ar, nessa etapa, já desenvolveu uma estrutura molecular muito mais sofisticada, participando da evolução que prossegue e interagindo de forma equilibrada para o processo geral no qual o objetivo a ser cumprido é arquitetado com harmonia e arte, buscando o belo para a conquista indispensável do amor, que é seu produto final.

O ar de Libra promove o equilíbrio dos contrários e exerce plena observância dos princípios naturais da ordem cósmica que pretende atingir a perfeição.

Se depender desse estágio, com certeza, o ser evolutivo terá muito maior harmonia para realizar seus propósitos evolutivos, segundo a lei cármica à qual está irremediavelmente ligado.

O ar de Libra é de qualidade cardinal, o que lhe assegura pleno equilíbrio e estabilidade e identifica-o perfeitamente com outros objetivos mais espirituais, como a justiça e a verdade – os princípios fundamentais do signo de Libra.

Sua polaridade é positiva, completando esses atributos indispensáveis para o desenvolvimento do signo da Vênus diurna.

Terceiro estágio no signo de Aquário

Nesse estágio, o ar de Aquário se encontra em seu mais elevado grau de sublimação.

Os ideais superiores encontram-se sob as leis universais, e o ar neste signo não se comove nos embates para conquistar novos espaços.

Por ser quase onipresente, atinge uma inevitável visão do geral, estimulando-se na inarredável vocação aquariana de disciplinar o mundo e as pessoas.

Ou ainda, por conta de sua extraordinária capacidade de movimentação, conhecendo meio mundo, está sempre disposto a mudar, mesmo quando a grande maioria não tem nenhuma noção de mudança.

Por essa razão, promove sempre e é o pioneiro em todas as grandes transformações que tocaram as civilizações para destinos sempre mais arrojados, nos momentos culminantes da história humana.

Como se não bastasse, o signo de Aquário é regido pelo planeta Urano e identificado com o ar deste signo. Urano é o grande transformador, responsável pelas fantásticas mudanças desde que foi reconhecido pelos olhos deslumbrados dos humanos, no final do século XVIII.

São produto dessa simbiose astral a Revolução Industrial, as viagens espaciais, as tecnologias de ponta, as telecomunicações, a fissão nuclear, a astrofísica, a física de particular e as neurociências, entre muitas outras grandes conquistas de nossa civilização.

A qualidade do ar de Aquário é fixa, ativando sua extraordinária capacidade de assumir o ideal superior, que é a transformação e a evolução do mundo e da humanidade.

Sua polaridade positiva assegura-lhe as condições perfeitas para o cumprimento dos ideais superiores do grande transformador do Zodíaco.

O elemento fogo e seus três estágios: Áries, Leão e Sagitário

FOGO – Estado de matéria em que os átomos se encontram em combustão, ativando a evolução no seu dinamismo mais alto e não permitindo recuos. Esse elemento também admite três diferentes estágios de evolução zodiacal, a saber: Áries, Leão e Sagitário.

Primeiro estágio no signo de Áries

Nesse estágio, o fogo primordial não tem sentido nem direção.

Encontra-se, no entanto, sempre pronto para emprestar o seu calor, às vezes de forma desordenada, mas sempre ativo e dinâmico, à tarefa indispensável para estimular o projeto evolutivo para prosseguir em sua trajetória evolutiva terrena.

O fogo de Áries é ardente, impetuoso, poderoso, ativando as energias primordiais, responsáveis pelos primeiros passos na escala evolutiva.

A energia resultante desse estágio primitivo da "chama una" ativa o germe da vida, o qual, a partir desse impulso primordial, prosseguirá vitorioso visando ao objetivo espiritual nos degraus mais avançados da culminância evolutiva – quando o fogo sublimado estará relacionado com a mente cósmica, fonte geratriz e sustentáculo angular do espírito divino, porque o fogo está intimamente ligado à essência divina.

O calor que se produz no fogo de Áries é necessário e indispensável, sem o qual o germe da vida, aprisionado na Terra, não terá condições de atingir a etapa seguinte, em busca do ar que lhe proporcionará o sopro da vida.

O ar de Áries é de polaridade positiva, ativando as matrizes que continuarão as escalas subseqüentes do processo evolutivo.

Sua qualidade é cardinal, estabelecendo o equilíbrio indispensável sem o qual a energia se perderia, tornando impossível o prosseguimento da evolução...

Segundo estágio no signo de Leão

O elemento fogo no signo de Leão ocorre disciplinado.

Direciona sua poderosa energia para conduzir o projeto evolutivo em direção aos limites propostos na lei de causa e efeito, portanto muito mais seletivo.

O calor desse elemento em Leão aquece sem a combustão destruidora, pois seu objetivo é ativar o processo seletivo da evolução no estágio mais elevado, embora ainda no plano material.

A partir daí, deve prevalecer o interesse coletivo, mas sempre tendo por escopo a prevalência da organização política, social ou de governo.

É o fogo de Leão que ativa a liderança dos comandantes, dos governantes e dos líderes das comunidades humanas responsáveis pela administração e pelo governo das sociedades e das nações.

Equilibrado e magnânimo, responsável pelas energias criadoras no domínio do mundo, Leão, com sua atividade ígnea, ameniza e disciplina a combustão livre e desordenada que gera paixões e é a causa de muito sofrimento entre os humanos.

O concurso do astro regente de Leão, o Sol, certamente influenciará de forma poderosa para dar maior nobreza à ação dinâmica desse elemento.

A qualidade fixa empresta ao fogo de Leão a segura indicação de que o calor aí gerado jamais se transmitirá desordenadamente.

A polaridade positiva acentua o domínio do fogo, participando harmoniosamente do processo seletivo da energia criadora.

Terceiro estágio no signo de Sagitário

O elemento fogo em Sagitário desenvolve a cepa alquímica da transmutação para a mente cósmica.

Esse elemento, a partir daí, transmuta a energia divina, ativando o campo magnético do cérebro transformado em aura magnética, criando a ponte entre a mente humana e a mente cósmica.

Entretanto, também acende a chama universal do conhecimento, que haverá de iluminar as mentes dos humanos ao longo dos caminhos do mundo e da eternidade.

A energia criadora assim transformada atinge o mais alto grau de sublimação.

O fogo de Sagitário não queima, mas acende a chama universal da luz divina que haverá de iluminar os caminhos dos humanos em sua trajetória evolutiva terrena.

O fogo concentrado transformado em luz é a matéria alquímica da constituição dos "íons" mentais que denominamos "pensônios", a unidade de radiações de altíssimas freqüências de que se constitui a mente dos humanos.

De qualidade móvel, o fogo de Sagitário predispõe a mente à adaptação, o que lhe confere altíssima sensibilidade.

A polaridade negativa acentua esta condição, acrescentando a necessária elasticidade para permitir a permanente interação com o mundo circundante, cujo resultado final será a plenitude do conhecimento.

As doze casas astrológicas

Horóscopo é o mapa astronômico do céu natal, e se divide em importantes seguimentos zodiacais e mundanos, plexos astrais, planetas e casas astrológicas. A esfera celeste com os doze signos zodiacais. O Equador terrestre com as doze casas astrológicas. Os dois luminares: Sol e Lua, os planetas, os plexos astrais: Lilite, Dragão e Roda da Fortuna. As estrelas fixas são importantes fatores para a análise de um horóscopo.

A esfera celeste se compõe dos hemisférios Norte e Sul, separados pela faixa zodiacal que é formada por doze arcos de 30 graus cada um – os doze signos zodiacais.

Também a compõem:

- ▶ Os doze signos. São doze arcos da divisão sideral da esfera celeste. Doze aspectos da manifestação divina ou doze faixas de radiação cósmica no mundo fenomenal, ou seja, o mundo em que vivemos.
- ▶ Planetas e plexos planetários ou astrais que são: Sol, Lua, Mercúrio, Vênus, Marte, Júpiter, Saturno, Urano, Netuno, Roda da Fortuna, Dragão, Ponto do Arquétipo, Lilite, Ponto do Karma, estrelas fixas e outros plexos de natureza astral que vamos estudar ainda.

Os planetas são agentes intermediantes entre signos e casas; por meio dos planetas, os signos se manifestam nas casas astrológicas. As casas representam, pois, o homem evolutivo em sua carreira aqui na Terra.

As **casas astrológicas, em número de doze,** começam pelo signo ascendente. São doze arcos de tamanhos diferentes, de acordo com a latitude do lugar.

Casa 1 ou signo ascendente

Representa o potencial de que o ser é dotado quando nasce. Tudo que este ser possuía no instante do nascimento. A primeira casa astrológica, pois é o "Ser Essência".

Vamos representá-lo como projeto evolutivo por uma estrela de cinco pontas, que significa o homem de braços abertos, o homem evolutivo.

O signo solar e as casas astrológicas representam sua realização ao longo da existência. A vida em si é o conjunto de experiências, ensaios e erros.

Admitindo a teoria espiritualista, essa estrela ou esse espírito penetra na atmosfera da Terra e vai ocupar um lugar no espaço.

O indivíduo no planeta Terra precisa de um espaço físico que ocupará para viver, para evoluir, lutar para adquirir bens ou ter a posse de espaços. Na proporção em que realiza sua experiência, simultaneamente, toma posse desse espaço, que pode crescer conforme suas aptidões e capacidades.

Casa 2

Este espaço ocupado é a casa 2, e o espírito (o Ser) é a casa 1.

A casa 2 é o chão físico ocupado. O espaço representa a posse desse espaço. Mas a casa 2 é mais do que isso; vamos para uma alegoria. Vamos buscar um quadro que deve ter se repetido muitas vezes na história de nossa evolução.

Fugindo de um perigo nas florestas primitivas, o homem ancestral encontra uma caverna, entra no espaço e coloca uma pedra na entrada. Lá dentro, sente-se seguro, sente-se livre do grande perigo que o acomete. Então ele pensa: esta caverna me faz ficar seguro; dá-me tranqüilidade. Esta caverna é a minha caverna!

Neste instante, estava instituído o mais fantástico atributo da evolução do homem. O sentimento de posse e o direito de propriedade, inalienável na individualidade do ser evolutivo. Este ensinamento serve como um conceito a se acrescentar na história socioeconômica do homem. O direito de propriedade é uma instituição inalienável na própria existência, quando o homem primitivo se sentiu seguro dentro da caverna, livre das intempéries. A segurança, a tranqüilidade e a estabilidade do ser espiritual no mundo material está na razão direta da segurança adquirida no espaço que ele ocupa, de paredes em sua casa, do teto e do chão que ele ocupa.

É muito precário considerar que a casa 2 é a casa do dinheiro, dos bens materiais, das finanças. Porque, na verdade, é muito mais amplo o seu significado. A casa 2 é essa abstração fantástica que ruge na alma do ser a necessidade de o indivíduo se sentir estável, seguro, tranqüilo, para que ele esteja emocionalmente equilibrado; é preciso que ele tenha quatro paredes.

Quando o indivíduo nasce, ocupa o primeiro espaço – é o seu próprio corpo limitado por uma epiderme. Este espaço é o seu espaço; ninguém, a não ser que o mate, poderá roubar-lhe este espaço. Mas ele não se sente inteiramente seguro neste espaço delimitado pela epiderme. Ele ocupa um terreno, constrói paredes, um teto, e ainda põe uma cerca adiante, que limita o seu espaço. Além daquela cerca, os inimigos não ultrapassam. Ela serve como um símbolo de segurança. Mais modernamente, o homem construiu uma casa e trancou-a com uma chave. A chave passou a ser um símbolo incrivelmente forte de segurança, de estabilidade.

A casa 2, vista deste aspecto, pode ser analisada astrologicamente. Buscar na casa 2 apenas atributo material, estanque, limitado pelas paredes físicas, é parte do conhecimento. A casa 2 está mais para segurança, estabilidade. O indivíduo seguro, estável, ocupa um espaço com mais tranqüilidade.

No entanto, Gandhi, um dos maiores nomes da história da humanidade, deixou uma tanga e um par de chinelos de herança. Sua casa 2 era fantasticamente segura, sólida, porque ele tinha atingido espiritualmente aquela "segurança". As paredes que protegiam o ser emocional eram completamente sólidas, ainda que fossem muito mais espirituais.

A casa 2, pois, não é necessariamente uma casa que pode ser igual a um grande cifrão. Nem sempre isto é uma verdade. Obviamente, os cifrões estão na casa 2, mas ela não é feita somente deles.

O indivíduo ocupa um espaço, que é realmente a casa 2, e se comunica com o mundo exterior.

O mundo circundante é a terceira casa astral.

Casa 3

Da observação de sua janela para o mundo, para fora, o homem aprendeu a criar fórmulas por meio das quais ele pode se transmitir para o exterior, para muito além das janelas de sua casa. E isso fez que o homem desenvolvesse novos atributos, desenvolvesse o intelecto por meio de centenas, milhares de informações que colhia olhando de sua janela, de seus limites e depois de sua cerca. Comparando com o que tinha, o homem foi armazenando idéias, e estas idéias foram sendo colocadas na nona casa astral, que é a casa das idéias. A casa 3 fornece elementos e informações para que a mente se construa.

A mente humana é um órgão, um superórgão que foi se formando, crescendo e se constituindo por meio das informações colhidas. Era preciso criar um arquivo para colocar as idéias do homem evolutivo, e esse arquivo foi a memória. O homem encontrava-se diante de um fato, de algo insólito, de algo novo, e precisava desesperadamente guardar os resultados desses fatos. No aprendizado de ensaios e erros, isto foi necessário. Quando ele viu um companheiro ser comido por uma fera, passou a evitar aquela fera, aquele obstáculo, mas precisava guardar o fato na memória. O exercício fez os músculos do atleta se desenvolverem; assim, a mente do intelectual se desenvolve também por meio do exercício. É a casa 9, que é a casa complementar da 3.

A casa 3 é a comunicação em suas formas e meios. Ela faz que os homens conheçam outros homens. Quais os meios mais diretos da comunicação? O intelecto, as trocas, o comércio. O homem se comunica com seu ambiente por meio da fala ou da escrita. O que diferencia a comunicação intelectual da comunicação pelo comércio é o relacionamento da casa 3 com as outras casas.

A casa 2 representa finanças, dinheiro, fortuna, bens, segurança. Tomemos por exemplo dois cidadãos: um é dono de comércio e o outro é jornalista, escritor. O que expressa o jornalista é a relação da casa 3 com a nona casa. Sendo a nona casa a mente, o mundo ideal, o QI, a inteligência, a relação da casa 3 com a casa 9 é a comunicação por meio da inteligência, comércio, o comerciante. Aí nós temos as relações entre a casa 3 e a casa 2; vamos perceber como uma casa se expressa por meio de outra.

Portanto, vimos que:

> Casa 1 – Projeto evolutivo.
> Casa 2 – Os bens que o homem possui. A posse, a segurança ou os elementos para alcançá-los.
> Casa 3 – A forma como ele se movimenta para se comunicar e os elementos dessa comunicação: fala, escrita, arte, viagens ou qualquer forma de expressão.

Casa 4

A casa 4 é o fundo do horóscopo. O horóscopo é um ser vivo. A Terra é um ser vivo.

A cabeça da Terra – do ser vivo do lugar – é a sua casa 10. O horóscopo está de pé quando a casa 10 está para o alto.

O ascendente está no Leste, e o nadir (fundo do céu) está na casa 4. A casa 4 é, pois, o fundo do céu, e está relacionada com o inconsciente, com o ancestral, com o relacionamento com o clã, a família, os pais e todo o somatório de influências que determinaram desde a vida intra-uterina até a adolescência – ou até quando o nativo corta o cordão umbilical astral emocional que o liga à ancestralidade. Tudo que o liga ao seu passado, à sua família, às emoções da casa materna.

Dessa forma, podemos analisar a quarta casa astral como o útero materno (com todos os componentes) que nos acompanha vida afora. Existem indivíduos ligados fortemente às emoções da casa materna, ao ancestral, ao pai e à mãe.

A mãe é representada pela Lua, o pai por Saturno.

A casa 4 é todo o conjunto (pai-mãe) passado, ancestral, com todos os seus traumas, recalques, emoções, influências positivas ou negativas que interferem no comportamento, no progresso ou no retardo da evolução desse espírito. Eu chamo a casa 4 de inconsciente presente.

Ela é o campo do inconsciente, no qual se abrigam todas as síndromes, seqüelas, traumas, complexos, emoções e aspectos negativos oriundos do relacionamento com os familiares e da diversificação da vida na infância, sofrimentos pelos quais a família passou e que deixaram traumas na alma de uma pessoa.

Tudo isto é analisado na quarta casa. Mas, para isso, temos de analisar sua casa oposta, que, no caso, é a décima casa astral.

Enquanto a casa 4 representa o fundo do horóscopo – o mais recôndito da alma humana –, a casa 10 representa o céu livre, o meridiano, a subida na vida, o poder político, o progresso, o êxito, a evidência, a fama e o prestígio, o governo do mundo.

O trabalho principal de um astrólogo ou de um estudante de astrologia, com a astroanálise, é fazer o cliente se arrancar do fundo de sua casa 4 para o alto de sua décima casa, e assim sair das emoções, das seqüelas emocionais, para se alçar num vôo redentor qual Fernão Capelo Gaivota, acima das emoções do bando, do clã, da família.

Casa 5

Rege a função endócrina – importante quando sabemos que a vida resulta do conjunto de secreções endócrinas. A hipófise segrega o hormônio ACTH (adrenocorticotrófico) na corrente sanguínea. A partir daí, os estímulos são distribuídos por diversas glândulas do homem, determinando a função vital. Mais estímulos, mais vida; menos estímulos, menos vida, harmônica ou desarmonicamente.

Harmonia nos estímulos, vida equilibrada, saúde. Desarmonia nos estímulos, enfermidade, sofrimento, angústia. Tudo isso é analisado na quinta casa astral. A função gonadotrófica das glândulas sexuais, as glândulas responsáveis pelos estímulos sexuais, é analisada na quinta casa. Portanto, o amor, seu sentido primário, carnal, é analisado nesta casa. O interesse instintivo do macho pela fêmea, as atitudes reflexas desses estímulos são assunto desse universo.

Quando a mulher coloca um vestido bonito, uma jóia, um perfume, instintivamente está acrescentando atributos à sua personalidade, ao seu corpo, para estimular, para atrair a figura do macho, da mesma forma que a fêmea do boi almiscareiro lança esguichos de hormônios para atrair o macho quando ela está no cio.

A comparação, aparentemente extemporânea para o nosso pudor, é válida do ponto de vista evolutivo. Quem conhece as leis universais da evolução sabe que o homem atual carrega no inconsciente e nos estímulos endócrinos essas impressões, que vêm do animal que fomos. Há todo um fantástico percurso do homem evolutivo que dura milhares de anos.

A arte é uma proposta da quinta casa, mas arte é expressão de estímulos inconscientes que levam o indivíduo a tentar deslumbrar com a sua aparência os seres do sexo oposto, sem nenhum constrangimento ou depreciação para machos e fêmeas da espécie que se auto-intitulou *Homo sapiens* – isso pode ser comprovado astrologicamente.

A busca do belo tem um objetivo, assim como a arte em todos os sentidos e o que ela originou, o teatro, o balé, o canto; todas as expressões do campo artístico vão encontrar na quinta casa os seus modelos. Um artista que não tenha uma quinta casa bem-disposta jamais será um grande artista.

O objetivo fundamental da quinta casa é a perpetuação da espécie. Portanto, os filhos são, por extensão, analisados nesta casa. Não é apenas a casa da perpetuação. Está relacionada também com o desejo de deixar a semente que nasce de si. Para isto, porém, há uma imensa soma de atributos que faz que o indivíduo viva no mundo não com o objetivo da perpetuação, mas com o objetivo de viver em harmonia, com substancial equilíbrio, com saúde, estabilidade, porque a quinta casa é a vida das células, o clamor das células, a expressão dos humores celulares. As secreções endócrinas existem na quinta casa – o homem celular, endócrino, gonadotrófico, homem de humores.

Este conjunto universal de estímulos de moléculas fantásticas se interage para objetivos também fantásticos no santuário da vida; este universo se prepara, se ativa, se harmoniza para o objetivo maior.

O indivíduo, ao afirmar que procura uma diversão porque se sente bem, parte do pressuposto consciente; mas, no que se refere ao inconsciente biológico, instintivo, o objetivo de tudo isso que foi criado ao longo dos milhares de anos de evolução – seguindo esta fórmula mágica zodiacal – é a perpetuação da espécie, estudada nesta fascinante casa astral.

Casa 6

A casa 6 rege o campo de trabalho, a vitalidade, a fortaleza, a atividade. Um indivíduo que tenha bastante vitalidade é mais ativo, trabalha mais, produz mais, profissionalmente deverá ter as melhores chances. Outro indivíduo que tenha menor vitalidade, conseqüentemente, apresentará menor atividade e menos produção.

A primeira tem mais vitalidade, mais saúde e mais capacidade de produção. A segunda tem menos vitalidade, menos saúde e menos capacidade de produção. Dessa forma, a sexta casa é analisada tanto pela capacidade de trabalho como pela vitalidade ou saúde do indivíduo. Esta casa, portanto, rege saúde e profissão.

Casa 7

Está relacionada com o complemento. Esta casa se opõe a casa 1, que, sabemos, é o signo ascendente. A casa 7 está relacionada com o complemento, é a casa oposta ou complementar do ascendente. As casas opostas se completam em seus propósitos. A casa 1 é o ego. A casa 7 é o que falta e deve completar o ego; ninguém é uma totalidade. O indivíduo nasceu, ele é o ascendente. O que lhe falta encontra na casa 7. No plano material, o sócio; no plano da arte, os seus pincéis, os seus ideais, as suas telas. No plano afetivo, o cônjuge, pois o casamento é analisado na sétima casa. Representa a ânsia da totalidade. O homem, quando se une a uma mulher, ou vice-versa, está procurando a complementação afetiva, amorosa, sexual, material, social, cultural, intelectual, espiritual. Busca complementar-se com a pessoa com quem convive. O casamento será tão bem-sucedido quantos itens de complemento harmônico existirem no casamento.

Uma sétima casa se completa por meio da amizade (aspectos da sétima com a décima primeira casa), da harmonia (aspectos da sétima com a terceira), do plano social (aspectos da sétima com a décima), do plano intelectual ou idealista (aspectos da sétima com a nona), da complementação sexual (aspectos de sétima com a quinta) e assim por diante.

Sobre um casal cuja análise sinástrica tenha casas harmônicas, pode-se dizer que é composto de almas gêmeas.

Casa 8

A casa 8 representa o fim de tudo que é material. A passagem do espaço físico para os planos superiores. O desligamento das amarras da matéria. A perda de qualquer valor que possa ser medido materialmente. A morte ou perda de um negócio, de uma amizade, de um ideal ou da própria vida... A libertação do espírito da matéria pela chamada morte.

No plano material dos negócios, maus aspectos da casa 8 com a casa 6 ou a casa 2 podem significar o rompimento violento de qualquer ligação física ou material, sempre provocada por ação leviana. Por exemplo: uma falência fraudulenta ou a perda de uma sociedade ou a quebra de negócios por motivos ilícitos.

Aspectos negativos de disposições planetárias negativas ou maldispostas levam a atitudes indignas no plano material quando a casa 8 inspira uma má atitude.

Trata-se do fim de um princípio, o fim de um objeto em qualquer setor. Não é só a morte física.

A morte física ocorre quando a casa 8, seu regente, o anareta do horóscopo e planetas maléficos afligem inexoravelmente o regente do ascendente ou os luminares.

Quando a casa 8 corta o fio da casa 1, advém a morte física, o fim da existência desse ego.

A casa 8 representa o final de qualquer coisa: a partida de um amigo para sempre, o desmantelamento de uma amizade, de uma família, a perda de uma empresa, a perda de dinheiro, a perda de uma posição ou cargo – são sempre envolvimentos da casa 8 cortando o fio do destino em um setor diferente.

A casa 8 é também o inconsciente futuro, um importante setor para o espírito superior levar adiante objetivos altruístas. A casa 8 num horóscopo bem-dotado é um importante setor para a evolução espiritual. Representa a eternidade, a imortalidade. Os assuntos transcendentais são também estudados nesta casa.

Nos horóscopos dos tipos superiores, a casa 8 representa clarividência, fonte da iluminação e crescimento espiritual.

A casa 8, num horóscopo maldisposto, é um fator muito negativo. Leva à brutalidade, à subversão, à corrupção, a atitudes as mais indignas também.

Casa 9

É a mente, o mundo ideal, a inteligência. O espaço intermediário entre o instinto e o espírito. O órgão responsável pelo raciocínio.

É a casa oposta e complementar da casa 3, da qual se nutre de informações para construir o universo mental: a mente, gerente e administradora da existência.

Enquanto a casa 3 representa o mundo ao redor visto por meio dos cinco sentidos físicos ou sensórios, a casa 9 registra as informações transmitidas por esses sentidos, reunindo-os, avaliando-os e construindo o campo magnético que é a mente, ou sexto sentido ou supra-sentido – a verdadeira supervisora da evolução humana.

A casa 9 é o mundo distante que só se pode alcançar pela mente, com exercício do raciocínio e do pensamento – que, por sua vez, se exercita na meditação, no estudo, no esforço intelectual, desenvolvendo-a por meio da cultura, do desenvolvimento intelectual ou idealista.

Quando observo o mundo ao meu redor e o avalio, estou exercitando a minha casa 3...

Mas, quando penso em uma cidade distante, como Paris, a capital da França, seu povo, sua história etc., estou exercitando a minha casa 9 por meio do esforço mental. Ela assessora a casa 6 (do trabalho), que por sua vez constrói a casa 2 (espaço) e define a casa 10 (notoriedade).

Quando penso nos alunos do meu curso, ao meu redor, aí sim trabalho em minha casa 3, e a partir dessa avaliação administro minha casa 6 e minha casa 10, porque me projeta na profissão.

É minha casa 3 porque estou junto deles. A casa 3 é a casa da informação. A comunicação. O indivíduo estuda, observa, se aprimora e aumenta seu arquivo, classificando as informações colhidas que são, por sua vez, armazenadas.

Mas, quando penso na França ou em sua história, Napoleão Bonaparte e suas campanhas na Europa, eu só posso raciocinar por meio da minha casa 9.

Portanto, a casa 9 é a inteligência, o QI, o mundo ideal e, por extensão, tudo que está além dos limites da observação imediata, visível, auditiva etc.

A mente como grande órgão que vai codificar, arquivar e desenvolver a partir de informações o idealismo.

O idealismo se desenvolve e evolui a partir das informações que você recebe e são oriundas de sua casa 3. Quanto maior o número dessas informações, maiores as oportunidades de você se tornar um idealista. Ou seja, a partir das informações que compõem o conjunto intelectual, o indivíduo se torna mais ativo do ponto de vista de seu idealismo, porque as idéias surgem da analogia de observações, da comparação dos fenômenos observados. Então o indivíduo elege em um leque de informações uma atitude ou soma de atitudes que deve tomar.

As atitudes tomadas a partir das idéias formuladas são os arquétipos da construção e da evolução dos seres. Tudo que existe no universo foi antes uma idéia, um pensamento, e a casa 9 é seu grande arquivo. Os grandes idealistas, os grandes filósofos têm na nona casa astral um importante caudal para correr suas emoções.

Também aí estão o estrangeiro – tudo que existe fora do alcance dos sensórios, as línguas, as pessoas, as empresas internacionais, a diplomacia, o turismo, o comércio internacional etc. – e assuntos correlatos. O diplomata deverá ter uma casa 9 bem-disposta e em bons aspectos com as casas 5, 3 e 10.

Casa 10

A casa 10 é a coroa de louros no alto do céu.

É o poder político, o prestígio, o governo, o cargo público, a administração, a liderança.

Representa o reconhecimento por seu trabalho, por sua capacidade, por seu esforço.

É a casa do destino, da libertação e do ideal de liberdade. A luta pela conquista desses ideais, a busca do triunfo.

A casa 10 é a casa oposta – casa complementar – à casa 4. A casa 4 é uma casa de força gravitacional centrípeta, enquanto a casa 10 é de força centrífuga. A tendência da casa 10 é arrancar de 4 para longe, para o alto, o indivíduo que fulgura sobrepondo-se além da família, dos concidadãos para atingir a posição do mérito e a fama, atingindo o poder político que leva o governo das nações dos homens.

Os grandes homens, os grandes idealistas, os grandes executivos, os grandes governantes têm uma casa 10 muito bem-disposta.

A casa 4 é o fundo do céu. A casa 10, o alto do céu.

Casa 11

A casa 11 é a casa das aspirações, da esperança e do futuro, da solidariedade e do altruísmo, das amizades, da vida filantrópica, da realização.

Terceiro vértice do triângulo das uniões, a casa 11 corporiza a harmonia de qualquer união, participação ou presença, especialmente no que concerne aos ideais estéticos e éticos da boa convivência.

Esta casa é oposta ou complementar à casa 5, que é a responsável pela perpetuação da espécie que se faz por meio do sistema endócrino, no qual se assentam os estímulos estéticos, a busca do belo, o aprimoramento no mundo da forma e os valores da estética.

A beleza da forma, a simetria bilateral e o ideal estético são estímulos da quinta casa astral.

O ideal altruísta, a beleza moral ou ética, são estímulos da casa 11.

A casa 11 exalta as aspirações a serem estimuladas pela solidariedade, responsável pela formação das sociedades humanas das grandes e pequenas comunidades, organizações filantrópicas, filosóficas e espirituais.

A casa 11 é o cimento que une e fortalece o relacionamento entre seres da mesma comunidade, sejam eles vizinhos, amigos, sócios e cônjuges.

Casa 12

Representa o plano espiritual e oculto, a vida mística e religiosa, o mundo transcendental em oposição ao mundo material.

As coisas ocultas e não declaradas estão na casa 12.

O misticismo, a religião. Nos bons aspectos, os contatos do homem com a divindade; nos maus aspectos, o fanatismo, a inversão religiosa e até a exacerbação do materialismo em sua expressão dogmática ou filosófica.

Por sua atribuição maior no campo espiritual/transcendental, a casa 12 estimula a abstração do plano material. Até no exercício de uma atividade profissional, sempre que uma profissão é definida pela casa 12, estas especificações são fundamentais, isolando o profissional que certamente realizará suas atividades em lugar independente – como centro de pesquisas, hospitais, laboratórios – exercendo atividades espirituais ou ainda relacionadas com assuntos psíquicos ou da alma humana em suas diferentes etapas e planos. É o caso de um cientista que se isola em um laboratório, um médico em um hospital, um psiquiatra em um hospício ou um psicólogo ou analista que perscruta por meio da análise espiritual os escaninhos da alma de seus pacientes.

Obviamente, todos estes profissionais estão classificados entre os pesquisadores e analistas da alma, filósofos, místicos, sensitivos etc.

A experiência no campo espiritual na casa 12 está relacionada com o nada consta antinatal. O espírito divino, casa 1, tem na casa 12 seu arquivo, seu nada consta espiritual, sua história cármica. Entre outras informações, é por meio da análise da casa 12 que o astrólogo encontra melhores opções para descobrir se o indivíduo é um espírito superior ou não.

As doze casas astrológicas dão ao estudante de astrologia uma perfeita noção de "quem é quem" na carta astral.

Um horóscopo é, como vimos, constituído, principalmente, por doze signos zodiacais e doze casas astrológicas. Os doze signos zodiacais são a parte cósmica ou divina do ser que se manifesta. As doze casas astrológicas são a parte humana do ser manifestado. Cada signo é um arco de interação de radiações cósmicas ou aspectos da manifestação divina. Cada casa astrológica está relacionada com um departamento da alma humana, do destino do ser.

As casas astrológicas segundo seus triângulos

Os signos, dir-se-á, são o macrocosmo; as casas, o microcosmo. Os signos, o corpo do universo; as casas, o ser manifestado, humano.

As casas são humanas, os signos são divinos.

Cada signo é um arco de manifestação da divindade no mundo fenomenal.

As casas são o produto dessa manifestação. Elas oferecem ao astrólogo um perfil exato do nativo que está analisando, o seu grau evolutivo e as experiências do cotidiano e do destino em geral.

Dividimos as casas em grupos de três e temos os quatro triângulos assim designados:

- *TRIÂNGULO DA VIDA (Casas 1 - 5 - 9)*
- *TRIÂNGULO DA ATIVIDADE (Casas 2 - 6 - 10)*
- *TRIÂNGULO DAS UNIÕES (Casas 3 - 7 - 11)*
- *TRIÂNGULO DOS FINS (Casas 4 - 8 - 12)*

O triângulo da vida

CASA 1 – O ESPÍRITO
CASA 5 – O INSTINTO
CASA 9 – A MENTE

Comparamos o ser evolutivo humano em sua constituição tríplice a uma usina de três andares:

▶ O 1º andar instintivo, o 2º andar mental e o 3º andar espiritual. No 1º andar encontram-se o organismo, os órgãos e a atividade orgânica ou instintiva. Esse andar é estudado na casa 5 do horóscopo.
▶ O 2º andar é intelectual ou mental. A partir daí, a onda evolutiva humana se diferencia sob o comando da mente, que determina novos ideais no caminho da evolução, na direção do espiritual. Esse andar é estudado na casa 9 do horóscopo.
▶ O 3º andar da usina evolutiva é espiritual; a partir daí, o ser evolutivo humano busca sua divindade, descortina sua eternidade e se refugia em Deus.

O plano instintivo – Casa 5 – O ser animal

- No 1º andar instintivo, transcorre o metabolismo sob as influências da energia física do denominado espectro de radiações de Maxwell. Radiações térmicas, elétricas, químicas, sonoras etc.

Nesse primeiro degrau ou andar do edifício evolutivo humano, encontramos nossas atividades orgânicas, linfáticas, endócrinas, digestivas, sanguíneas, nervosas etc. E também a ação instintiva, na qual todos os humanos e todos os animais se igualam.

Nesse degrau, o homem ainda se encontra na mesma situação de seus parceiros do plano animal, sem distinção.

Esse patamar de nossa evolução é estudado na casa 5 do horóscopo, o primeiro vértice do triângulo da vida...

- No 2º andar mental, as vibrações, ao que parece, fogem ao destino do plano material conhecido.

Pois, quando no esforço do raciocínio, a mente, que não é um órgão físico e sim o campo magnético do cérebro em atividade, gasta uma energia diferenciada – energia mental que denominei *pensônio*, um segmento espectral de altíssima freqüência, muito acima das radiações conhecidas dos planos físico e químico.

A teoria parece estar ainda no domínio da ficção científica, mas nos envolve tão poderosamente que depois de conhecida passa a fazer parte de nossas cogitações intelectuais, espontâneas e naturais.

Esse patamar de nossa evolução é estudado na casa 9 do horóscopo individual.

- O 3º andar da usina evolutiva humana é o andar espiritual.

O homem é um Deus em formação, Deus é o homem pronto. Neste 3º andar encontramos as indicações do grau de evolução do indivíduo.

As potências inatas, o caráter, a vocação, o grau de evolução espiritual do ser são estudados nesse andar superior do que denominamos a usina evolutiva humana.

O horóscopo desse degrau evolutivo é estudado na casa 1 ou signo ascendente da carta astral.

A mente humana – O poderoso gerente da vida – Casa 9 – O ser intelectual

O homem, mais precisamente *o Homo sapiens*, a espécie animal que vem dominando este planeta desde alguns milhões de anos, exerceu sua predominância sobre os demais seres de sua contemporaneidade a partir do momento em que desenvolveu a mente, esse superórgão da inteligência com o qual gerencia sua relação com o ambiente, com os demais seres dos reinos mineral, vegetal e animal, com os seus semelhantes e com sua própria evolução através dos milênios de sua existência.

Em meu livro *A gênese do homem-Deus*, elaborei uma teoria inédita sobre a tríplice constituição da energia que dinamiza os fenômenos da existência.

Essa teoria propõe que, além do espectro de radiações conhecido do plano material, existem dois segmentos espectrais subseqüentes, mas de freqüências superlativamente mais altas: o "ESPECTRO DE PENSÔNIOS", radiações do plano mental que fluem na mente humana quando no esforço do raciocínio gastamos energia; e o "ESPECTRO DE ESPIRITÔNIOS", radiações do plano espiritual que fluem no vértice da consciência humana quando, no esforço para atingir o êxtase divino, o homem pretende alcançar a sua divindade... Encontrar o Deus que ele pretende ser.

No segundo degrau ou andar desse edifício humano – o segundo vértice do triângulo da vida –, encontramos a mente humana, ou o campo magnético do cérebro em atividade.

Nesse estágio, o ser humano inicia sua ascensão, diferenciando-se dos animais do degrau apenas instintivo.

A partir daí, o homem evolutivo desenvolveu a capacidade do raciocínio quando se tornou apto para diferenciar o certo e o errado, quer dizer, o que é bom ou moral e o que é mau ou imoral...

E a mente, que é o campo magnético do cérebro em atividade, a partir daí supera as radiações do espectro de ondas material, atingindo o *momento mental*, um degrau acima das dimensões do plano material. Ela salta, por assim dizer, para o segmento adiante, quando as microondas desse estágio nós denominamos *pensônios*.

"Pensônio" seria uma antipartícula diferenciada, inteligente, do plano mental. E a mente o superórgão gerenciador da existência que fez os seres humanos dar o grande salto sobre os seus parceiros habitantes do planeta Terra.

Estudamos esse estágio da evolução na casa 9 do horóscopo.

A mente, por sua exuberante participação em todos os nossos momentos, é a mais presumível realidade, e milhares de estudiosos têm se dedicado ao seu estudo.

Nela nos encontramos nos mais diferentes momentos e espaços do cotidiano, e não raramente somos envolvidos em incríveis turbulências e, vez por outra, em crises, tumultos, verdadeiras encenações pacíficas e até violentas – as quais, na maioria das vezes, nada têm que ver conosco, quando somos personagens centrais de verdadeiras novelas dos mais emocionantes desfechos.

Isto acontece, na maioria das vezes, com pessoas de caráter emocional, envolvidas em problemas que não são capazes de resolver.

O poder da mente é tão dominante que se torna imprescindível, mais do que necessário, conhecermos sua constituição para poder supervisionar a poderosa atividade desse fantástico gerente de todos os lances da existência humana.

Os exercícios da ioga, seguindo rigorosamente os ditames dessa ciência indicados no *Bagavad-Gita* – o magnífico capítulo do *Mahabharata* em que se encontram os postulados escritos pelos grandes rishis e as normas ideais de sua prática –, constituem a prática salutar para atingirmos a paz interior e a felicidade que tanto perseguimos.

Posso afirmar, sem medo de cometer excessos, que somente por meio das práticas da ciência iogue podemos exercer o domínio pleno da mente. E esse domínio se torna, indubitavelmente, condição indispensável, especialmente para nós, humanos ocidentais, exercermos uma atividade mental em harmonia com os nossos estímulos instintivos e a nossa condição espiritual que busca a divindade...

O espírito divino – O Homem-Deus em formação – Casa 9 – O homem liberto pelo conhecimento

Como vimos, no terceiro degrau ou andar superior desse edifício evolutivo estudamos o plano mais elevado presumível da evolução humana. O plano espiritual ou plano divino que tem em Deus o vértice infinito do estágio mais alto da evolução.

De acordo com minha teoria, é a energia divina que promove a ponte entre o homem e Deus, a que estabelece o momento de *êxtase divino* quando o ser humano, inebriado pela divina graça, se encontra em estado de *kryia-yoga* e brada, cheio de fé: *"Meu Deus!"*

Esse estado de graça é dinamizado pelo espectro de espiritônios, cuja onda espectral, o espiritônio, de altíssima freqüência, muito acima das medições imagináveis da ciência contemporânea, explica o êxtase místico, o estado de supraconsciência ou espiritual e a própria existência de hierarquias espirituais que presidem a evolução humana e os planos superiores da evolução – que encontra em Deus a contrapartida suprema, infinita e universal.

O Criador de todas as coisas, inspirador e criador dos universos, das gêneses humanas e das civilizações...

A onda espectral explica, também, todos os fenômenos místicos e espirituais registrados ao longo da história, narrados nas escrituras sagradas e mitológicas desde os primórdios de nossa civilização.

Astronomicamente, o signo ascendente é a casa que desponta no Leste, o grau zodiacal que se eleva no Leste do lugar no momento do nascimento.

A Terra, girando ao redor do seu próprio eixo, faz levantar no firmamento um grau a cada quatro minutos de tempo, no horizonte Leste.

Esse grau, um momento na eternidade, é o grau do signo ascendente, que pertence ao nativo que nasceu nesse momento.

Astrologicamente, o signo ascendente é o signo espiritual. São as potências inatas, o valor intrínseco, a personalidade, o caráter, o temperamento. A bagagem genética astral, que é o conjunto, o somatório de influências evolutivas – o que chamo de PROJETO EVOLUTIVO.

Esse conjunto de energia viva e consciente que é o ser tem uma vida antenatal, que preexiste ao nascimento. A astrologia, na sua lógica, também serve para um materialista que acredita apenas na bagagem genética biológica, como a soma de influências que vão determinar o comportamento do indivíduo. (Genética biológica ou genética astral falam da mesma coisa.)

Eu costumo dizer que as "cúspides" das casas astrológicas são o sistema nervoso do horóscopo.

O centro nervoso é você, e o cosmo é a esfera celeste em seus 360 graus.

Assim, essas cúspides das casas são realmente linhas nervosas de grande sensibilidade, de captação de energia, tanto que o regente de cada casa é o "Ego" da casa. O que é "Ego"?

"Ego" é todo o substrato sutil da individualidade e da personalidade. Como sabemos, as casas são humanas, os signos são cósmicos.

Cada grupo de casas é um compartimento estanque do ser evolutivo, da individualidade. Por meio de cada casa, o ser percebe, capta, um tipo peculiar de evolução, de influências que compõem parte de sua própria constituição evolutiva. Vamos analisá-las umas após outras em sua essência e substância.

Os tipos superiores com esta posição procuram no sacerdócio os meios para exercer essas atividades e pesquisas ou se tornam astrólogos, pesquisadores etc.

Triângulo da atividade – Casa 6 – Casa 2 – Casa 10

O segundo triângulo é o triângulo da atividade, relacionado com a luta do nativo para ocupar o espaço reservado para realizar a sua experiência evolutiva no planeta Terra.

A casa 6 está relacionada com a capacidade de trabalho, a luta para ocupar o espaço mínimo necessário para atingir os objetivos de sua evolução durante a existência terrena. E mais capacidade de trabalho. Uma casa 6 bastante forte dá a este indivíduo maior capacidade na luta para conquistar melhor espaço, melhor qualidade de vida, mais oportunidades para atingir degraus superiores em sua trajetória evolutiva terrena.

Uma casa 6 bem-disposta possibilita maior soma de oportunidades, proporcionando-lhe espaço mais nobre, condições materiais ideais e mais projeção e oportunidades de sucesso nas áreas social e profissional.

A casa 2 está relacionada com o espaço conquistado: mais energia e maior capacidade de luta, sob os desígnios cármicos, poderão resultar um patrimônio sólido e a conseqüente segurança durante a existência.

A casa 10 é o espaço social resultante e o nível de evolução profissional. A partir daí poderemos encontrar um indivíduo de grande prestígio social, profissional, político etc.

O ser evolutivo humano, da forma como nasceu, é analisado no primeiro triângulo da vida... Para realizar sua tarefa planetária, ele precisa ocupar um espaço, o que analisamos no triângulo da atividade.

Um indivíduo nasceu (triângulo da vida), ocupou um espaço (triângulo da atividade) e, a partir daí, deverá se comunicar com o ambiente estudado no triângulo das uniões.

Triângulo das uniões – Casa 3 – Casa 7 – Casa 11

O terceiro triângulo, o da união, inclui a casa 3, relacionada com quem se encontra ao nosso lado; a casa 7, união com quem nos completa; e a casa 11, união com o que nos harmoniza.

A terceira casa astral estuda nosso relacionamento direto com o ambiente ao redor e como nos relacionamos nesse ambiente. Durante a existência terrena, encontramo-nos diretamente envolvidos nos problemas e soluções com pessoas, seja no ambiente familiar, no trabalho, no cotidiano.

A casa 3 mostra como somos, como administramos nossas relações, e orienta como devemos agir e reagir, da forma mais lúcida e coerente para vivermos harmoniosamente e sermos bem-sucedidos.

A casa 7 estuda o relacionamento com o nosso parceiro. No plano afetivo, o cônjuge; no plano material, o sócio.

Alguém já falou que os homens são de Marte e as mulheres são de Vênus. Posso acrescentar e estou escrevendo sobre o assunto em um próximo livro: *Homens solares... Mulheres lunares*. A relação amorosa, conjugal, entre marido e esposa pode ser analisada, resultando daí o estudo que denominamos sinastria – ou, como prefiro, astropedagogia da relação, uma profícua orientação para um casal administrar com bom senso e sabedoria a relação conjugal.

No plano material, a relação entre sócios de uma empresa pode ter importância fundamental para o bom êxito de uma sociedade.

A casa 11 define a forma como nos relacionamos com as pessoas, buscando integração e fraternidade nos planos social, profissional etc. A filantropia, o altruísmo e as amizades são analisadas no estudo desta casa astral...

Quanto mais alcançarmos esses objetivos, melhor nos encontraremos na relação no ambiente em que vivemos e melhores condições teremos para uma relação conjugal mais harmoniosa.

A beleza, a harmonia, a arte se encontram quando temos uma casa 11 bem-disposta...

Triângulo dos fins – Casa 4 – Casa 8 – Casa 12

O triângulo dos fins está relacionado com o mundo do inconsciente: o inconsciente presente, casa 4; o inconsciente futuro, casa 8; o inconsciente passado, casa 12.

A casa 4 tem sua vivência desde a vida intra-uterina até quando se corta o cordão umbilical. A relação com a família, os pais, Saturno/pai e a Lua/mãe, os irmãos, o aprendizado. As emoções apreendidas durante a relação da casa 4 se transferem de pais para filhos, desde avôs, e toda a ancestralidade...

Quando nascemos, somos um produto de um espermatozóide e de um óvulo. Estas duas sementes se fundem para compor o nascituro.

Durante nove meses de vida intra-uterina, dentro do ventre materno, este ser está se formando para constituir o futuro indivíduo, a criança que vai nascer. Homem ou mulher.

O grito da espécie tenta transmitir para os filhos a sua semelhança, e é aí que o filho do judeu é judeu, que o filho do cristão é cristão, que o filho do maometano é maometano etc. Até que um dia ele desperta: não, eu não sou nada disso. Eu não sou o produto de minha gênese, eu não sou Pereira dos Anzóis, eu sou Manuel.

Eu sou um cidadão do cosmo caminhando para a perfeição, sou uma centelha vibrante do corpo de Deus, diferenciada, minha família é a humanidade, minha pátria é o universo, meu dia é a eternidade, minha vida é a luz do firmamento, meus caminhos são infinitos, eu sou um Deus em formação, Deus é o homem pronto.

Ele é um egresso, que terá condições de gritar para seu patriarca: "Eu não preciso mais das metas que me foram colocadas quando nasci. Eu posso caminhar com meus próprios passos e atingir a condição de egresso, aquele que atingiu o discernimento".

Dizemos que a casa 4 está relacionada com o inconsciente presente, porque ela acompanha o desenrolar de nossos sentimentos, emoções e tudo que apreendemos durante esse período.

A casa 8 é o porvir. É o que há de vir. Começa no próximo momento, a partir de quando eu puser o ponto final desta frase...

E se sucederá indefinidamente.

A casa 8 é o contraponto da casa 2, que representa o espaço. Ela indica, pois, o "não-espaço", o não-material...

Todas as perdas no mundo material estão relacionadas com a casa 8, desde a perda de um bem material ou mesmo um bem abstrato – um negócio, uma amizade, até mesmo a existência quando "morre" o corpo físico. Por isso dizemos, também, que a casa 8 é a casa da morte.

Dizemos que a casa 8 está relacionada com os fenômenos espirituais do futuro, o inconsciente futuro.

A casa 12 representa o plano astral e oculto, a vida mística e religiosa, a busca da divindade, o descobrir do Deus interior de cada um.

A casa 12 é o carma passado, é a memória passada, é o nada consta, que você traz com toda a sua história cósmica, é a caixa-preta do espírito, na qual se encontra registrada a evolução espiritual até o momento natal. É a memória oculta do indivíduo, que o instrui como se administrar no regime de ensaios e erros, durante a existência futura.

Os luminares e os planetas

Sol

Por sua energia eletromagnética, o Astro do Dia representa a fonte universal da própria existência da vida em nosso planeta.

O Sol é, obviamente, o mais importante significador do horóscopo. É o regente do signo de Leão e o provedor e alimentador da vida. Onde se encontra o Sol aí se encontra a casa mais importante da carta astral, os propósitos mais superiores do nativo.

Como estrela central do mapa e núcleo do sistema planetário, o Sol exerce sua poderosa influência de maneira direta, decidindo sobre o comportamento dos humanos.

Sua atividade se dá de duas maneiras: a) pelo reino vegetal, mediante fotossíntese, suas radiações conferem aos seres vivos a energia indispensável para o exercício do ciclo vital e da existência; b) por sua vibração como fonte radiante direta sobre os corpos materiais e sobre os diferentes sistemas da constituição do ser vivo.

O leque de influências solares na vida é estudado em capítulos especiais das ciências ditas herméticas, como a ciência hindu-iogue dos tatwas, conforme expressa de forma tão sábia a mestra Helena Blavatsky.

Compõe com a Lua a síntese primordial e fundamental da existência.

O Sol influi no comportamento dos seres, determinando atitudes de liderança, comando, iniciativas etc. Tal é sua participação nesta direção que pessoas com o Sol no ascendente são naturalmente determinadas e atuantes, enquanto pessoas com o Sol na casa 10 sempre se destacam na vida seja no plano social ou profissional.

Lua

A Lua atua na vida planetária principalmente por sua energia gravitacional. São tão poderosas as influências lunares na Terra que podemos observá-las diretamente. Quando a Lua se encontra sobre o meridiano do lugar, atrai para o alto milhões de toneladas de massas oceânicas, formando a chamada maré alta.

O mesmo ocorre com os líquidos de nosso corpo, determinando o biorritmo lunar de grande influência sobre o psiquismo dos seres humanos.

Diretamente, a influência da Lua determina o comportamento maternal, fazendo daqueles com uma Lua muito forte na carta astral indivíduos protetores, generosos, maternais. Essas pessoas são altamente atingidas pela ação lunar, desenvolvendo grande sensibilidade e tornando-se habitualmente emocionais.

Lua e Sol, por serem as fontes geratriz e genetriz da vida, "determinam" o comportamento dos nativos de modo geral.

Mercúrio

Mercúrio é o primeiro planeta de órbita interior, e sua influência direta encontra-se no aspecto visão. Podemos dizer que Mercúrio é "o olho que tudo vê". Por conta disso, está sempre buscando aprimorar a observação, seja pelo movimento, sempre se voltando para novos caminhos, seja se aprimorando pelo conhecimento intelectual.

Regente diurno de Gêmeos e noturno de Virgem, conforme essa liderança, poderá atuar mais claramente à luz do dia, com atitudes claras e movimentos espontâneos e naturais sob a influência de Gêmeos; e em função das conseqüências e dos resultados no caso dos nativos de Virgem.

De qualquer forma, Mercúrio encontra-se sempre relacionado com a inteligência, a comunicação e o aprimoramento intelectual.

Vênus

Os gregos atribuíam a Vênus duas personalidades: Héspero, a Estrela Vespertina que caminhava atrás do Sol e por isso somente se punha depois dele, entre a tardinha e a noite; e Fósforo ou Lúcifer, a Estrela Matutina que caminhava à frente do Sol, acordando antes de o Sol nascer.

Objetivamente, as duas faces do mesmo planeta haveriam de atuar sobre os horóscopos de forma diferente: a Vênus matutina, clara, que caminha à frente do Sol e abre as cortinas da aurora, rege o signo de Libra; e a Vênus noturna, que permanece velando as noites, rege o signo de Touro.

As duas Vênus são igualmente responsáveis pelas benesses do amor, das artes como expressão da beleza, e da beleza que busca a função das conseqüências e dos resultados da verdade.

Marte

O planeta vermelho cuja atmosfera, como já se comprovou, é rica em óxido de ferro tem ação direta na hemoglobina do sangue e rege a ação dinâmica que gera o trabalho, além de ser igualmente responsável pela energia e saúde dos indivíduos em geral.

Como Vênus, Marte também tem duas caras: o Marte que caminha à frente do Sol e rege o signo de Áries, e o Marte que caminha atrás do Sol e rege o signo de Escorpião.

O Marte de Áries é ativo, resoluto, corajoso, age à luz do dia e seu grito de guerra avisa seus adversários ou inimigos quando e por que vai lutar; por sua vez, o Marte de Escorpião, que caminha atrás do Sol, na calada da noite, é estrategista, cuidadoso, meticuloso, investiga cada faceta do presumível antes de atuar.

Júpiter

Júpiter é o gigante do sistema planetário. Tão grande e potencialmente ativo, auto-suficiente, é considerado pelos astrônomos uma espécie de proto-estrela. Quer dizer, segundo afirmam os estudiosos, se fosse 10% maior do que realmente é, não seria um planeta, mas o segundo Sol de nosso sistema.

Por tudo isso, Júpiter envia para nosso planeta radiações de tal magnitude que influem poderosamente nas tecnologias planetárias e no comportamento dos humanos – felizmente, sempre de forma harmoniosa e positiva. Por essa razão, é chamado de a grande fortuna do Zodíaco. Até mesmo nos maus aspectos, esse colosso planetário jamais será capaz de causar grandes malefícios aos nativos de um horóscopo.

Na astrologia ptolomaica, tinha regência sobre Sagitário e Peixes, sendo substituído por Netuno quando das proximidades da Era de Aquário – o mesmo que aconteceu com Urano em relação ao signo de Aquário.

Saturno

É o cobrador de impostos do Zodíaco. O planeta dos anéis é, indubitavelmente, o regente do carma humano. Não é bom nem mau. É justo. Deveu, tem de pagar. Ninguém se queixa de Saturno em sã consciência, porque Saturno jamais será capaz de uma injustiça: ele só cobra dívidas. Tem regência no carma e no tempo. Como o fruto verde, não deve ser tocado. No tempo certo, amadurecido pelo calor estival, produz uma polpa saborosa que alimenta e libera uma semente capaz de produzir uma árvore igual à árvore-mãe de onde proveio.

Do ponto de vista prático, Saturno é o magistrado, o governante maduro e sábio que comanda e julga o comportamento dos seres humanos.

Saturno rege Capricórnio e precedeu Urano na regência de Aquário, antes da Era de Aquário, desde os tempos da astrologia ptolomaica.

Saturno tem regência na evolução da vida, especialmente durante os primeiros 30 anos da existência: até os 7 a 8 anos de idade, rege a infância, momento em que desenvolve o uso da razão; aos 14 ou 15 anos, atua nas gônadas determinando a puberdade, atribuindo aos nativos a condição de se igualar a seus progenitores e produzindo a semente da vida; aos 21 anos, desenvolve a maioridade; finalmente, aos 29 ou 30 anos, determina a maioridade, quando os nativos se libertam da liderança do Saturno/pai.

Urano

O transformador veio para impor a Saturno a mudança do *status quo*, determinando novos caminhos necessários para a condução ideal do projeto evolutivo que não deve estagnar.

Urano somente pôde ser considerado para assumir a regência do signo de Aquário quando os humanos, nos alvores da Era Precessional de Aquário, já começavam a desenvolver a mente para entender e perceber as novas luzes que começavam a iluminar as mentes humanas.

Urano veio a fim de transformar. Nos últimos cem anos que anunciavam a entrada triunfal da Era Precessional de Aquário, a humanidade teve um surto de evolução como jamais tivera nos últimos milênios. A Era de Peixes, que tentou ardentemente conduzir a evolução humana pelo caminho do amor universal, fracassou. Não foi possível alcançar a santidade sem antes ter atingido a sabedoria, o degrau seguinte à luz da ciência. E essa luz somente seria possível quando ressurgissem luminosos os equinócios sob a luz de Aquário.

E Urano cumpriu, embora dolorosamente, sua gloriosa missão. Segundo Helena Blavatsky, os mistérios estavam todos contidos no átomo de hidrogênio que guardava zelosamente o segredo da Trindade: o Pai, o Filho e o Espírito Santo – o Pai, a Mãe e o Filho guardados no átomo que contém o próton ao redor do qual gira o elétron, a fonte universal da luz.

A partir de agora, sob as luzes de Urano, os humanos deverão se preparar para a grande missão de alcançar o verdadeiro conhecimento. Somos uma usina de três andares: corpo instintivo, corpo mental e espírito. A missão de Urano é ativar a mente humana para que o homem ascenda em busca da luz por intermédio dessa mesma mente. Ser sábio para conhecer o amor à virtude e alcançar o amor universal que repousa em Deus...

Netuno

Representa a etapa final, em que o espírito divino supera a si e alcança a suprema evolução no reino da bem-aventurança.

Netuno é oitava superior de Vênus, que rege o amor no plano egoísta humano. Vênus proclama o amor egoísta: "Esta criança é meu filho", "Esta criatura é meu irmão", "Este homem é meu marido", "Esta mulher é minha esposa".

O amor universal e espiritual de Netuno proclama: "Todas as crianças do mundo são meus filhos, todos os humanos são meus irmãos..."

Quando a humanidade tiver ultrapassado todos os degraus da evolução planetária, quitando todas as dívidas cármicas, conquistando o saber e praticando a virtude, aí sim estará preparada para a grande conquista do reino celestial em Netuno.

Somente atingirão esse estágio de bem-aventurança aqueles que tiverem vivenciado todos os aspectos da gama planetária, atingido o saber e praticado a virtude.

A religião nesse estado de perfeição é única e universal.

Plutão – planeta ou asteróide?*

Plutão, o intruso asteróide do Cinturão de Kuiper, está prestes a ser destronado pelos astrônomos. Astrologicamente, urge que alguns astrólogos se decidam a repensar, com humildade, em tão relevante problema.

Antes de publicar esta matéria, quero declarar a meus alunos, leitores, clientes, amigos, colegas astrólogos e amantes da astrologia em geral que estou consciente do impacto e da grande repercussão que ela criará nos meios astrológicos, em alguns cursos de astrologia, nos atendimentos de respeitáveis astrólogos e,

---

* Este texto foi escrito em 2005, quando o autor redigiu esta obra. Em setembro de 2006, um encontro anual de astrônomos, por votação unânime, decidiu destituir Plutão da categoria de planeta. (N.E.)

principalmente, nos ensinamentos que ora se difundem, generalizando um conceito que, estou perfeitamente convicto, precisa ser reavaliado.

Falo com a experiência de mais de 40 mil horóscopos analisados em cinco décadas de aplicação científica e devotada fidelidade à verdade.

Meus milhares de leitores, alunos e tantos quantos orientei astrologicamente durante este longo ministério e astrólogos formados no Curso Assuramaya de Astrologia Científica, durante a última metade do século XX e até os dias atuais, encontram-se devidamente informados sobre a relevância do assunto.

A alguns respeitáveis e admiráveis colegas, de cuja notória seriedade e saber científico estou ciente, rogo: leiam com humildade esta matéria na certeza de que mais vale a pena um recuo em tempo devido do que a insistência no erro, que em nada contribuirá para o bem e o bom êxito de nossa ciência e dos milhões de seres humanos que, indubitavelmente, têm-se beneficiado largamente dessa notável ciência – em que pesem alguns desacertos naturais, os quais devem ser constantemente analisados e corrigidos. A própria ciência convencional se fortalece, periodicamente, reavaliando velhos conceitos ou premissas desatualizadas.

A repercussão que seguirá minha atitude, correta e inarredável, é de tal magnitude que imagino o presumível desconforto do astrônomo Galileu ante o anúncio da famosa contestação sobre o então corrente Sistema Geocêntrico. Afirmo, com humildade e conservadas as distâncias e diferenças relativas aos dois eventos, que o momento astrológico nos dias de hoje valida a comparação.

Atualmente, já existe um "consenso" mal assimilado pela unanimidade da comunidade científica em relação à classificação de Plutão como planeta. E há um precedente.

Por não preencher as especificações astronômicas para ser classificado como planeta, no Congresso de Astronomia realizado em 1962 em Berne, foi sugerido pela comunidade científica o rebaixamento de Plutão para a categoria de asteróide, com o constrangedor nome de Adalberta...

Da mesma forma que Júpiter não pode ser considerado uma estrela, apesar de ser o gigante planetário do Sistema Solar, de irradiar mais energia do que recebe do Sol, de ter mais que o dobro da massa de todos os outros planetas do Sistema Solar juntos – se tivesse treze vezes sua massa, poderia ser uma estrela marrom ou castanha. Júpiter apresenta ainda temperatura interior baixa, não sendo capaz de processar a fusão do hidrogênio, embora tenha, como o Sol, hidrogênio e hélio em seu núcleo. Mas Júpiter não é, por motivos óbvios, uma estrela. Não apresenta as mesmas características físicas que possuem as estrelas.

Da mesma forma Plutão, com seus insignificantes 1/500 (ou 2 milésimos) da massa da Terra, não atingiu a massa mínima (0,06 1MTerra) e, portanto, não pode ser considerado um planeta.

Durará pouco a alegria do intruso asteróide...

O nome do presumível planeta foi sugerido por Valettia Burney, uma estudante londrina de Oxford de apenas 11 anos de idade, instada a fazê-lo pela esposa do astrônomo Percifal Lowel, seu verdadeiro descobridor. Logo, nada tem de mitológico seu nome, fruto da coincidente opinião de uma criança.

Um grande número de astrólogos inclui Plutão nos horóscopos, atribuindo-lhe importância mitológica – é o Hades dos gregos, o rei dos infernos... Somente porque a menina Valettia imaginou?

Em alguns casos estranhamente exagerados, chegam a colocar o remoto "planeta" na regência de Escorpião. Pobres nativos de Escorpião, regidos por uma pedra de gelo... Para esses astrólogos, Plutão poderia ser comparado, em importância, à própria Lua, e até mais, como uma espécie de "Senhor da carta astral".

Nos primeiros anos de minhas pesquisas, usei Plutão nas análises de meus horóscopos de estudo. Como muitos colegas ainda hoje o fazem... No decorrer de minhas pesquisas, entretanto, fui constatando ausência de ligação entre o que se atribuía a Plutão e os fatos do horóscopo. Após milhares de observações, comparações, pesquisas, cheguei à conclusão de que o que se atribuía à influência de Plutão eram, segundo minha denominação, "aspectos reflexos" de primeira, segunda, terceira, quarta etc. geração, entre diferentes significadores, os quais, por não se mostrarem diretamente na carta, levavam os analistas diretamente aos primeiros presumíveis aspectos de Plutão. Posso acrescentar que, apesar de ter analisado milhares de horóscopos no último meio século, fui gradativamente concluindo, de forma inarredável, sobre os verdadeiros aspectos e disposições planetárias diretamente responsáveis por esses eventos.

Ainda outros instrumentos de medida e classificação retiram do intruso planetóide a pretensão de pertencer ao magnífico cortejo solar.

Na trilha de Plutão...

Em minhas pesquisas na primeira metade da década de 1950, na Granja Experimental de Astrologia que fundei em Sepetiba, Rio de Janeiro, no Curso Assuramaya de Astrologia Científica e no Observatório Astronômico de minha propriedade, onde complementava meus estudos de astronomia, engajei-me na busca de Plutão, para tentar identificar a atração avassaladora que esse falso rei dos infernos exercia sobre meus colegas.

Já ao longo das décadas de 1960, 1970 e 1980, meu grupo de pesquisadores no Caac e eu intensificamos nossas pesquisas. Publiquei vasta matéria sobre o assunto em *O Jornal*, na revista *O Cruzeiro* e na antiga *A Cigarra*, dos Diários Associados, onde trabalhava como jornalista. E em meu programa *Assim Fala Assuramaya*, na Rádio Nacional do Rio de Janeiro, no jornal *O Dia* e outros da grande imprensa brasileira.

Minha preocupação era dar um "Basta!" à herética disseminação de tal heresia que se postulava tão avassaladoramente, oriunda principalmente das incipientes astrologias americana e argentina, que jamais tiveram formação científica e, por isso mesmo, eram duvidosas.

Para trazer à tona as "razões" do erro, tornava-se inarredável esvaziar Plutão de seus atributos, como "causa" dos malefícios da vida humana. A fim de destronar o falso rei, era necessário arrancar-lhe o cetro usurpado.

O meio mais plausível: aplicar a ciência astronômica à astrologia científica. E eu era, já naquela época, um aplicado estudante de astronomia.

Sabemos nós astrólogos que as influências astrais não atuam por "milagre do Espírito Santo". Embora o Dedo de Deus esteja presente em todos os fenômenos da Terra e dos céus. E eu tinha uma frase, na ponta da língua, para demonstrar a resultante científica de minhas conclusões: "Deus se manifesta no mundo fenomenal, por meio do Espectro de Radiações".

As influências astrais se processam exatamente em sintonia com a evolução em todos os seus planos, no macro e no microcosmo.

As radiações cósmicas, oriundas das estrelas, são responsáveis pelos pulsos de interação que determinam o comportamento e o destino dos humanos.

As radiações de alta energia em pulsos nanométricos, vindas dos campos magnéticos das estrelas, atuam sobre o DNA dos humanos, confirmando a interação entre o Zodíaco e a vida em nosso planeta, Terra.

Assim como um médico não pode exercer a medicina sem o conhecimento da fisiologia, da endocrinologia, da anatomia etc., assim como um advogado não pode exercer a advocacia sem o conhecimento das leis e de todo o corpo da jurisprudência, assim como um engenheiro não pode exercer sua arte sem o conhecimento das matemáticas e a resistência dos materiais, da mesma forma um astrólogo não pode exercer com excelência a arte de analisar horóscopos sem base astronômica e o conseqüente conhecimento das influências astrais oriundas das estrelas, e de como essa interação se realiza à luz da ciência e da tradição astrológica.

Indubitavelmente, há um momento ético entre a dúvida e a certeza, quando a decisão põe em jogo o destino e a felicidade desses amados nativos que se entregam à nossa orientação.

Imagino a angústia da dúvida na alma dos mais sérios astrólogos:

– Qual o tamanho de minha crença?
– Onde se encontra minha certeza?
– Que me dizem esses astros que se defrontam na mandala à minha frente?

Se tenho uma virtude, é a seriedade com que sempre me dediquei a esse ministério sagrado do astrólogo. E, por também ter vivido esses dilemas no início de meus estudos, estou certo de que todos os iniciados sérios, no exercício de nosso sacerdócio, viverão dilemas semelhantes.

Isso tudo porque a certeza na pesquisa astrológica só pode ocorrer quando suas bases se assentam no estudo e na verdade científica. Não existe um "Espírito Santo de orelha" determinando quais informações devem ser passadas ao nativo que se entrega à análise dos horóscopos. Tem de haver um consenso universal, inarredável, decisivo e assentado em uma interação cósmica que o astrólogo deve conhecer como o médico conhece o corpo de seu paciente.

As estrelas são as únicas, decisivas e finais fontes universais da vida! Somos uma sopa de estrelas. Somos constituídos dos mesmos elementos químicos oriundos das estrelas, somos campos magnéticos formados pelos mesmos elementos químicos criados na fusão nuclear das estrelas...

Na linha de montagem dessa fantástica manufatura sideral se produz a matéria-prima cujo produto final no palco planetário é a vida orgânica. E cujo produto de eleição é o ser humano, feito "à semelhança de Deus".

O estudo da astrologia científica (não há outra) exige do astrólogo a sabedoria assentada na virtude e o bom senso assentado na ciência...

A astronomia é nosso cânone universal!

Acompanhar essas radiações responsáveis por nossos destinos é indispensável.

As radiações são formadas nas linhas de montagem das estrelas, desde as estrelas da Seqüência Principal, entre as quais se inclui o Sol, onde se processa a fusão do hidrogênio em hélio, passando pelas estrelas vermelhas, as gigantes que fundem o ferro, pelas quentíssimas azuis que ativam o processo de construção dos elementos químicos, até as supernovas de cujo colapso – em temperaturas que atingem o fantástico número de um bilhão de graus centígrados –, quando se completa o ciclo da Tabela Periódica, com a fusão final, resulta a produção dos demais elementos químicos, inclusive o urânio.

O planeta Terra é o celeiro final da evolução humana.

A partir daí, entram os planetas do Sistema Solar, uma espécie de "glândula endócrina" da galáxia. As radiações produzidas nas estrelas são recicladas ao longo das órbitas planetárias e seus agentes físicos, os planetas. Somente eles, desde Mercúrio até Urano (sua oitava superior), de Vênus até Netuno (sua oitava superior), podem interferir nas radiações estelares em sua interação no horóscopo que produz o "efeito mandala".

Esses significadores possuem as composições químicas, temperaturas, massas, densidades, unidades gravitacionais, velocidades, volumes, excentricidades e distâncias orbitais do Sol quando atingem a condição *sine qua non* por meio da qual podem interferir no processo evolutivo da onipresença divina entre o Cosmo Criador, que é Deus, e o Homem, que é a Criatura.

Esses raios de alta energia, devidamente sintonizados, atuam no DNA dos humanos, determinando os pulsos comportamentais que fazem o destino dos seres.

Somente os planetas Mercúrio e Vênus, por serem planetas interiores, estendem às suas oitavas superiores (os gigantes Urano e Netuno – planetas exteriores) condições inerentes às regências dos doze signos zodiacais.

O Sistema Solar e Planetário é um corpo sideral dentro da galáxia, sua "glândula endócrina", interagindo, interna e universalmente, com todas as estrelas de nossa Via Láctea e tantas outras pelos recantos infinitos do universo.

A astrofísica já definiu com segurança os limites de estrelas entre si, planetas, satélites, asteróides, cometas etc.

Estrelas são astros com massa mínima de 0,8 massa solar (1MSol) que, atingindo as altas temperaturas de milhões de graus centígrados, podem iniciar a fusão nuclear, transformando hidrogênio em hélio. Entre planetas e estrelas encontram-se as estrelas marrons ou castanhas, também chamadas estrelas falhadas, por não poderem completar a fusão do hidrogênio. Segue o processo de fusão ao longo da hierarquia estelar, culminando até as supernovas, com temperaturas de mais de um bilhão de graus centígrados quando da completa fusão do urânio.

Se com 24 letras do alfabeto latino podemos escrever milhões de palavras, frases e discursos, imaginem o que a natureza poderá construir com os 92 elementos químicos oriundos das estrelas... Acrescento que a interação dos 92 elementos químicos na formação de um indivíduo humano jamais será igual a outro seu "semelhante", uma vez que a natureza jamais repete a mesma experiência.

Aqui em nosso Sistema Solar, os planetas são agentes intermediantes da interação estrela–energia–DNA humano, enquadrados dentro dos limites inarredáveis dessa equação.

Não existem estrelas com massa menor que treze vezes a massa do maior planeta de nosso Sistema Solar (Júpiter), assim como não existem planetas com massa 1/500 da massa da Terra.

E Plutão não atinge esse limite inarredável da produção da vida em nosso planeta. Trata-se de uma erma rocha gelada, disforme e morta, situada na noite sombria, fora dos limites de nosso Sistema Solar, com diâmetro pouco maior que metade do diâmetro de nossa Lua, dista cerca de 40 UA do Sol.

A órbita diagonal bem demonstra que o insólito astro não se mostra muito confortável no nobre ambiente solar, porquanto nem da luz do Sol desfruta esse anacoreta perdido, sem rumo, sem teto, cujos súditos alienados dele pouco ou nada sabem.

Quem poderia se sentir confortável em um ambiente dessa natureza? Plutão, por sua condição "entremundos", não pertence ao Sistema Solar nem ao sombrio ninho de sua origem: o Cinturão de Kuiper, abandonado que foi por seus milhões de irmãos de desterro.

Sua composição eletromagnética e gravitacional, sua constituição massa/volume não são compatíveis com os planetas que compõem o Sistema Solar. É um intruso, possivelmente capturado pela atração de Netuno, provavelmente um asteróide do Cinturão de Kuiper, como milhares de outros, sem as especificações inerentes a nosso ciclo de evolução sideral planetária.

Compará-lo ao deus grego Hades é uma afronta aos deuses do Olimpo, que jamais aceitarão tamanho insulto. Uma injúria contra Saturno e Cibele, os divinos pais de uma das doze divindades olímpicas. E uma cruel ofensa contra a bela Prosérpina, sua esposa.

Só mesmo a cabecinha ingênua de uma menina de 11 anos de idade para colocar o nome de Plutão em uma remota pedra de gelo.

Para finalizar, acrescento que nos últimos quarenta anos, nas dezenas de milhares de horóscopos analisados, tenho a convicção científica e espiritual de que meus queridos leitores, alunos e clientes, sem uma única exceção, jamais deixaram de aplaudir minhas análises, voltando e recomendando, sistematicamente, aos melhores amigos, como prova de que a astrologia que professo e ensino é, em verdade, a prática da ciência, do espiritualismo científico e da salutar orientação na busca do bem e conquista da felicidade.

Um magnífico ministério exercido, naturalmente, sem o concurso de Plutão!

Amados companheiros de jornada, unamo-nos em nosso ministério!

Sei que entre os de nosso meio, como em toda profissão, existem pessoas despreparadas, sem a cultura indispensável para distinguir entre um "pulso de rádio" e um "programa de rádio". Para esses, não há expectativa de convencimento.

A vós, no entanto, os mais lúcidos, os verdadeiros mestres na arte de orientar os humanos envolvidos nos tumultos planetários e cármicos, eu me dirijo e rogo: fazei como Stephen Hawking, que teve a grandeza de mudar diante do erro e prosseguir na direção da luz da verdade.

Já aprendi muito convosco. Podemos juntar nossas energias, buscando o consenso da razão, de braços com a ciência e o espiritualismo científico, a mais excelente cadeia do conhecimento, da busca do saber para encontrar a verdade, e da prática da virtude para conhecer a Deus...

Dignidades e debilidades planetárias

A dignidade de um planeta relaciona-se com a posição do planeta fortalecido em um signo ou em um elemento de sua afinidade. Já sua debilidade relaciona-se com a posição do planeta enfraquecido em um signo hostil.

As dignidades planetárias podem ser essenciais ou acidentais. Dignidade essencial tem que ver com a posição do planeta em seu trono ou em sua exaltação. Pode-se dizer também que um planeta se encontra em dignidade positiva quando se encontra em um elemento da mesma triplicidade de seu trono ou exaltação.

SOL – Trono em Leão, desterro em Aquário
Exaltação em Áries, queda em Libra

LUA – Trono em Câncer, desterro em Capricórnio
Exaltação em Touro, queda em Escorpião
MERCÚRIO – Trono diurno em Gêmeos, desterro em Sagitário
Trono noturno em Virgem, queda em Peixes
Exaltação em Aquário, queda em Leão
VÊNUS – Trono diurno em Libra, desterro em Áries
Trono noturno em Touro, desterro em Escorpião
Exaltação em Peixes, queda em Virgem
MARTE – Trono diurno em Áries, desterro em Libra
Trono noturno em Escorpião, queda em Touro
Exaltação em Capricórnio, queda em Câncer
JÚPITER – Trono em Sagitário, desterro em Gêmeos
Exaltação em Peixes, queda em Virgem
SATURNO – Trono em Capricórnio, desterro em Câncer
Exaltação em Libra, queda em Áries
URANO – Trono em Aquário, desterro em Leão
Exaltação em Escorpião, queda em Touro
NETUNO – Trono em Peixes, desterro em Virgem
Exaltação em Câncer, queda em Capricórnio

Após a análise de milhares de horóscopos e estatísticas incontestáveis, cheguei à conclusão de que a importância atribuída a Plutão relaciona-se com as disposições e os aspectos reflexos de outros planetas nos horóscopos, não tendo o menor fundamento colocá-lo em dignidades em Escorpião, nem sequer figurando nos horóscopos. Trata-se da razão pela qual há mais de trinta anos não uso este planeta em minhas análises.

O fundamento científico inarredável da astrologia se baseia na interação de campos magnéticos, o que jamais ocorreria em relação ao remoto Plutão.

Estudantes de astrologia, cheios de emocional e precipitado entusiasmo, já estão se preparando para colocar Sedna, um minúsculo planetóide, no signo de Virgem.

Notem que foram necessários milhares de anos e milhões de observações para que os antigos astrólogos se convencessem da importância da astrologia na vida humana. Bastou, no entanto, descobrirem Plutão, e logo em seguida este planetinha foi alçado a dignidades surpreendentemente até iguais às da Lua, que preside as marés oceânicas e incontestavelmente rege os destinos da vida aqui na Terra.

Dignidades acidentais

As casas estão divididas conforme sua posição no gráfico: casas angulares são as que formam a cruz cardinal (casa 1, casa 4, casa 7 e casa 10). As subseqüentes às casas angulares são as casas sucedentes (casa 2, casa 5, casa 8 e casa 11). As que precedem as casas angulares são denominadas casas cadentes (casa 3, casa 5, casa 9 e casa 12).

As dignidades acidentais têm que ver, como o nome indica, com a posição de um planeta em uma região do horóscopo cuja afinidade não se relacione com o signo, mas, acidentalmente, com a casa astrológica na qual ele se encontre.

Mesmo assim, poderemos classificar um planeta, de acordo com sua afinidade acidental, em boa ou má disposição planetária.

Por exemplo, um planeta regente de uma casa angular se encontrará em excelente disposição planetária caso se encontre em outra casa angular. O mesmo se dirá em relação às casas sucedentes e casas cadentes.

Planeta aplicador e aspectos (angulações)

Tenha-se por aplicador um planeta que aplica sua influência ou ação sobre outro planeta ou significador. É lógico que nenhum planeta ou significador permanece isolado no horóscopo. Todos interagem direta ou indiretamente no conjunto do mapa astral.

Mas como ele interage? Atuando sobre o outro planeta ou sendo influenciado por ele? Quer dizer, quando um significador encontra-se na qualidade de significador de determinado acontecimento ou fenômeno, logo nos vem a idéia: ele é agente do fenômeno ou está sendo influenciado pelo planeta com o qual interage? Ele aflige ou é afligido? Quem fere quem?

A toda hora nos encontramos diante de situações idênticas. A observação dos aspectos planetários, como as distâncias dos planetas entre si, é de fundamental importância para a análise e compreensão do horóscopo.

Antes de prosseguirmos, vou abordar mais um erro de avaliação muito comum entre alguns estudantes de astrologia. Trata-se dos efeitos *quadratura*, *trígono*, *oposição*, *conjunção* e demais aspectos sobre os quais muita gente se equivoca. Vamos avaliar inicialmente os trígonos e as quadraturas.

O que caracteriza um trígono e o que caracteriza uma quadratura? Garanto que muita gente boa vai responder: é a distância de 120 graus mais ou menos 8 para o trígono, caracterizando um bom aspecto, e de 90 graus mais ou menos 8 para as quadraturas, caracterizando os maus aspectos. Estará absolutamente certo se se retirar o "mais ou menos 8", nos dois casos.

A resposta correta será: os trígonos caracterizam os bons aspectos porque os dois planetas hão de se encontrar em signos harmônicos ou do mesmo elemento. As quadraturas caracterizam os maus aspectos porque os dois planetas se encontram em signos hostis ou de elementos hostis.

Se levarmos adiante a idéia geométrica dos tantos graus, mais ou menos 8 graus, poderemos ter um trígono em signos hostis e uma quadratura em signos harmônicos.

Quer ver? Vamos lá: coloque Marte em 29 graus de Câncer e Vênus em 22 graus de Escorpião. Constatamos um trígono, com uma margem de erro de menos 7 graus, nesse caso um bom aspecto. Não porque os dois planetas se encontram a aproximadamente 120 graus de distância um do outro, mas, sim, porque os dois planetas se encontram em signos do mesmo elemento, água, portanto, em signos compatíveis.

Noutro caso vamos continuar com Marte em 29 graus de Câncer, mas com Vênus caminhando apenas 2 graus, encontrando-se em 1 grau de Sagitário. Se conservarmos a margem de erro de 120 graus mais ou menos 8 graus, teremos um trígono (falso) com os dois planetas encontrando-se em signos de elementos hostis, ou seja, Marte no signo de Câncer, que é água, e Vênus em Sagitário, que é um signo do elemento fogo.

O mesmo raciocínio serve para uma quadratura, quando se afirma que vale 90 graus, com margem de erro de mais ou menos 8 graus.

Veja Marte em 29 graus do signo de Câncer, um signo do elemento água, e Vênus em 5 graus do signo de Áries, um signo do elemento fogo. Dizemos que temos uma quadratura hostil porque os dois planetas se encontram em signos de elementos hostis: Câncer (água) e Áries (fogo). Aqui temos, indubitavelmente, uma quadratura hostil.

Prossigamos no nosso raciocínio: encontramos o mesmo Marte em 29 graus do signo de Câncer e Vênus recuou para 22 graus do signo de Touro (exatos 90 graus mais ou menos 7 graus). Do ponto de vista da falsa regra (90 graus mais ou menos 8), totalmente errado. Neste caso Marte e Vênus se encontram em signos harmônicos (Marte em Câncer, que é água, e Vênus em Touro, que é terra, portanto signos harmônicos).

Essa "quadratura" não existe. Resulta uma "quadratura" falsa, ou sem efeito negativo no horóscopo. O mesmo acontece com as conjunções e oposições.

Vejamos Marte em 29 graus do signo de Câncer e Vênus em até 21 graus de Câncer. Neste caso temos uma conjunção com margem de erro de 8 graus, mas será uma conjunção e verdadeiramente harmônica. Mas, enquanto Marte se encontra em 29 graus do signo de Câncer (água) e Vênus em 1 grau do signo de Leão (fogo), temos uma conjunção falsa ou negativa, portanto incompatível.

No caso de uma oposição, estando Marte em 29 graus do signo de Câncer (água) e Vênus em até 21 graus do signo de Capricórnio (terra), temos aí uma oposição verdadeira, os dois planetas em signos opostos ou complementares. Essa oposição será sempre harmônica e, portanto, benéfica.

Mas, se os dois planetas se encontram em oposição, porém não em signos opostos ou complementares, a oposição é falsa ou negativa. Vejamos: Marte em 1 grau do signo de Câncer e Vênus em 9 graus de Capricórnio. Os dois se encontram a 180 graus de distância menos 8 graus, caracterizando uma oposição, segundo a regra.

Noutro caso, temos Marte em 1 grau do signo de Câncer (água) e Vênus a 29 graus de Sagitário (180 graus de distância menos 20 graus). No entanto, nesse caso, os dois planetas se encontram em signos hostis, Marte em Câncer (água) e Vênus em Sagitário (fogo).

Já o quincúncio, tido como um mau aspecto, igualmente tem as duas peculiaridades: pode ser um mau aspecto (zero grau) ou um bom aspecto (60 graus).

Vejamos Marte em 29 graus do signo de Câncer e Vênus em 29 graus de Sagitário. Os dois planetas se encontram em signos hostis: Câncer, que é água, e Sagitário, que é fogo. Mas, se Marte estiver em 29 graus de Câncer e Vênus em 1 grau de Capricórnio, então teremos um quincúncio positivo ou benéfico.

Trígono, quadraturas etc.: quem fere quem?

Consideramos os aspectos de natureza "ascendente" ou "descendente" conforme a posição de um em relação ao outro.

Denomino planeta ascendente o que se encontra à frente do outro com o qual formará o aspecto. Exemplo: Vênus em 20 graus do signo de Áries e Marte em 26 graus do signo de Câncer. Os dois se encontram em quadratura, mas quem fere quem? Imaginem dois soldados inimigos caminhando solitários um em perseguição ao outro, ambos armados. Os dois são maus e desejam eliminar o outro, mas quem leva vantagem? O que vai adiante está olhando para a frente, vendo o caminho; o que vem atrás levará vantagem, pois terá sempre em sua mira o que vai à sua frente.

Na prática, observando esse exemplo, teremos mais facilidade de compreender quem fere quem, por exemplo, no seguinte caso:

▶ Marte, regente da casa 11, encontra-se em 29 graus de Câncer na casa 11, e Vênus encontra-se em 26 graus do signo de Libra na casa 2. Neste horóscopo o nativo se queixa de que não tem sorte com os amigos. Como você avaliaria esse caso?
Aqui, está claramente evidenciado que o nativo desse horóscopo, embora não se dê conta do fato, é o mau amigo e poderá causar prejuízos ao outro, porquanto o planeta Vênus se encontra na casa 2.

▶ Noutro horóscopo, Vênus se encontra em 26 graus de Câncer na casa 11, afligido por Marte em 20 graus de Áries na casa 8. Neste caso é notório que o nativo é afligido por maus amigos que causam danos, e o astrólogo deverá prevenir o seu cliente para evitar esse problema, avaliando com quem divide suas amizades.

Estrelas fixas e sua importância nos horóscopos

Ao longo das últimas páginas estudamos como ocorrem as interações de campos magnéticos nas mais diversas regiões do espaço, seja nas imensidões galácticas, estelares, seja em nosso planeta. E, também, como se distribuem e qual a sua constituição.

Chegamos à indubitável conclusão de que a energia sideral, produzida e administrada por leis imutáveis e eternas, responsáveis pela sincronicidade de todo o sistema universal, é igualmente responsável pelo comportamento e pelo destino de estrelas, planetas e seres humanos.

Chegamos ao denominador comum: a energia, elemento fundamental de todo processo evolutivo, participa de forma irrefutável de nosso destino. Descobrimos que pela fotossíntese vegetal esse reino transfere para nós, humanos, a energia que o Sol da vida derrama nos espaços siderais, energia da mesma natureza da que promove a evolução da vida em todo o universo.

Agora vamos estudar esses colossos siderais e estelares, suas dimensões, composição, distâncias, seus campos espectrais e as posições que ocupam na esfera celeste a fim de traçar os ângulos de influências, quando existem e como atuam.

As estrelas podem ser classificadas conforme sua composição espectral, suas dimensões e sua magnitude visual ou absoluta.

A magnitude visual ou aparente é relacionada ao brilho da estrela, como a percebemos visualmente. É calculada em sentido inverso ao da grandeza, iniciando pelo Sol, cuja magnitude aparente é de –26,5 (menos 26,5), até atingir o limite de visibilidade humana a olho nu de um objeto astronômico.

Prossigamos:

Astro	Magnitude aparente
Sol	–26,5
Lua	–12,4
Vênus	–4,4
Júpiter	–3,5
Marte	–2,5
Saturno	–0,5

Estrelas	
Sirius	−1,46 (alfa do Cão Maior)
Canopus	−0,72 (alfa Carinae)
Arcturus	−0,04 (alfa Boieiro)
Bungala	−0,27 (alfa Centauri)
Achernar	+0,51 (alfa Eridani)
Betelgeuse	+0,41 (alfa Orionis)
Acrux	+0,87 (alfa Cruxis)
Spiga	+0,98 (alfa Virginis)
Aldebarã	+0,85 (alfa Tauri)
Antares	+0,96 (alfa Scorpii)
Vega	+0,04 (alfa Lirae)
Agena	+0,63 (beta Centauri)
Procion	+0,37 (alfa Cão Menor)
Rigel	+0,15 (beta Orionis)
Polux	+1,16 (beta Geminis)
Regulus	+1,36 (alfa Leonis)
Deneb	+1,26 (alfa Cisni)

No limite de nossa visão (−6) encontram-se, por exemplo, a estrela Mérope das Plêiades e o planeta Urano, os quais podem ser vistos a olho nu por quem tenha boa visão e conheça, naturalmente, as posições zodiacais desses corpos celestes a fim de identificá-los.

Como usar as estrelas fixas no horóscopo

As estrelas fixas são fundamentais na análise de um horóscopo. Uma importante estrela em determinado grau de uma carta astral, em conjunção com um relevante significador, poderá ser vital para explicar fatos decisivos no destino de um nativo.

A margem de distância de uma estrela fixa para se considerar uma conjunção é de até 3 graus para o Sol, a Lua e o regente do signo ascendente. Nos demais casos, com os planetas em geral, a margem de distância será de mais ou menos 1 grau.

Algumas exceções poderão ser levadas em conta considerando-se estrelas de maior importância, as quais serão reconhecidas pelo astrólogo ao longo de sua experiência.

As estrelas fixas somente formam aspecto com o Sol, a Lua e os planetas, porquanto sua radiação necessita de um campo magnético estável para concretizar a interação. Não existem aspectos das estrelas fixas com o Dragão, com Lilite nem com a Roda da Fortuna. O único aspecto com as estrelas fixas é a conjunção. Quer dizer, não existem oposições, sextilhas, quadraturas, trígonos etc. de estrelas fixas com qualquer significador.

Observe, na tabela seguinte, o grau do signo em que se encontra a estrela, seu nome e sua classificação, e a natureza da estrela conforme sua atuação no horóscopo.

Isto quer dizer que uma estrela como Alderamin, de natureza jupiteriana/saturnina, age conforme a vibração de uma conjunção de Júpiter e Saturno. Essa estrela em conjunção com o Sol, na casa 10, indicará êxitos e nobreza na vida pública.

A estrela Bungala, em 29 graus de Escorpião, na casa 2, de natureza venusiana/jupiteriana, indicará fortuna nos negócios relacionados com arte ou assuntos de natureza religiosa ou espiritual.

Tabela das estrelas fixas – posição e significado

GRAUS	SIGNO	ESTRELA	PLANETAS	SIGNIFICATIVO
11° 51'	Áries	Alderamin (Alpha do Cephey)	Saturno – Júpiter	Pelo esforço atinge a fortuna
13° 20'		Alpherat ou Sirrah (Alpha Andrômeda)	Vênus	Harmonia, arte, amor

GRAUS	SIGNO	ESTRELA	PLANETAS	SIGNIFICATIVO
26° 53'		Vertex M31 – Andrômeda	Vênus	Harmonia, arte, amor
29° 26'		Mirach (Beta da Andrômeda)	Vênus	Êxito nas artes
2° 59'	Touro	Sheratan (Beta Arietis)	Marte – Saturno	Vitória com esforço
6° 41'		Hamal (Alpha Arietis)	Marte – Saturno	Vitória com esforço
25° 12'		Algol (Alpha Persei)	Júpiter – Saturno	Estrela muito forte
29° 09'		Plêiades – M45	Lua – Marte	Complexo de Mérope
8° 48'	Gêmeos	Aldebarã (Alfa Tauri) Olho do Touro	Marte	Coragem – vitória
15° 46'		Rigel (Beta Orionis)	Júpiter – Saturno	Fortuna com esforço
19° 58'		Belatrix (Gama Orionis)	Júpiter – Saturno	Determinação – simpatia
20° 52'		Capela (Alpha Aurigae)	Júpiter – Saturno	Fortuna com esforço
21° 23'		Mintaka (Cinto do Orião)	Vênus – Saturno	Amor e magnetismo
22° 29'		Alnilam (Cinto do Orião)	Vênus – Saturno	Amor e magnetismo
23° 42'		Alnitak (Cinto do Orião)	Vênus – Saturno	Amor e magnetismo
27° 46'		Betelgeuse (Alpha do Orião)	Marte – Mercúrio	Esforço com inteligência
4° 18'	Câncer	Al Dirah (mu Geminorum)	Mercúrio – Vênus – Marte	Inteligência, arte, coragem
13° 09'		Sirius (Alpha Cão Maior)	Júpiter – Marte	Fortuna com esforço
14°		Canopus (Alpha Carinae)		

GRAUS	SIGNO	ESTRELA	PLANETAS	SIGNIFICATIVO
19° 16'		Castor (Alpha Gêmeos)	Mercúrio	Argúcia
22° 16'		Pollux (Beta Geminorum)	Marte – Mercúrio	Força e inteligência
24° 51'		Procyon (Alpha do Cão Menor)	Mercúrio – Marte	Inteligência e determinação
6° 27'	Leão	Proesaepe M44	Marte – Lua	Determinação e proteção
12° 40'		Acubens (Alpha Cancri)	Saturno – Júpiter	Perseverança para a fortuna
26° 18'		Alphard (Alpha Hidrae)	Saturno – Vênus	Perseverança para o amor
28° 52'		Regulus (Alpha Leão)	Marte – Júpiter	Determinação para a fortuna
20° 39'	Virgem	Denebola (Beta Leonis)	Saturno – Vênus	Determinação no amor
24° 13'		Copula (M63)	Vênus	Amizade
28° 18'		Markeb (x Vellorum)	Saturno – Júpiter	Determinação para a fortuna
12° 50'	Libra	Algorab	Marte – Saturno	Coragem e determinação
22° 08'		Foramen (Eta Carinae)	Saturno – Júpiter	
22° 52'		Espiga (Alpha Virginis)	Mercúrio – Marte – Júpiter	Lucidez e coragem para a vitória
23° 15'		Arcturus (Alpha Bootis)	Marte – Júpiter	Idealismo
5° 59'	Escorpião	Khambala (Lambda Virginis)	Mercúrio – Marte	Sentimento místico
10° 53'		Acrux (Estr. de Magalhães - Alpha Crux)	Júpiter – Saturno	Segurança e proteção

GRAUS	SIGNO	ESTRELA	PLANETAS	SIGNIFICATIVO
14° 06'		Kiffa Austral (Alpha Librae)	Júpiter – Mercúrio – Vênus	Equilíbrio
18° 24'		Kiffa Boreal (Beta Librae)	Júpiter – Mercúrio – Vênus	Equilíbrio
22° 44'		Agena (Beta Centauri) ou Hada	Vênus – Júpiter	Força espiritual
28° 37'		Bungala (Alpha Centauri) ou Rigil	Vênus – Júpiter	Força espiritual
2° 35'	Sagitário	Graffias (Beta Scorpii)	Marte – Saturno	Proteção, defesa
8° 47'		Antares (Alpha do Escorpião)	Marte – Júpiter	Conquista do poder
23° 48'		Aculeus (Nebulosa do aguilhão do Esc)	Marte – Lua	Força e proteção
29° 58'		Spiculum (M21)	Marte – Lua	Força e proteção
8° 53'	Capricórnio	Facies (M22)	Sol – Marte	Graça conquistada
11° 24'		Pelagus (Sigma Sagitarii)	Júpiter – Mercúrio	Êxito nos negócios
14° 18'		Vega (Alpha Lira) – apex do Sist. Solar	Vênus – Mercúrio	Fortuna nas artes
0° 47'	Aquário	Altair (Alpha da Águia)	Marte – Júpiter	Glorificação em vida
16° 25'		Sadalaucim	Saturno – Marte	Perseverança
22° 33'		Deneb Algedi	Saturno – Júpiter	Êxito político
2° 51'	Peixes	Famaulhaut (Alpha Piscis Australis)	Saturno – Mercúrio	Progresso espiritual

GRAUS	SIGNO	ESTRELA	PLANETAS	SIGNIFICATIVO
4° 24'		Deneb Adige (Alpha do Cisne)	Vênus – Mercúrio	Êxito nas artes
14° 18'		Acharnar (Alpha Eridani)	Júpiter	Fortuna, consagração
28°		Scheat (Beta Pegasii)	Marte – Mercúrio	Sucesso com inteligência

Obs.: Uma linha entre Acharnar no signo de Peixes e Agena no signo de Escorpião marca o Pólo Sul.

Correção da posição das estrelas fixas para o ano correspondente

1930 = 0°	1933 = 2'30"	1936 = 5'	1939 = 7'30"
1942 = 10'	1945 = 12'30"	1948 = 15'	1951 = 17'30"
1954 = 20'	1957 = 22'30"	1960 = 25'	1963 = 27'30"
1966 = 30'	1969 = 32'30"	1972 = 35'	1975 = 37'30"
1978 = 40'	1981 = 42'30"	1984 = 45'	1987 = 47'30"
1990 = 50'	1993 = 52'30"	1996 = 55'	1999 = 57'30"
2002 = 60' = 1°	1 ano = 50"		

Obs.: Em 2002 acrescentar 1º às posições das estrelas. E, para cada ano após 2002, acrescentar mais 50".

Justa homenagem a Claudius Ptolomeu

Prestamos nesta obra uma justa homenagem ao grande mestre Claudius Ptolomeu, astrônomo da Antigüidade e o mais importante astrólogo dos primórdios de nossa era. Ele pode ser considerado "O Pai da Astrologia Ocidental".

Sabemos que alguns setores da comunidade de astrólogos têm tentado desqualificar a autoria das obras do grande mestre e astrólogo, a quem devemos o *Tetrabiblos*, no qual o sábio reuniu todo o conhecimento existente de matemática, física e astrologia da época e ao qual acrescentou sábias informações e postulados astrológicos de sua autoria.

Para pôr uma pá de cal na falsa exegese biográfica de Claudius Ptolomeu, nosso verdadeiro e autêntico decano e inspirador, transcrevo uma pesquisa que recolhi na Universidade de Harvard, nos Estados Unidos, com o objetivo de esclarecer definitivamente esse assunto:

> O *Tetrabiblos* do famoso astrônomo e geógrafo egípcio Claudius Ptolomeus (100-178 d.C.) consiste em quatro livros, cujo título dado em um manuscrito significa "Tratado em quatro livros", e em outros "Os prognósticos recolhidos de Sirius". A matéria era a Astrologia que na época de Ptolomeus até a Renascença era considerada uma ciência respeitada como a Astronomia.

Ptolomeu reuniu os conhecimentos de grandes mestres que o antecederam, como Pitágoras, Filolao, Aristóteles, Aristarco, Hiparpo e outros, e concluiu um catálogo inédito de mais de mil estrelas, classificando-as, inclusive, conforme sua influência nos horóscopos.

Observando as declinações do Sol e da Lua até as mais altas latitudes do Norte, nos signos de Câncer e Leão, determinou as regências da Lua em Câncer e do Sol em Leão. Seguindo o mesmo raciocínio, determinou as regências dos signos subseqüentes: Gêmeos e Virgem com a regência de Mercúrio, o planeta mais próximo do Sol; em seguida, sempre observando o discorrer dos planetas em suas órbitas ao redor do Sol, colocou Vênus em Touro e Libra, Marte em Áries e Escorpião, Júpiter em Sagitário e Peixes e Saturno em Capricórnio e Aquário.

Com a descoberta dos gigantes Urano e Netuno, a partir do século XIX, coincidindo com as grandes descobertas no campo das ciências, a fissão nuclear, as altas tecnologias e a conseqüente bomba atômica, logo se atribuiu a Urano a regência de Aquário, o signo identificado com esses eventos. E com a descoberta do último dos gigantes planetários, Netuno, completou-se o ciclo das regências astrológicas.

A visão do mestre Claudius Ptolomeu permanece em cada horóscopo que eu analiso, em cada aula que ministro aos meus alunos sequiosos do conhecimento nesse magnífico ramo da ciência que é a astrologia.

As eras astrológicas

O discorrer do Sol ao longo dos 360 graus do Zodíaco descreve dois importantes movimentos: um anual, cuja importância decide o desenvolvimento e o destino do homem em sua evolução individual, durante uma existência; e o outro milenar, relacionado com o destino das grandes civilizações humanas durante longas eras.

No primeiro caso, relacionado com a vida humana durante períodos de sua existência, encontra-se ligado aos trânsitos do Sol durante um ano, quando o Astro do Dia percorre os 360 graus dos doze signos zodiacais, aproximadamente um grau a cada dia, um signo a cada mês, o Zodíaco a cada ano, entre os signos de Áries e Peixes.

Nesse decurso, o Sol, com o seu cortejo planetário, vai interagindo com os doze signos zodiacais, determinando os pulsos comportamentais que fazem o destino dos humanos durante uma existência, conforme estudamos nos horóscopos das pessoas em geral.

O outro movimento do Sol ao longo do Zodíaco está relacionado com o trânsito do denominado "ponto vernal", o momento em que o Sol, estando no primeiro grau do signo de Áries, tem o Equador Terrestre no mesmo plano da eclíptica, proporcionando os equinócios, ou seja, o dia em que as noites são iguais.

Esse momento sideral determina, por outro lado, em torno do dia 21 de março de cada ano, a primavera do hemisfério Norte e, no dia 23 de setembro, o outono; sua contrapartida ocorre em torno de 23 de setembro com a primavera no hemisfério Sul, e o outono em 21 de março.

O ponto vernal percorre um grau do Zodíaco em cerca de 72 anos, e um signo em torno de 2.160 anos, perfazendo em quase 26 mil anos um giro completo ao longo do Zodíaco, no sentido de Peixes para Áries. Por ser retrógrado, esse movimento é denominado "precessão dos equinócios".

Precessão dos equinócios segundo Assuramaya

A data da mudança do ponto vernal, assinalando o início de uma Era Precessional em um signo determinado, tem sido estudada, desde longas datas, por alguns autores, e, não raro, encontramos divergências nessas datas.

Durante muitos anos, após inúmeras pesquisas, acredito ter encontrado motivações de natureza científica, e confirmações práticas, para estabelecer uma cronologia mais aproximada dos fatos relacionados com os eventos siderais, determinando os vínculos exatos entre o fenômeno astronômico e a evolução humana de maneira tão evidente que os nossos leitores certamente se renderão, como eu mesmo me rendi, à validade dessas datas.

Vamos, a seguir, explicar como cheguei a essas conclusões e quais os estímulos civilizatórios praticados pelo imutável trânsito do ponto vernal ao longo dos milênios, desde a Era Precessional de Leão, há cerca de doze milênios, antes da Era dita Cristã.

As minhas conclusões se baseiam em sucessivas pesquisas, profunda meditação e na constatação final e insofismável da entrada triunfal do Sol na Era de Aquário atual, coincidindo com os eventos nucleares conforme abordarei a seguir. E nas eras subseqüentes, em linha retrógrada, desde a Era de Leão até os dias atuais, quando nos encontramos na Era Precessional de Aquário.

Durante os anos de 1940, experiências de tal magnitude desviavam os rumos da evolução humana e planetária para um destino insólito, mas inexorável, sob a influência das últimas conquistas da ciência, da fissão nuclear e suas fantásticas e mais diversas conseqüências.

Os diferentes ramos das ciências, tanto no infinitamente pequeno (a física de partículas, a captação de diferentes radiações e erupções "gama" e outras denominadas "radiações cósmicas de fundo em microondas", a biologia molecular, a genética, as neurociências etc.), como no infinitamente grande (a astronomia, a cosmologia e a astrofísica), descerraram os "véus dos mistérios" tão veladamente guardados no hermetismo alquímico e filosófico das religiões ditas esotéricas.

Os dogmas foram decifrados, os mistérios da Trindade (Pai, Filho, Espírito Santo; Brama, Xiva, Vixnu; Osíris, Ísis, Hórus; e outros) foram devidamente explicados por Helena Petrovna Blavatsky nos três aspectos do átomo de hidrogênio, que contém todas as demais unidades da constituição do universo.

A Era de Peixes guardou hermeticamente os mistérios contidos no átomo de hidrogênio. Já a Era de Aquário desvendou os mistérios e abriu as portas dos santuários para os homens de boa-fé. Einstein foi o Papa do espiritualismo científico e construiu a "ponte" entre essas duas eras.

As explosões nucleares, resultado da fissão nuclear, teriam sido as "sinetas cósmicas", indicando a entrada triunfal do Sol na Era Precessional de Aquário. E a malsinada bomba de Hiroshima, apesar de não ter sido um evento de magnitude ética, sendo, pelo contrário, o mais hediondo estigma já assacado sobre o rosto da humanidade; não temos outra explicação que nos indique a magnífica efeméride senão acreditar que fez parte dos formidáveis eventos.

Para demonstrar as minhas conclusões, recuei até a Era Precessional de Leão, prosseguindo, a cada era precessional decorrente, e justificando cada era corrente, na tentativa de confirmar a entrada de cada uma delas, de forma irrefutável, conforme veremos a seguir.

Era de Leão (de 11015 até 8855 a.C.)

Brilham os equinócios sob a luz de Leão!

Iniciei a minha pesquisa na Era Precessional de Leão por dois motivos muito especiais. O primeiro deles por se encontrar, essa era, relacionada com o momento histórico/científico da evolução do *Homo sapiens*, a partir do Neolítico, há cerca de doze mil anos, quando a nossa atual civilização praticamente deu o grande e decisivo passo para o progresso que se seguiria a esse evento geológico.

Segundo, o motivo histórico/mitológico, ligado à série de dilúvios, relatados nos escritos de diversas escrituras sagradas das grandes religiões, e inquestionavelmente relacionados com o degelo, ocorrido no final da última glaciação, em torno de doze mil anos atrás; ou, ainda, ao buscarmos nos domínios da lenda que precede à história, fatalmente nos encontraremos frente a frente com os relatos de Platão sobre Sólon e ligados ao Afundamento da Atlântida, evento igualmente ocorrido em torno de doze mil anos atrás.

Os nossos ancestrais, que povoaram a Terra a partir do Neolítico, substituíram os rústicos *neandertalensis* e os *cro-magnon*, tipos mais adaptados às rígidas condições glaciais vigentes durante o período do Pleistoceno, que antecedeu ao período Neolítico, em torno de dez mil anos antes de Cristo.

Com o degelo glacial, as águas subiram dezenas de metros, inundaram regiões outrora secas e geladas, provocando os dilúvios das narrações bíblicas. Com a retirada das águas e o gradativo aquecimento das regiões temperadas, surgiram as florestas e um florescente ciclo de desenvolvimento vegetal, e o homem observou que as sementes caídas germinavam. Assim, aprendeu a plantar e, plantando, iniciou o maior surto de desenvolvimento de toda a sua longa história até então. As legiões de nossos ancestrais foram mudando de hábitos, e o homem, notadamente nômade e coletor/caçador, inicia uma nova atividade agrícola. As sementes que ele viu germinar espontaneamente o estimularam a semear. Espalhou sementes pelos quatro cantos do mundo, fixando-se ao redor de suas lavouras, tornando-se cada vez mais sedentário. Aprendeu a domesticar os filhotes desgarrados dos lobos ferozes que passaram a ser os companheiros, seus cães e guardiões de suas aldeias. Gradativamente desenvolveu hábitos mais sociais e uma cultura mais humana e civilizada.

É o início da organização social. O homem se prepara para assumir o comando da evolução planetária.

O Neolítico teve como ponto de partida a prática agrícola, o armazenamento de alimentos, o que proporcionou a fixação à terra, seguida da domesticação de animais como o cão, a cabra, o porco, e o uso dos instrumentos de pedra polida, cultura herdada de seu ancestral *cro-magnon*.

Essa sociedade em organização indubitavelmente haveria de exigir uma liderança para prosseguir em sua vitoriosa trajetória para a humanização. E o arquétipo desse esboço de liderança e governo surge na Era de Leão que se afirmava.

A Era Precessional de Leão abre uma nova e empolgante fase na trajetória evolutiva terrena da magnífica espécie humana, criada à semelhança de Deus para liderar e governar o planeta Terra.

Era de Câncer (de 8855 até 6695 a.C.)

Brilham os equinócios sob a luz de Câncer!

Após o fim da última glaciação (Neolítico Posterior), o aquecimento das terras proporcionou ao homem a atividade agrícola mais diversificada e ele se fixou à terra.

É na Era de Câncer que o homem inicia uma nova e empolgante fase de maior e mais lúcido contato com a natureza e o ambiente que o cerca. A partir daí ele observa a si e ao que ocorre ao seu redor. Aprende a usar com mais objetivo os instrumentos que fabrica. Tem contato com uma rudimentar metalurgia e substitui, lenta e progressivamente, os utensílios de pedra. Conhece a roda, tornando mais fácil o seu labor. Usa animais domésticos para a tração, como o boi e o cavalo. A agricultura toma intensivo impulso, enquanto a economia coletiva e tribal abre amplas oportunidades para uma sociedade mais evoluída.

Desenvolvendo novas aptidões, melhora a técnica agrícola, aumentando a produção, e aprende a guardar o produto da safra. Encontrando-se ante a expectativa do produto da sobra, observa a oportunidade de lucro. Surge, a partir daí, um regime de trocas, intensificando as relações com as sociedades vizinhas, com as quais aprende a compartilhar. Esse acontecimento é de vital importância para estimular um incipiente e tímido comércio com outras comunidades.

É o início de uma socialização que se prenuncia.

Desponta a idéia de economia e de previsão para o futuro. O homem se socializa, surgem os primeiros rudimentos de sociedades convivendo em pequenas aldeias. Uma sociedade primitiva, mas pronta para crescer e progredir. O nômade, aderindo à agricultura, se fixa ao redor de suas lavouras, domestica animais, desenvolve comunidades mais elaboradas. Seus instrumentos de pedra polida começam a ser substituídos por instrumentos de metal, tais como lanças, machados, facas, punhais etc. Gradativamente vai aperfeiçoando suas economias com excedentes agrícolas, o que o estimula a aperfeiçoar cada vez mais a comunidade tribal e a organização social.

A sociedade tribal se fortalece com o clã e a família adquire foros de entidade respeitada, sob a proteção de seus chefes. O arquétipo das futuras nações é estimulado na forja da família, que se fortalece até pela necessidade de sobrevivência da sociedade tribal primitiva.

Era de Gêmeos (de 6695 até 4535 a.C.)

Brilham os equinócios sob a luz de Gêmeos!

Surgem os primeiros surtos das civilizações mesopotâmicas, nilóticas e da Ásia Menor, na Ásia chinesa e na Índia védica.

Nascem cidades e nações primitivas, formam-se colônias, intensifica-se o comércio. As trocas de mercadorias, a cultura e a religião abrem espaço para diferentes e nascentes civilizações. Na Anatólia surge um próspero comércio, estimulando o surgimento de grandes cidades.

Novas colônias são criadas, cada vez mais numerosas e distantes, alargando os limites dos nascentes impérios e fortalecendo o comércio que se espalharia por todo o Mediterrâneo e oceanos afora.

Outros povos começaram a povoar o vale do Nilo (5000 antes de Cristo). Inicialmente pastores, logo começaram uma intensa agricultura estimulada pelas cheias do Nilo. Criavam carneiros, cães e burros de carga.

Surge uma intensa indústria artesanal, como a fabricação de cestos e cerâmica, cuja arte de pintura se expandia.

A escrita é inventada no Egito e os primeiros hieróglifos aparecem na cerâmica e nos sarcófagos. Essa invenção, registrando acontecimentos relacionados com a vida dos potentados e históricos mortuários, foi, na realidade, uma das mais expressivas conquistas culturais da civilização nascente.

Na Mesopotâmia ocorre, paralelamente, a escrita cuneiforme, registrando apontamentos sobre economia, assuntos governamentais e sagas desses povos. Na China, os primeiros escribas registram o pensamento humano de forma a perpetuá-lo. E os povos neolíticos chineses desenvolvem uma expressiva arte cerâmica com inscrições que datam até o quinto milênio antes de Cristo.

A Era Precessional de Gêmeos deixa a marca estimulante da conquista, das primeiras e grandes incursões dos povos, entrecruzando-se, comunicando-se, miscigenando raças, culturas, línguas, religiões.

Era de Touro (de 4535 até 2375 a.C.)

Brilham os equinócios sob a luz de Touro!
A criação do mundo, segundo o criacionismo.
O dilúvio de Noé, segundo a Bíblia.
A Era do Patriarca.
A construção da Esfinge no Egito (2500 antes de Cristo).
Primeiras evidências do surgimento da civilização pré-helênica, a partir da Tessália – a pátria de Aquiles.

A Lira de Orfeu encanta os ouvidos do Mediterrâneo, desde as praias da Ásia até os ombros de Hércules.

O uso do cobre é difundido, acelerando o processo evolutivo.

A descoberta do arado dá início a um grande surto de progresso humano.

A cultura agrícola se intensifica como em passe de mágica, simultaneamente, em todas as regiões do planeta. É o progresso baseado na sociedade agrícola.

A Idade do Cobre, também denominada Calcolítico (do grego *chalkos*, cobre), atinge o seu mais intenso período, com a fabricação de ferramentas, armas e adornos.

Os mais importantes eventos estão relacionados com o surgimento das grandes cidades, especialmente na Mesopotâmia, no vale do Nilo, no Mediterrâneo. Simultaneamente, na Mesopotâmia o cobre é difundido.

No Egito, os dois primitivos reinos já existem: O Delta do Nilo ou Baixo Egito e o Reino de Nekhen, na região de Luxor. No ano 3200 a.C. foram unificados pelo faraó Menés. A partir daí se iniciam as grandes dinastias que fizeram a história do Egito.

A Era Precessional de Touro assinala a hegemonia do patriarcado, germe das grandes monarquias e impérios que se seguiriam na era seguinte.

Era de Áries (de 2375 até 215 a.C.)

Brilham os equinócios sob a luz de Áries!

Era do Bronze – A Idade do Ferro. Zoroastro e o seu *Zend-Avesta*. Abraão – Moisés, a pena do Taleão. O marciano Código de Hamurábi. O Império de Salomão. A Civilização Mesopotâmia. A Babilônia. Sodoma, Gomorra, Adama, Seboim são destruídas pelo fogo celeste, castigadas pela insensatez e volúpia de seus habitantes.

Poderosas hordas de invasores dóricos surgem na Ática, no Peloponeso, nas ilhas do Egeu e em Creta, levando ao fim a civilização miscênica. Resulta daí tremenda devastação: a Idade Grega das Trevas.

O Mediterrâneo, berço da civilização, se lança adentrando o oceano enquanto as novas nações que surgem se impõem, criando colônias, disseminando o comércio, a cultura, as artes, a filosofia, a mitologia, a religião... Mas, também, as artes das guerras.

A democracia grega.

A saga e o esplendor da civilização grega – O Século de Péricles.

Homero, Heródoto, Sócrates e o Divino Platão.

O silogismo de Aristóteles.

Buda desce do Himalaia e com ele sua poderosa mensagem espiritual inicia o périplo de muitos séculos.

Surge a Bíblia, que seria o calendário, o códice, e determinaria a rígida doutrina que haveria de se impor na era seguinte, a de Peixes, com a pregação de duas grandes religiões: o judaísmo e as sementes do futuro cristianismo.

A mitologia – a Anatólia. Os doze trabalhos de Hércules. A Guerra de Tróia. Halicarnasso – a terra de Heródoto.

Os sete sábios da Grécia antiga. As sete maravilhas do Mundo Antigo.

Os grandes pensadores e filósofos gregos. As olimpíadas.

A fundação de Roma e o nascer e crescimento do fulgurante Império Romano, que, com suas legiões treinadas para as guerras de conquista, dominou o mundo por quase um milênio, disseminando cultura, religião, arte e o idioma latino – que haveria de se perpetuar, criando raízes e étimos nos diferentes idiomas do mundo moderno e contemporâneo.

A Idade do Ferro proporcionou à Era Precessional de Áries a máquina civilizatória que acelerou a evolução humana, disseminando a cultura do ferro entre nações de todo o planeta.

Era de Peixes (de 215 a.C. até 1945 d.C.)

Brilham os equinócios sob a luz de Peixes!

A difusão generalizada das grandes religiões e doutrinas filosóficas, lendárias e mitológicas: o cristianismo, o judaísmo, o islamismo, o taoísmo, o hinduísmo e a ioga. O espiritismo, a maçonaria, a Inquisição, as Cruzadas, as lendas arturianas e os cavaleiros da Távola Redonda – as lutas religiosas, os horrores da Inquisição, a divulgação do budismo, o Renascimento, o Iluminismo, a teoria da evolução de Darwin, o materialismo dialético de Marx e Engels, a Revolução Industrial.

A invenção da bússola torna possíveis as grandes descobertas, e o Novo Mundo surge, oferecendo-se como contrapartida à Europa.

As Grandes Guerras encerram dolorosamente a tormentosa Era de Peixes, que tentou, mas não conseguiu, sob a liderança do cristianismo, convencer a humanidade do seu propósito fundamental: "Amai-vos uns aos outros".

Por outro lado, surge nos céus o planeta Netuno, que viria para sustentar a mensagem do mestre da era que se perdera. E, pela primeira vez, o homem pôde observar Urano, regente da era que se anunciava.

Era de Aquário (de 1945 d.C. em diante)

Brilham os equinócios sob a luz de Aquário! E os filhos da luz se encontram entorpecidos pelas magníficas vibrações que fluem da nova era de luz, saber e ciência...

A astrologia em sua magnífica grandeza é transferida por Peixes ao guardião de Aquário. E ressurge, mais forte do que nunca e como contraponto das religiões, a religião científica do futuro na Era Precessional de Aquário.

Urano, regente de Aquário e da era precessional vigente, já pode ser visto nos céus. O planeta, oitava superior do intelectual Mercúrio, é o novo regente do signo de Aquário e da era precessional vigente. Já fulgura nos céus, vem para mudar, transformar, pela compreensão de seus propósitos, pelo poder de sua dialética insofismável.

A nova ordem se impõe, a verdade se afirma, a virtude enobrece as almas e os espíritos de boa-fé. Os altares se reformam, os dogmas são revistos e os centros de pesquisa proclamam novas verdades para substituir velhas doutrinas que já não resistem à evolução do pensamento e às novas teorias dos pesquisadores.

Não é mais possível crer sem o conhecimento pleno do objeto da crença; não é mais possível amar sem o conhecimento pleno do objeto do amor. O "credo" é substituído pelo argumento insofismável das grandes descobertas – o Santo Graal e o tubo de ensaio são reavaliados. Helena Petrovna Blavatsky já traduzira, desde a era passada, os textos dos ensinamentos esotéricos do Oriente. A ioga surpreende o espírito ocidental, que se queda ajoelhado ante as magníficas revelações e práticas sublimes para a transformação dos filhos da Terra.

O dogma e a pesquisa se confrontam e são revistos e questionados – o homem que perdeu a fé se encontra e se emociona diante da nova revelação e de um universo em plena revolução.

O homem descobre que é constituído pelos mesmos elementos químicos que foram forjados nos núcleos estelares, confirmando cientificamente o que os astrólogos vêm ensinando há séculos.

A ciência atinge o seu maior esplendor – as viagens espaciais, a fissão nuclear. A bomba atômica, produto das distorções humanas, foi a sineta cósmica, assinalando a entrada triunfal do Sol na Era de Aquário.

Em apenas um século a humanidade e o mundo inteiro são sacudidos pelas mais fantásticas e insólitas descobertas científicas e transformações.

A matemática euclidiana, os princípios fundamentais da mecânica e até a gravitação universal de Newton são questionados, por novas teorias, sob novas dimensões e medidas do universo, tanto no infinitamente pequeno como no infinitamente grande.

O sistema métrico decimal tornou-se obsoleto tanto para cima como para baixo. O metro deixou de ser a medida-padrão de nossos retalhos e o quilômetro deixou de ser a medida-padrão das grandes distâncias. Surgiram, para cima, o ano-luz, o parcec; e, para baixo, o mícron, o nanômetro e o angström. O quilômetro ganhou centenas de zeros e o milímetro perdeu outras dezenas.

Novas fontes de energia foram descobertas; novas dimensões foram divulgadas. À energia gravitacional e eletromagnética foram acrescentadas a força nuclear fraca e a força nuclear forte. À matéria visível e bariônica foram acrescentadas a energia escura e a matéria escura.

E, quando o choque inevitável das teorias da Relatividade e da Mecânica Quântica se tornou evidente, criou-se a Teoria das Cordas, que pretende justificá-las.

Novas teorias, cada qual a mais revolucionária, sacudiam os pilares da Sorbonne e dos mais avançados centros de pesquisa das grandes nações. Os cientistas, ávidos de desvendar mais e mais mistérios, decifraram os códigos genéticos dos seres vivos, inclusive dos seres humanos. Penetraram na intimidade das moléculas, dos átomos, dos núcleos atômicos, dos elétrons e das partículas elementares. E quase demonstraram que o "nada" é coisa que não existe.

E "inventaram" a antimatéria, a antienergia, beirando a energia mental e espiritual que eu pretendi explicar na minha teoria dos "pensônios", em meu livro *A gênese do homem-Deus*.

A Era Precessional de Aquário prossegue. É a era da luz, a era do saber, a era da virtude que se sobrepõe ao vício.

A guerra entre os espíritos da luz será irremediavelmente vencida e os espíritos das trevas serão evacuados para o universo que a eles compete. A partir daí haverá luz nos caminhos dos homens, amor em seu coração, coragem em sua alma. Porque o castigo do vício é o próprio vício e o prêmio da virtude, a própria virtude. Porque o homem é um Deus em formação e Deus é o homem perfeito, a ponta superior do sistema, a perfeição alcançada.

Na avaliação de um horóscopo, não poderá o astrólogo, em hipótese alguma, encontrar-se alienado da influência da era precessional em que vivemos, a Era Precessional do signo de Aquário.

Ela atua como um sol invisível, mas poderoso e onipresente, determinando a presença de Urano, o regente de Aquário, em todos os momentos da análise astrológica, sem o que nada se completa.

O momento solene, poderoso, universal, da entrada do ponto vernal no ciclo de Aquário coincidiu com as explosões atômicas, que reverberaram com terrífico clamor em todos os céus do planeta, nos meados da década de 1940. E foram acompanhadas da mais fantástica e insólita sucessão de acontecimentos sob a vibração de Urano: as viagens espaciais, a viagem à Lua e as explorações dos planetas, as altas tecnologias, as telecomunicações, a astrofísica, as neurociências, a decifração dos genomas dos seres vivos, inclusive do homem, o domínio das células-tronco, as clonagens de células germinativas de embriões e um universo de transformações que acometeram a humanidade, tanto nas ciências como no comportamento dos humanos.

Entre os fenômenos relacionados com o comportamento humano encontramos a rebeldia da juventude, sendo um dos fatores mais contundentes a denominada "explosão da juventude" nos anos de 1950.

Tendo analisado milhares de horóscopos, pude fazer minhas estatísticas e observei que, nos horóscopos de recém-nascidos e crianças nascidas nesta era, especialmente após Urano entrar em Aquário (depois da segunda metade da década de 1990), tenho encontrado verdadeiras legiões de espíritos bem-dotados, com certeza enviados pelos mentores de nossa evolução, cujas mandalas indicam claramente futuros missionários.

Paralelamente, tenho acompanhado, desde o início dessas pesquisas, nos anos de 1950, uma revolução incrível no comportamento das pessoas analisadas por mim, em outro aspecto.

Trata-se de uma comprovação nos horóscopos de pessoas nascidas ainda na Era de Peixes (antes dos anos de 1940) comparados com as que nasceram sob a influência da Era de Aquário, a partir dos anos de 1950.

Os casamentos ungidos até o período de Peixes permaneciam certinhos, sob as bênçãos da Igreja, e dificilmente se desmantelavam, mesmo ante conclusões deploráveis. Em contrapartida, os casamentos realizados a partir daí dificilmente encontraram a devida solidez para mantê-los durante os sete anos que se seguiram, sendo que raros chegaram aos 14 anos, raríssimos atingiram os 21 anos. E encontramos casamentos na faixa de 28 anos à beira da dissolução.

É importante lembrar que essas faixas de tempo são relacionadas com os ciclos de Saturno: 7/8 anos, 14/15 anos, 21/22 anos e 28/29 anos, quando Saturno completa o seu giro zodiacal e retorna ao grau do signo em que se encontrava no dia do casamento.

Capítulo II
O fenômeno cósmico

Astrologia – A mãe da astronomia
Olhando para o céu

Vivemos em um mundo no qual nos deparamos a cada instante, inarredavelmente, com duas realidades intrínsecas: o tempo e o espaço.

Quando olhamos para o nosso mundo circundante e nos deparamos com os acontecimentos a ele e a nós relativos, estamos ante o espaço e o tempo.

Mas, quando lucubramos além de nossos sentidos físicos e imediatos, logo nos sentimos arrastados pela idéia de infinito e eternidade.

As projeções do tempo nos levam à idéia de eternidade; e as projeções de espaço nos levam à idéia de infinito...

Na realidade, o espaço que nos é peculiar em nosso dia-a-dia está ao alcance de nossa visão. No horóscopo, é nossa visão pelas janelas da casa 3 – a casa das comunicações...

Mas, quando olhamos para muito além de nossas janelas físicas, olhando pelas janelas da casa 9, vêm-nos as idéias de infinito.

No primeiro caso, enquanto não nos afastamos de nosso querido planeta Terra, vemos muito pouco, sempre por meio da porta contígua da terceira casa astral do horóscopo, a qual não nos deixa muito – além de nosso alcance visual ou do alcance da mão estendida; no segundo caso, quando perscrutamos muito além de nossas janelas, na direção dos mundos adjacentes, nossa visão se amplia pela lupa da casa 9 do horóscopo, para mergulharmos no universo a verdadeira síntese do infinito e da eternidade.

Qual a diferença entre o infinito e a eternidade?

Eternidade é o tempo que preside a evolução de todos os seres do espaço – o universo e tudo que nele existe.

Seja o espaço, astros, deuses e humanos e tudo que existe...

Infinito é o espaço universal que começa no homem e termina em Deus, que é eterno e infinito.

A astrologia pretende estudar e encontrar os vínculos entre infinito e eternidade.

Sempre que isto ocorre, o astrólogo consegue alcançar o objetivo fundamental de seu ofício – a busca da identidade para a harmonia e a felicidade do ser humano.

Assim, é esse universo infinito e eterno, no qual vivemos e de cuja substância nos alimentamos, que vamos tentar entender – até onde nos for permitido.

Com os olhos da matéria, mas com a luz do espírito...

Vamos usar nossos olhos para olhar o universo que nos cerca e tentar compreendê-lo.

Vamos usar nossa inteligência para avaliar e compreender o que vemos.

Vamos usar as luzes da ciência convencional para acrescentar mais entendimento ao que aprendemos.

Mas vamos usar, principalmente, as luzes milenares de nossa ciência astrológica a fim de compreender, aprender e apreender os ensinamentos que poderão acrescentar novas luzes em nossos caminhos nessa fantástica jornada evolutiva terrena.

Para isso, torna-se imperioso conhecermos a constituição da substância fundamental do universo, desde o homem até a estrela.

E sabemos de antemão que o elo fundamental entre o homem e a estrela é a ENERGIA, fator indispensável, integrante, sem o qual não existem nem a estrela nem o homem...

E sabemos, também de antemão, que a ENERGIA que constitui a vida da estrela é a mesma e da mesma natureza da ENERGIA que constitui a vida dos seres humanos.

É nessa inarredável identidade entre o homem e a estrela que a astrologia se assenta.

Sabemos que as estrelas são agrupadas em galáxias e têm as mesmas energias e composições químicas, físicas, radiações diversas, luz, calor – trata-se da mais infinita variedade de energia existente no universo.

Repetimos, tudo isso como nos seres humanos...

A partir de todos os recantos do universo infinito, nós somos bombardeados por trilhões de radiações oriundas dos mais diferentes pontos do firmamento.

Estudar o firmamento é estudar uma carta astral ou horóscopo que tem a mesma constituição das cartas astronômicas feitas para estudos dos astros.

Um olho no espaço. Matéria e tempo. Lá e cá

A grande maioria das estrelas que avistamos a olho nu está dentro da nossa galáxia, a Via Láctea. Seu centro se encontra no Sagitário, o braço norte no Cisne e o braço sul no Escorpião, situando-se os pólos na Cabeleira de Berenice e no Escultor...

O nosso sistema planetário se encontra a cerca de 30 mil anos-luz do centro galáctico, no Braço do Orião.

Cerca de cem bilhões de estrelas povoam a Via Láctea, que tem a forma de um polvo, com dois braços ao redor do núcleo, perfazendo uma órbita em torno do seu núcleo em cerca de 230 milhões de anos – o dia galáctico...

Destarte, é notório observar que o Sol, levado de roldão nesse colossal giro galáctico, levará igualmente 230 milhões de anos para dar um giro sideral ao redor do núcleo da galáxia –

O ano sideral de nosso Sol...

Nossa galáxia tem cerca de cem mil anos-luz de diâmetro e é classificada no grupo de galáxias espirais, juntamente com Andrômeda, M31, e Triângulo Austral, M33.

Essas três galáxias espirais fazem parte da Hipergaláxia ou Grupo Particular de Estrelas ao qual pertencemos...

No núcleo galáctico estão cerca de 30 bilhões de estrelas.

Caso um hipotético astronauta pudesse chegar a esse insólito conjunto de estrelas, encontrar-se-ia dentro de um formidável campo atômico, térmico, luminoso, como se fosse um eterno e deslumbrante dia, iluminado por bilhões de sóis de todas as dimensões e cores!

Na verdade, isto jamais seria possível, dado o fantástico campo gravitacional ali existente e a temperatura permanente de milhões de graus centígrados.

Lá se encontram estrelas das mais diversas vibrações espectrais de som, calor e das mais deslumbrantes e insólitas cores e luz, amarelas, alaranjadas, vermelhas, verdes, azuis e violeta, jamais vistas ou imaginadas pelos olhos humanos.

Algumas estrelas gigantes são vermelhas; as menores são da banda espectral amarela, como nosso Sol.

Entretanto, quanto maior a estrela, mais ela tende para a banda azul do espectro de radiação.

Existem estrelas neutrinos, cuja substância do tamanho de um pedaço de giz pesaria em nosso planeta milhares de toneladas.

Um pedaço de carvão da estrela Kuiper pesaria na Terra de 10 a 20 mil toneladas, porque os átomos deste carbono são tão compactos que não haveria espaço entre átomos, elétrons e prótons. A brasa dessa estrela seria tão poderosa que, se colocada no Rio de Janeiro, incendiaria toda a região Sudeste do Brasil. Torrava tudo!

Nos braços da galáxia estão 70% das estrelas.

A estrela mais próxima é o Sol, ao redor do qual orbitam os planetas.

Depois do Sol, a estrela mais próxima de nossa amada terrinha é a estrela Bungala, a alfa Centauri, por isso mesmo denominada "A Próxima".

As distâncias em astronomia são medidas em "anos-luz", ou aL. Um ano-luz é igual ao tempo que um raio de luz levará para percorrer a distância de 9.460.860.000.000 km – ou nove trilhões, 460 bilhões e 860 milhões de quilômetros...

Os astrônomos criaram outra medida. Chama-se "parsec", que é igual a 3,26 aL. Daí se segue o kilo-parsec, e assim por diante...

A estrela Próxima ou alfa Centauri está a 4,3 parsecs do nosso Sistema Solar.

Somos atingidos pelas radiações da gama espectral que vêm de todos os pontos da esfera celeste, e somente conseguimos sobreviver, interagindo com essa colossal soma de radiações, porque somos igualmente constituídos dessas mesmíssimas radiações. E mais: somos alimentados por elas...

Astrologia é a parte da astrofísica que estuda essa interação entre homem e universo.

A mesma energia que o Sol ou qualquer outra estrela produz em sua fornalha atômica, a milhões de graus centígrados, nós humanos produzimos, a frio, na mitocôndria de nossos núcleos celulares. É uma espécie de bateria especializada na elaboração de uma molécula denominada trifosfato de adenosina, por meio do complicado "ciclo de Krebs"...

Nesse processo, para cada molécula de ATP produzida, libera-se um par de elétrons.

Vale repetir: a mesma energia que as estrelas produzem em suas fornalhas atômicas nós humanos produzimos em nossas baterias celulares, as nossas mitocôndrias... Não é fantástico?

Pena que não aprendemos assim nos currículos escolares...

Os corpúsculos ondulatórios do espectro de radiações caminham a velocidades diversas, conforme o seu comprimento de onda.

Maior comprimento de onda, menor freqüência ou velocidade; menor comprimento de onda, maior freqüência ou velocidade.

Uma onda de maior comprimento, em baixa freqüência, pois, caminha mais devagar do que uma onda de muito menor comprimento de onda, em alta freqüência.

Todas as radiações do espectro de radiações são medidas conforme o seu comprimento de onda...

Assim, os raios de luz também são medidos pelo seu comprimento de onda. E a unidade para medir o comprimento de onda da radiação luminosa é o angström.

Para ter uma idéia dessa dimensão, basta pensar que uma folha de papel tem a espessura de cerca de um milhão de angströns...

Note que essas freqüências de vibrações são ainda gigantescas quando nos deparamos com as dimensões dos átomos, elétrons e particular interatômicas. E muito mais ainda quando nos deparamos com as vibrações de natureza astral, mental ou espiritual...

A onda vermelha tem cerca de 7 mil angströns de comprimento. No outro extremo do espectro luminoso está a onda violeta, com 4 mil angströns de comprimento entre a crista de uma onda e a crista da onda seguinte.

As ondas de maior comprimento que o vermelho no espectro luminoso são térmicas, e são denominadas infravermelhas. Estas não são percebidas por nossa visão.

As ondas de menor comprimento que o violeta no espectro luminoso são de natureza química, e são denominadas ultravioleta. Igualmente, não são percebidas por nossa visão.

As ondas de som se encontram entre quilômetros de comprimento de onda (ondas de rádio) até radiações da faixa milimétrica. Nossos ouvidos, porém, somente são capazes de perceber ondas sonoras entre 2,5 cm e 16 metros de comprimento.

Uma onda sonora com até 16 metros de comprimento é grave e encontra-se no extremo de nossa audição. Ondas de maior comprimento que 16 metros não são audíveis por nossos ouvidos – são os denominados ultra-sons.

Já uma onda sonora de até 2,5 cm é uma onda de som agudo, no limite de nossa audição. Menor que isso, dizemos que se trata de infra-sons que não podemos distinguir.

Os morcegos, entretanto, captam essas ondas sonoras.

Existem ondas eletromagnéticas das mais diferentes freqüências, ondas químicas, térmicas, raios "X", raios "gama", microondas – numa escala para o infinito... E isto é o que nos alimenta.

Existem ondas espectrais de segmentos de imensurável freqüência, numa escala adiante do infinito inimaginável, nas dimensões inatingíveis para alguns seres, no espectro de pensônios e espiritônios das ondas espectrais do campo mental e espiritual, respectivamente... Esta altíssima freqüência explica o estado de êxtase bendito alcançado pelos santos e pelos iogues.

Diferentes formas de energia e matéria constituem nosso universo.

Sugerem os astrofísicos que 95% da massa do universo não é formada por matéria bariônica, ou seja, matéria formada por partículas como átomos, prótons, elétrons, partículas elementares e antipartículas, léptons e quarks, gluons, grávitons, e pelas quatro forças básicas da natureza: gravitacional, eletromagnética, interação fraca e interação forte. As dimensões nesse insólito plano de matéria são tão fantásticas que, se fôssemos traçar um próton com o diâmetro de 1 cm, o diâmetro do átomo seria de aproximadamente 30 hectares.

E o homem e o universo são constituídos desse mesmo conjunto de massa e energia... e, quiçá, das aindas controvertidas "matéria escura" e "energia escura", que constituem cerca de 95%...

Os astrólogos têm plena intimidade com esse mundo fantástico, colossal, formidável, invisível quando mergulham para alimentar as almas sedentas dos nativos extasiados ante os mistérios cósmicos de sua fantástica mandala, caminhando à velocidade da luz, percorrendo as grandezas infinitas e siderais, colhendo, como abelhas cibernéticas, os poléns estelares, pingos de luz e gotas de energia. Ao alcance de nossas vistas, aqui em nosso quintal planetário, a cada segundo o Sol lança no espaço milhões de toneladas de energia.

A energia consumida pelo Sol é de tal magnitude que atinge o inimaginável.

Sabendo-se que um ser humano gasta cerca de 2500 calorias por dia para realizar o seu ciclo vital. Sabendo-se ainda que são necessários 20 bilhões de calorias para perfazer um grama de peso...

Imagine-se que o Sol lança no espaço sideral cerca de 4 milhões de toneladas de matéria por segundo, ou cerca de 130 bilhões de toneladas de matéria por ano...

Esse fantástico consumo de energia resulta da combustão do hidrogênio contido em seu núcleo, transformado em hélio.

Há cerca de cinco bilhões de anos, o Sol lança no espaço essa fantástica soma de energias. Entretanto, segundo cálculos dos astrofísicos, ainda há combustível solar para outros cinco bilhões de anos...

Feliz e providencialmente, chega-nos à nossa Terra suficiente e necessária quantidade dessa energia lançada no espaço sideral, trazendo a energia luminosa e térmica que ilumina e aquece o nosso planeta.

E que nos alimenta.

Existem trilhões de galáxias. O universo é composto de galáxias, conglomerados estelares, gás, poeira cósmica etc.

Todo esse conjunto formidável de matéria pesada constitui apenas cerca de 5% do universo...

Os outros 95% provavelmente compõem a matéria escura, ou energia de que se utiliza a evolução eterna e infinita para tocar a evolução no processo imutável, em busca da perfeição.

Matéria pesada ou bariônica, matéria escura, gravitação universal, mecânica quântica, matéria, tempo, espaço... Deus?

Não dá para fugir da fascinante lucubração sobre o mundo espiritual de que falam os místicos científicos e da qual os cientistas estão se aproximando cada vez mais rapidamente. E a astrologia será, indubitavelmente, o veículo da intermediação entre o materialismo científico e o conseqüente espiritualismo científico...

São muitos bilhões, ou trilhões, de galáxias, desde nossa Via Láctea até galáxias distantes, situadas nos confins do universo, a muitos bilhões de anos-luz de nosso sistema planetário...

O disco da Lua Cheia esconde de nossas vistas cerca de 500 galáxias.

Existem estrelas das mais diversas composições, cores, calor e dimensões.

Entre elas, encontramos as estrelas neutrinos, novas, supernovas, pulsares, quasares, magnetares, e os insólitos buracos negros que resultam de explosões de supernovas que entraram em catástrofe...

Os planetas que são corpos que não têm luz própria. Alguns planetas têm satélites girando ao seu redor.

Vendo a grandeza do universo, vamo-nos situar aqui neste planeta, no nosso quintalzinho pequeno, no nosso alqueire de terra no infinito sideral...

Para fazer um horóscopo, o astrólogo efetua os cálculos astronômicos, iguais aos que fazem os astrônomos, e traça o horóscopo, colocando o nativo de seu estudo no centro do universo.

Quer dizer, o horóscopo é o mapa celeste do instante do nascimento de um indivíduo.

Estudamos as interações entre o campo magnético do instante sideral do nascimento e o campo magnético do nativo do estudo.

Por conta disso, inspirados nos ensinamentos dos antigos mestres que traduziram os postulados desta ciência, que chegaram até os dias de hoje, podemos oferecer aos nossos semelhantes importante e segura orientação para viver em harmonia e encontrar a verdadeira felicidade que resulta do despertar da consciência.

Entre o homem e o buraco negro – A mão de Deus[1]

Homem, conhece o universo e encontrarás o Deus que habita dentro de ti.

Desde meados do século XX, a evolução do pensamento humano tem vivido décadas de luzes, por conta de avanços jamais vistos em toda história da humanidade, especialmente nas ciências cosmológicas e seus diferentes afluentes e deltas de pesquisas.

Na busca incansável de suas origens, o homem se voltou para o universo, adentrando insólitos infinitos siderais e defrontando-se com fantásticas descobertas e observações sobre os fenômenos cósmicos. Essa empreitada foi liderada por magníficos cientistas, sábios astrônomos, cosmólogos e astrofísicos...

E, na proporção em que essas pesquisas mais e mais foram direcionadas para a origem e constituição do universo, suas dis-

---

[1] Conferência realizada pelo professor Assuramaya na Faculdade de Ciências da Bahia no dia 26 de novembro de 2005.

tâncias, dimensões, composição, interações lá e cá cada vez mais se aproximaram das constatações científicas confirmadas pela astrologia nas observações feitas pelos astrólogos científicos e amplamente espelhadas em evidências insofismáveis.

Para nós, astrólogos científicos, o denominador comum deverá ser demonstrado na mesma arena e com as mesmas "armas" dialéticas e científicas. Os astrólogos científicos jamais buscaram a explicação para suas pesquisas em evidências ditas divinatórias, adivinhatórias, ou, ainda, previsionais. Ao contrário, sempre sustentaram seus ensinamentos nos postulados científicos exaustivamente demonstrados *pari passu* com a evolução do processo científico.

Os mais respeitáveis pesquisadores no campo da análise astrológica foram os precursores no curso da pesquisa científica. Citamos como exemplo verdadeiramente irrecusável o gênio Johannes Kepler, que identificou o grau de Lilite – o grau de esplendor astral – nos horóscopos, a partir do apogeu da Lua, quando o nosso satélite se encontra mais afastado do planeta, portanto menos sujeito às influências negativas e mundanas da aura planetária... Em seguida, Isaac Newton demonstra a influência da Lua sobre as marés, e a natural e subseqüente confirmação de que, assim como a Lua, no meridiano do lugar, atrai para o alto milhões de toneladas de massas oceânicas, o corpo humano, constituído de 70% de líquidos, igualmente atrai para o seu campo magnético os líquidos protoplasmáticos e celulares do corpo dos seres vivos – inclusive dos humanos, formando uma maré celular, que influi poderosamente no comportamento desses indivíduos.

Evidências são insofismáveis, como a posição do nosso Sol, que se encontra no meio da "linha de produção de energia e matéria sideral", entre proto-estrelas e supernovas. O produto final dessa linha de produção são os 92 elementos químicos de nossa constituição orgânica.

Sabe-se que as estrelas já nascem com dois destinos predeterminados: ou pertencem ao grupo M-SOL, quer dizer, têm massa menor ou igual à massa do Sol, ou são dotadas de massa dezenas e até mais de cem vezes maiores que a massa do Sol... No primeiro caso, seu destino é idêntico ao destino de nosso Sol: se resfriar, transformando-se em uma anã branca, e, em seguida, morrer como uma anã negra; no segundo caso, poderão atingir altíssimas magnitudes, chegando até ao colapso das supernovas e dos buracos negros, nos confins da eternidade e do infinito.

Esse processo de produção de energia nas estrelas, denominado nucleossíntese, é o passo mais importante da evolução sideral e humana, e inicia o fenômeno da existência organizada realizado nas estrelas, no qual são produzidos os elementos químicos que compõem a evolução da vida como a conhecemos, tanto no plano sideral como no plano terrestre e humano. Fica cada vez mais evidente que esses dois extremos, essas duas pontas extremas da evolução, o homem e a estrela, infinita e eterna, interagem de forma íntima e inarredável.

Uma das mais evidentes e presentes constatações de que somos intrinsecamente ligados às estrelas é o tão conhecido fenômeno denominado fotossíntese... A folha de alface é um bilhetinho do Sol destinado aos seres vivos, especialmente aos seres humanos, por entenderem que sempre que comemos alface estamos "comendo" energia solar, ou seja, estamos acrescentando energia produzida na estrela à nossa própria constituição orgânica – o que comprova a importância do Sol em nossos destinos.

Paralelamente, no planeta Terra, foram criadas duas linhas de montagem e produção de energia, semelhantes às linhas de produção sideral, relatadas acima e cujo objetivo é, igualmente, produção de energia: no reino vegetal, o cloroplasto; no reino animal, a mitocôndria. Nos dois casos, produz-se energia a frio, que será utilizada pelos seres vivos em evolução no planeta. Trata-se da mesma energia produzida nos núcleos das estrelas.

Se acompanharmos a evolução sideral desde a Nebulosa, a Proto-Estrela, a estrela na seqüência principal, a Gigante Vermelha, a supernova, observaremos que ao longo desse período sideral da evolução estelar foram elaborados os 92 elementos químicos da constituição do universo conhecido, desde o hidrogênio até o urânio. Sabido é que os seres humanos são constituídos dos mesmos elementos químicos que foram forjados nos núcleos estelares.

Torna-se cada vez mais indubitável a evidência de que o homem é uma síntese do universo... Porque tudo que há lá fora, até no mais remoto infinito, existe dentro do homem. Somos formados por uma complexa interação entre esses 92 elementos químicos, os quais, por sua vez, foram formados nas estrelas. O corpo humano é uma verdadeira "pilha de Volta", muitíssimo mais complexa.

Como vimos, os mesmos elementos químicos que foram formados nas estrelas estão presentes no corpo dos seres humanos. Se retirarmos um único desses 92 elementos químicos do corpo, certamente o ser humano entrará em colapso.

A ciência convencional não pára, prosseguindo em sua caminhada rumo ao insólito desconhecido. E, a cada ano, a cada nova curva no universo do conhecimento, surgem novas evidências científicas.

De um lado, a ciência convencional, materialista, em sua inarredável busca da verdade científica; de outro, os místicos científicos, preocupados com o espiritualismo científico. Cada um possui uma banda do mapa da mina: a mina do saber universal. Quando os dois lados se encontrarem e juntarem os dois pedaços do mapa do conhecimento, então a verdade surgirá, insofismável, unindo saber e virtude para o bem da humanidade...

Há algumas décadas, o físico Paul Dirac demonstrou a existência de antipartículas de elétrons (pósitrons) com carga elétrica positiva, de prótons (antiprótons) com carga elétrica negativa e de antinêutrons...

Por que não pensar em, igualmente, antipartículas de planetas, estrelas, galáxias... E antipartículas de seres humanos? Não estarão esses cientistas descobrindo verdadeiramente a existência do espírito e confirmando o espiritualismo científico? Não serão essas antipartículas constituintes do espírito divino, tão negado por certos setores da ciência cega que nada admite fora do tubo de ensaio?

Até onde a ciência convencional admite, vivemos e interagimos sob a influência de quatro forças fundamentais: a força gravitacional de Isaac Newton, a força eletromagnética de James Maxwell, a força fraca e a força nuclear forte...

Eu acrescento: a força mental e a força espiritual, que regem e disciplinam todas as outras. E, enquanto a ciência não se voltar nessa direção, estará esbarrando no paradoxo da dúvida... A força mental é produzida na mente dos seres humanos; a força espiritual, que a todas as outras preside, é gerada por Deus.

Colocar DEUS em um tubo de ensaio será possível a partir do momento que os sábios usarem o tubo de ensaio da consciência sem a lupa escura do materialismo científico.

Obviamente, o processo científico é necessariamente lento, já que depende de mil premissas para chegar a uma conclusão... E de outras mil conclusões para a demonstração e o consenso final quando a verdade se enquadra no fenômeno.

Em meu livro *A gênese do homem-Deus*, apresentei minha teoria sobre dois segmentos espectrais que prosseguem além do espectro de radiações de Maxwell – sabendo-se que o espectro de radiações vai, por assim dizer, "afunilando" a partir das ondas de rádio largas, médias, curtas, ultra-sons, ondas audíveis para os humanos, infra-sons, ondas térmicas, infravermelhas, ondas luminosas, ultravioleta, raios "X", raios "gama", microondas numa escala para o infinito... Todo esse fantástico conjunto de energias eletromagnéticas é responsável pela vida no plano material: ação endócrina, digestiva, muscular, sanguínea, respiratória, nervosa etc., cujo resultado final é a atividade instintiva e animal do ser humano.

Essa gama de atividades do plano físico está devidamente ligada à ação do espectro de radiações, conforme dissemos acima. As ondas do espectro de radiações de natureza material, em seu segmento final, atingirá, inexoravelmente, um ponto em que não pode mais "afunilar" ou diminuir o comprimento da onda.

Admitimos que esse "ponto" é o momento "infinito", a "estação de traslado" para o segmento espectral seguinte de ondas muito mais sutis que vêm na seqüência no mundo do pensamento, e que denominei ondas de "pensônios". Um étimo que criei para designar o corpúsculo ondulatório que flui do campo mental quando, no esforço do raciocínio, o indivíduo produz pensamentos, idéias etc. Quer dizer, o indivíduo usa energia para produzir pensamentos, atua em um plano de energia de altíssima freqüência: o espectro de "pensônios"...

Nessa linha de pensamento, afirmamos que a mente não é um órgão físico como o cérebro ou o estômago, mas sim o campo magnético do cérebro em atividade – constituído por essa energia de altíssima freqüência de milionésimos de nanômetros de comprimento de onda que denominei "pensônio"... Acrescento que os "pensônios" devem ser constituídos de antipartículas ainda desconhecidas dos pesquisadores. Ou que, simplesmente, ainda não foram detectadas nos centros de pesquisa científicos – mas indubitavelmente reais, confirmadas pelos fenômenos que determinam o comportamento dos humanos.

Um terceiro segmento espectral segue-se ao espectro de "pensônios" no campo espiritual, explicando os fenômenos místicos amplamente registrados em nosso cotidiano. O espectro de radiações responsável pelo êxtase místico dos santos, magos, astrólogos e iogues, pela aura curadora dos médicos, e outros fenômenos ainda não devidamente pesquisados pela ciência convencional. Trata-se do que denominei espectro de "espiritônios", uma onda espectral de bilionésimos de nanômetros, responsáveis pelo estado de êxtase místico dos santos e dos iogues, que determina o grau de evolução espiritual dos seres humanos.

Nessa altura do nosso raciocínio, não será exorbitância fazermos uma comparação entre os dois processos evolutivos: de um lado, a evolução estelar e sideral; de outro, paralelamente, a evolução humana, desde os primórdios, através dos quatro reinos planetários.

E não será absurdo pretendermos, como o pensamento bíblico, que o homem "feito à semelhança de Deus" é, em verdade, o homem produto da gênese cosmológica. Entenda-se Deus, em sua onipresença, o corpo do universo; continuando, podemos acrescentar que o homem é uma síntese, banco de dados do universo; e o universo é o corpo de Deus. Resulta daí que o homem é um Deus em formação, e Deus é o homem pronto, o homem perfeito, o objetivo final da grande síntese.

O buraco negro. O traslado da evolução para um universo paralelo. O infinito, a eternidade.

Será o buraco negro a fantástica porta para o infinito, o ponto da mutação de que falam os magos e sábios astrólogos? Estaremos a partir do buraco negro entrando no momento da eternidade? O princípio e o fim de que falam as escrituras sagradas das grandes religiões?

Uma coisa é certa: nós, humanos, somos constituídos pelas mesmas energias que **criaram as estrelas**. Somos filhos das estrelas.

Somos cidadãos do cosmo em busca da perfeição, nesse fantástico e insólito mundo em que vivemos. Mundo das galáxias, das nebulosas, das estrelas, dos buracos negros, dos **homens... E de Deus**.

Presumivelmente, para o buraco negro converge tudo que existe ao seu redor. Como exemplo, tomemos uma estrela muito especial: a "eta" da constelação Carina. Supõe-se que a colossal estrela Eta Carinae, com cinco milhões de vezes a luminosidade e cem vezes a massa do Sol, transformada em supernova, é a mais recente candidata a buraco negro. E que, a partir de seu colapso na direção dessa incógnita sideral, levará de roldão toda matéria, antimatéria, energia e antienergia de nossa estimada morada sideral, a Via Láctea.

Será esse o final dos tempos, segundo as previsões dos profetas bíblicos? Uma coisa é verdadeira: a esteira dos fenômenos e acontecimentos siderais e planetários converge para um final. Não seremos extremos afirmando que esse final poderá ser o buraco negro de tantas fábulas e controvérsias. Inexoravelmente, o trem-bala da existência nos conduz a todos numa desenfreada velocidade para a eternidade, depois do futuro à nossa frente...

A partir daí, estaremos diante do último apelo, da grande incógnita: de onde viemos? Por que estamos aqui? **PARA ONDE VAMOS?**...

Elétron e pósitron

No esplendor luminoso da Era de Aquário, responsável pelas formidáveis descobertas e altas tecnologias, cientistas se debruçam exultantes sobre novas teorias que eles mesmos criam para depor teorias ultrapassadas, numa sucessão frenética do conhecimento como jamais a humanidade se encontrou.

O físico inglês Paul Adriano Dirac, Prêmio Nobel de Física em 1933, propôs na equação que tem o seu nome que para cada elétron existe sua contrapartida, um elétron invisível, com carga elétrica positiva (o pósitron).

Trata-se do universo das antipartículas... Ou antimatéria como se pode concluir.

A partir daí, concluiu que igualmente antipartículas de nêutrons, de prótons, e outras partículas fundamentais fazem parte desse insólito mundo misterioso e invisível...

Para chegar aos antiplanetas, as antiestrelas, as antigaláxias, e ao antiuniverso... Nem precisamos gastar antienergia.

Garanto que o leitor já descobriu até onde eu pretendo chegar... Puxar a sardinha para a nossa brasa!

Lógico. Nós, humanos, somos constituídos de prótons, neutros, elétrons e todas as partículas elementais conhecidas. Conseqüentemente, devemos ter a nossa antipartícula, a nossa contrapartida antimatéria. Ou espiritual!

Uma forma espectral de energia que dividi em dois segmentos: o espectro de pensônios e o espectro de espiritônios, abordados em meu livro *A gênese do homem-Deus*...

Por tudo isso, tenho recomendado aos meus alunos e aos meus colegas astrólogos que estudem como se isto fosse sua alucinação... Estudem física, astronomia, astrofísica, física de partículas, biologia, microbiologia, química, para desenvolver uma consciência científica e plena segurança quando, analisando um horóscopo, tiverem a convicção (jamais a intuição) de que as influências astrais estudadas nos horóscopos são tão verdadeiras e da mesma natureza das radiações cósmicas cujos comprimentos de onda podem ser medidos com exatidão científica...

Organizem verdadeiros centros de pesquisa e subseqüentes estatísticas, com a finalidade de demonstrar que as influências astrais, as que explicam os fenômenos encontrados nos horóscopos, são da mesma natureza das emissões de radiações cósmicas que fluem durante as explosões nucleares no Sol e em diferentes estrelas, nas erupções "gama" resultantes das catástrofes siderais, quando supernovas explodem virando buracos negros, revolvem os espaços siderais e influem em todos os recantos do universo, na galáxia, na estrela, no planeta, nos seres vivos vegetais, animais, e nos seres humanos que o habitam e fazem parte de sua evolução ao longo dos milênios e da eternidade.

Estudem como se esta fosse sua alucinação.

A busca do conhecimento científico para, na pior das hipóteses, termos condições ideais e lógicas para falar de astrologia científica sem o constrangimento a que a condição de leigos nos poderia limitar...

E, a partir daí, quando o conceituado cientista – seja um renomado Prêmio Nobel seja um desconhecido pesquisador membro da comunidade –, despido de sua onipotência científica, se encontrar na condição humana, e o acicate da dor ou da dúvida se abater sobre seu corpo e sobre sua alma, e ele vier bater à nossa porta para se informar sobre seus problemas e sobre o seu próprio destino, nós, astrólogos, possamos recebê-lo com o devido respeito e a alegria incontida de poder ajudá-lo, usando as nossas técnicas que ele já terá, também, assimilado.

Identificar nos seus horóscopos os problemas de sua "matéria" e de sua "antimatéria" (ou sua alma), de sua energia ou de seu espírito...

E esclarecer-lhe que muitas vezes os danos "visíveis" da matéria têm suas causas explicadas nessa mesma "antimatéria" que ele já começa a vasculhar, causa dos distúrbios originados nas mesmas radiações cósmicas que ele tanto conhece.

Cedo ou tarde, comprovará que as radiações que denominamos influxos astrais, de natureza imaterial, encontram-se "escondidas" nas mesmas antipartículas que o senhor Dirac descobriu, abrindo caminho para novas luzes na direção do conhecimento no misterioso universo infinitamente pequeno – que, em realidade, se constitui na base fundamental de tudo que existe e explica, cientificamente, o universo infinitamente grande, nosso imenso lar sideral.

Mas nós, estudantes de astrologia, sabemos que além do espectro de radiação de Maxwell, que explica os fenômenos no mundo material, existem segmentos espectrais de radiações de muito mais alta freqüência.

Essas radiações, seja no campo mental (espectro de *pensônios*) seja no mundo espiritual (espectro de *espiritônios*), explicam cientificamente o fenômeno mental quando no esforço do raciocínio gastamos uma energia de alta freqüência (os pensônios); e quando, em busca de nossa divindade procurando Deus, em estado de *kryia-ioga* ou êxtase místico, gastamos outra energia de muito mais alta freqüência (espiritônio). A mesma "antimatéria" espiritual que eles estão, inconscientemente, pesquisando...

A partir daí, ante o irrefutável da comprovação astrológica, o sábio compreenderá que o que ele até então denominara "antimatéria" se mostrava no despertar de sua consciência em forma de novas descobertas em novo cadinho de pesquisas.

Vibrações outras de freqüências até então desconhecidas por eles surgirão nas "cepas" de seu raciocínio, as quais, de tão sutis e misteriosas, ainda se encontram ocultas, no aguardo do despertar da consciência desses maravilhosos materialistas.

Por enquanto, elas apenas se mostram em forma de dolorosas emoções, roendo-os por dentro, por conta do materialismo inconseqüente.

Nós, astrólogos, sabemos das influências astrais oriundas de diferentes corpos estelares ou transmutações a partir da catálise solar, lunar ou planetária, como atuam influindo no comportamento dos seres humanos.

Pulsos radiantes determinando atitudes, compondo o temperamento, a vocação e a evolução orgânica, mental e espiritual dos humanos – e o seu conseqüente destino...

E os nossos respeitáveis consulentes saberão por que aquela mesma colossal estrela Eta Carinae, objeto de exaustivo estudo em seus laboratórios de pesquisa, estando em seu horóscopo em conjunção com Lua ou Marte, poderá causar tantos distúrbios em seu próprio campo magnético e, conseqüentemente, em suas atitudes, em seu comportamento, em sua interação com o mundo circundante e em seu destino, por conta das mesmas radiações e erupções "gama" dele tão familiares.

Compreenderão por que o ciclo circadiano lunar – que influi tão poderosamente nos oceanos, arrastando para o alto milhões de toneladas de massas oceânicas, formando a maré alta – influi também no interior do corpo dos animais e dos humanos, quando a mesma Lua atrai os líquidos protoplasmáticos, infra e intracelulares, formando o que denomino "maré celular", responsável por importantes transformações no comportamento e no psiquismo dos seres humanos. Tudo por conta da influência gravitacional do nosso satélite, a Lua.

Compreenderão igualmente como o ciclo menstrual feminino é um reflexo do discorrer de uma lunação: no processo da ovulação, o folículo de De Graff se liberta na Lua Nova, migra no Crescente, atinge a maturidade na Lua Cheia e, no caso de não ter sido alcançado pelo espermatozóide fecundante, se recolhe para o fluxo menstrual no Minguante, e assim sucessivamente.

Compreenderão igualmente como o fóton de luz, oriundo do espectro de radiação solar fixado pela célula clorofilada no laboratório da folha vegetal, terá tanta e importante participação no subseqüente estágio da vida, nos seres orgânicos, seja no reino vegetal, animal ou no próprio ser humano.

Compreenderão, ou simplesmente cogitarão, os mistérios desse fóton de luz solar, aprisionado pela célula verde da planta, em seu percurso até se materializar no campo magnético do ser humano, participando intimamente de seu processo evolutivo.

E um dia compreenderão que esse mesmo fóton de luz solar foi "aprisionado" na molécula formada pelo H_2O da água captada por meio das raízes da planta e pelo CO_2 captado da atmosfera e em seguida distribuído por todas as células da folha verde, após subtraída como alimento no reino animal, se transformará na energia que animais e humanos usam para realizar o seu ciclo vital, e no processo de sua evolução.

"Oh Amon-Rá, eu sou tu mesmo!"

Assim oravam os sacerdotes de Saís no antigo Egito, numa devota demonstração de que sabiam de sua íntima relação com o "Deus Sol" que adoravam como fonte universal da vida.

Finalmente compreenderão que todos os fenômenos físicos ou metafísicos, resultantes da geração de energia em nosso planeta, têm uma origem comum e universal.

Seja no processo mais rudimentar dos organismos inferiores, por meio da glicólise, seja na fotossíntese processada no cloroplasto dos vegetais, seja nas mitocôndrias dos animais – inclusive nós humanos –, essas radiações têm uma origem comum.

Elas são as mesmas retratadas nos horóscopos que os astrólogos traçam da esfera celeste para determinar como esses fenômenos repercutem no comportamento e no destino dos seres humanos, oriundos dos distúrbios gerados nos corpos celestes.

E, respeitosamente, como cientistas e sacerdotes, nós teremos suficiente humildade, conhecimento e sabedoria para explicar como essas influências atuam entre os campos magnéticos da carta astral que retrata o campo magnético da esfera celeste e sua interação com o campo magnético do nativo que estará sendo analisado.

Então falaremos de igual para igual, em pratos diferentes, mas da mesma balança.

Reflexões

▶ O movimento das galáxias não pode ser explicado pela presença da matéria visível ao seu redor. Contraria as leis da gravitação universal.
▶ Discute-se que a expansão maior do universo, atualmente, já não pode ser atribuída nem à matéria visível nem à matéria escura...
▶ Surge a partir daí a evidência da energia escura, batizada de quintessencial, por conta de sua alta sutileza.
▶ A partir de 1928, o físico Paul Dirac demonstrou a existência de antipartículas de elétrons (pósitrons) com carga elétrica positiva, de antipartículas de prótons (antiprótons) com

carga elétrica negativa e de antinêutrons. Poder-se-á imaginar, a partir daí, a "antipartícula" espiritual do ser humano? O espírito como nós, místicos científicos, o entendemos?
▶ O que se conhece sobre átomos, elétrons, prótons e nêutrons participando da interação entre forças eletromagnéticas, gravitacionais, forças nucleares forte e fraca é quase nada em relação ao complexo cósmico. Tudo isso compõe apenas 4% de tudo que se vê e conhece no universo. Os 96% restantes ainda se encontram sob investigações, longe de ser confirmadas. Destarte, podemos continuar na expectativa da confirmação de energias como as que atribuo em minha teoria dos pensônios (energia mental) e dos espiritônios (energia espiritual) para maior elucidação da presença do homem no cosmo e seu aspecto tríplice: instintivo, mental e espiritual.
▶ O pouco ou nada que se conhece sobre o universo como a matéria escura que compõe mais de 20% de tudo que existe e a energia escura responsável por mais de 70% do universo em que vivemos sugere que nos encontramos numa situação de não podermos negar nada aprioristicamente. Porque, além de ser anticientífico, não encontramos ainda a razão final...
▶ Indubitavelmente, não nos resta alternativa: devemos aceitar a existência de outras fontes de energia de altíssimas freqüências, preenchendo lacunas no universo em que vivemos... Energias com as quais interagimos de forma total, ligando-se a planos diferenciados, tanto mentais como espirituais. Avaliar sem preconceitos a existência dos dois segmentos espectrais (pensônios e espiritônios), conforme apresentei acima, certamente abrirá novas janelas para o conhecimento do infinito e da eternidade...
▶ Inegavelmente, o homem é a mais perfeita síntese do universo, pois é alimentado por todas as fontes de energia

conhecidas, e muito mais: propõe, em sua extraordinária complexidade, novas e fascinantes explicações para os mais intrincados mistérios do cosmo...

► Naturalmente, a limitação do homem ante o universo se encontra intrinsecamente relacionada com as restrições de seu limitado corpo físico. Mas, a partir do momento em que o homem decide investigar o universo usando o poder de sua mente e sua extraordinária capacidade espiritual, esses limites se estendem na mesma proporção do objeto investigado. Para exemplificar, basta lembrarmos de nossos gênios e santos avatares e guias dos povos, ao longo da história das civilizações.

► A explicação para as mais diversas distorções humanas, desde distorções mórbidas relacionadas com graves transtornos da saúde física até notórias diferenças nos níveis de capacitação mental e espiritual dos indivíduos, pode ser devidamente esclarecida. Entre os mais de 40 mil horóscopos analisados por mim durante mais de cinco décadas de pesquisas, pude constatar, de forma inquestionável, que não existem dois indivíduos iguais. Comprova-se que a natureza não repete as mesmas experiências – nem erros nem acertos. Encontrei indivíduos de excepcional capacidade mental, moral ou espiritual e outros de rendimento medíocre, até extremos de retardo mental ou espiritual. Isso comprova que a evolução existe em todos os degraus da escala hierárquica animal, desde o protozoo até o *Homo sapiens*. E, provavelmente, bem acima de nossa condição humana, as hierarquias celestiais que presidem a evolução cósmica e humana.

► Divino Platão pretendeu, com sua alegoria da Caverna, expor as mazelas e as limitações humanas de forma sábia e definitiva. Resta aos espíritos mais lúcidos uma reflexão mais objetiva para compreender: de onde viemos? Por que estamos aqui? Para onde vamos?... Para encontrar a verdadeira felicidade, que somente existe quando o homem conhece a si mesmo e encontra o Deus que habita dentro de sua própria alma.

▶ Os cientistas da Era de Aquário estão fazendo sua parte; nós, astrólogos e místicos científicos, idem. Cada lado tem uma banda do "mapa da mina". Quando os dois lados se entenderem e resolverem juntar as duas bandas do mapa, a ciência então explicará a astrologia, e a astrologia será a religião do futuro, pois se assentará nas bases sólidas e irrefutáveis da ciência.

As constelações

Constelações são agrupamentos de estrelas, visíveis na Terra, que aparentemente formam figuras elaboradas, principalmente pela imaginação dos povos.

As constelações foram criadas ao longo da Antigüidade e nem sempre correspondem à configuração pretendida por seus criadores.

É oportuno salientar que na Antigüidade, com seus límpidos céus, sem poluição, tenha sido mais fácil àqueles povos encontrar essas figuras que marcaram indelevelmente a imaginação humana com tantas histórias, lendas e mitos...

As constelações são classificadas de acordo com sua posição na esfera celeste:

CONSTELAÇÕES ZODIACAIS
CONSTELAÇÕES BOREAIS
CONSTELAÇÕES AUSTRAIS

Constelações zodiacais

Essas constelações situam-se ao longo da linha da eclíptica ou caminho aparente do Sol, formado pela órbita da Terra.

Em sua maioria, elas têm nomes de animais – daí o nome ZODIACAIS, do grego *zoo*, que quer dizer animal; e *diakós*, que quer dizer círculo, ou círculo dos animais.

As seis constelações com nome de animais são ÁRIES, TOURO, CÂNCER, LEÃO, ESCORPIÃO E PEIXES.

CAPRICÓRNIO carrega o nome do animal mítico ou "peixe-cabra"; SAGITÁRIO igualmente leva o nome mítico do Centauro, ou "homem/cavalo", com uma seta apontando para o céu; já o mítico AQUÁRIO é o "regador celeste"...

As demais constelações, GÊMEOS e VIRGEM, são humanas. LIBRA, a balança, é o único realmente inanimado...

Das constelações zodiacais, quatro são boreais: Áries, Touro, Gêmeos e Câncer; cinco são equinociais: Leão, Virgem, Libra, Aquário e Peixes; e três são austrais: Escorpião, Sagitário e Peixes.

É importante salientar que signos e constelações são coisas completamente diferentes. Signos são arcos de 30 graus cada um a partir do ponto vernal ou zero grau de Áries, relacionado com o momento em que o Sol, retornando de sua viagem outonal, regressa ao hemisfério Norte, indicando a primavera boreal. Já as constelações zodiacais são formações estelares conhecidas com os mesmos nomes dos signos, embora corram completamente fora do alinhamento formado pelos doze signos do Zodíaco...

As constelações zodiacais são em número de doze: ÁRIES, cuja estrela alfa é Hamal; TOURO, cuja estrela alfa é Aldebarã, GÊMEOS, cuja estrela alfa é Castor; CÂNCER, cuja estrela alfa é Acubens; LEÃO, cuja estrela alfa é Régulus; VIRGEM, cuja estrela alfa é Espiga; LIBRA, cuja estrela alfa é Kiffa Australis; ESCORPIÃO, cuja estrela alfa é Antares; SAGITÁRIO, cuja estrela alfa é Rukbat; CAPRICÓRNIO, cuja estrela alfa é Giedi; AQUÁRIO, cuja estrela alfa é Sadalmelik; e PEIXES, cuja estrela alfa é Al Risha.

(Repetimos que os signos dos Zodíaco não correspondem às doze constelações, embora tenham os mesmos nomes... Os signos zodiacais são em número de doze, tem 30 graus cada um e correm em seqüência linear desde Áries até Peixes.)

As doze constelações não têm extensão determinada nem correm em seqüência como os signos zodiacais... Pode até ocorrer que algumas constelações corram paralelamente, como no caso de Capricórnio e Aquário...

Os signos são doze arcos da esfera celeste, começando no ponto vernal – o grau da esfera celeste no momento em que a eclíptica e o Equador Celeste coincidem, ficando o Equador terrestre exatamente debaixo da eclíptica.

Esse grau do Zodíaco é chamado ponto vernal e marca exatamente zero grau do signo de Áries, o que corresponde ao início da longitude zodiacal. A partir de zero grau de longitude zodiacal, até 30 graus, temos os 30 graus correspondentes ao signo de Áries.

A partir daí, até 60 graus de longitude, encontra-se o signo de Touro. Segue-se o signo de Gêmeos até 90 graus de longitude zodiacal.

Nesse ponto do Zodíaco, o Sol atinge a mais alta latitude Norte, iniciando, a partir daí, sua viagem de retorno ao Equador, no primeiro grau do signo de Câncer, que se estende até 120 graus.

Segue-se o signo de Leão até 150 graus e Virgem até 180 graus.

O signo de Libra começa a partir de 180 graus, quando o Sol percorreu metade do Zodíaco, iniciando o outono boreal ou a primavera austral.

Segue-se o signo de Escorpião, que vai de 210 graus até 240 graus zodiacais, quando então se inicia o signo de Sagitário, até 270 graus, ponto de início de Capricórnio. Neste grau, em torno do dia 23 de dezembro, o Sol atinge a mais alta latitude Sul, e neste mesmo dia inicia o retorno de sua longa viagem austral.

Na seqüência, estão 30 graus de Aquário, entre 300 e 330 graus de longitude, e, a partir de 330 graus, inicia-se o último signo zodiacal, Peixes, que encerra o Zodíaco em 360 graus de longitude.

Observação: As estrelas fixas usadas nos horóscopos por sua atuação, interagindo nesses mapas astrais com influência capaz de atuar no campo magnético dos nativos, determinando acontecimentos ou mudanças nos destinos desses nativos, são, principalmente, cerca de algumas dezenas e todas encontram-se na Tabela de estrelas fixas na página 128.

Vale salientar que a posição dessas estrelas nas constelações, conforme são aparentemente vistas pelo observador terrestre, não acrescentam nenhuma relação de influência ou importância pelo fato de se encontrarem em determinadas constelações...

Vale ainda ressaltar, mais uma vez, que signos e constelações são fenômenos astronômicos completamente independentes. A analogia dos nomes nada tem que ver com os significados de uns e outros para a ciência astrológica.

Descrições das constelações zodiacais

O CONGLOMERADO DAS PLÊIADES

Formado por sete estrelas visíveis a olho nu; uma delas, Mérope, se encontra no limiar da visão humana.

Mitologicamente, estão relacionadas com as sete filhas de Atlas e Pelione: Alcyone, Celeno, Electra, Maia, Mérope, Astérope e Taigete.

Em astrologia, a "Síndrome de Mérope" caracteriza o complexo de insegurança oriundo de origem, forçando o nativo com esse estigma a se "esconder", ter dificuldade de salientar os seus valores inatos.

As sete estrelas se encontram no limiar dos signos de Touro e Gêmeos.

O QUADRILÁTERO DO ORIÃO

Dizia uma antiga lenda da mitologia grega que quem ostentasse o Cinto do Orião, ou o "Cinto de Afrodite", ficaria invisível.

O Cinto de Afrodite, ostentado pelo Caçador, é formado por três estrelas denominadas Mintac, Alnilan e Alnitac – conhecidas pelo público, especialmente as pessoas do interior, como as TRÊS MARIAS.

A mitologia do Orião está relacionada com os ciúmes de Diana, que o coloca no céu para ser alcançado e picado pelas perigosas tenazes do Escorpião, colocado por ela no céu com esse propósito...

Mas cada vez que o Escorpião se levanta no céu no Oriente, tentando alcançá-lo, o Caçador se põe no Oeste, tornando-se invulnerável. Para isso, ele dispõe do cinto mágico que o torna invisível – portanto fora do alcance do perigo.

Recapitulando: Orião é na verdade uma constelação equatorial das mais conhecidas para nós, especialmente por conta das Três Marias que se encontram em sua cintura, compondo o famoso Cinto do Caçador ou "Cinto de Afrodite"...

É também denominado Quadrilátero do Orião, por sua forma. Os quatro ângulos do quadrilátero compõem os dois ombros da figura, Betelgeuse e Bellatrix; e os pés, Rigel e Saiph. As Três Marias compõem o Cinto do Caçador. A cabeça da figura é formada pela estrela Heca ou Meissa, a lambda do Orião.

De acordo com a mitologia grega, Saiph, na realidade, não é o pé esquerdo, mas sim a espada presa no Cinto do Caçador que encobre seu pé esquerdo. Os antigos criaram os mitos, cujas origens certamente encobrem ensinamentos somente conhecidos por alguns iniciados...

Na cintura do quadrilátero se encontram as Três Marias: Mintaka, Alnilan e Alnitak, compondo o conjunto um dos mais deslumbrantes espetáculos do firmamento...

A cabeça do Caçador é a estrela Heka.

O nome ORIÃO deriva do sumério *Uri-Anna*, filho do Sol.

Na literatura ocidental, surge pela primeira vez em Homero, com o nome de Orionte, mitologicamente um herói, identificado com Adonis.

Em Heródoto, encontramos a lenda de Diana – a Deusa Lua – e sua paixão pelo herói Orião.

As estrelas das constelações são designadas pelo nome latino no genitivo, precedido da letra do alfabeto grego, correspondendo à sua magnitude aparente... Por exemplo: a estrela Betelgeuse, a mais brilhante da constelação, é designada pelo nome latino no genitivo, "Orionis", precedido da primeira letra do alfabeto grego, indicando que é a mais brilhante da constelação: "alfa Orionis".

Prefiro a pronúncia e grafia Orião pelos seguintes motivos – e também pelo gosto pela poética eufonia nasalada de nossos ancestrais latinos: A *Enciclopédia portuguesa Lello* sugere a transliteração para o português com a tônica em ÓN. E todos os tratados de astronomia de língua latina colocam a tônica em ÓN. O *Dicionário brasileiro de astronomia* de Jorge O'Grade traduz o étimo grego para ORIÃO. Finalmente, quando freqüentei o Curso de Astronomia do Observatório do Valongo, no Rio de Janeiro em 1970, o nome da constelação era grafado nas apostilas com acentuação oxítona... Fico com eles, igualmente, por respeito ao meu idioma.

A constelação do Orião se encontra no signo de Gêmeos.

Neste signo ainda encontramos a importante estrela Aldebarã, alfa do Touro.

GÊMEOS

A importância dessa constelação em astrologia está relacionada com as duas estrelas alfa e beta da constelação – Castor e Pollux –, vistas no céu abaixo e à direita da constelação do Orião. Vale observar que essas duas estrelas da constelação de Gêmeos ficam situadas no signo de Câncer.

CÃO MAIOR

Situada à esquerda do Orião, essa constelação tem maior importância por conta de sua alfa (Sirius), situada em 14 graus de Câncer. É a mais brilhante estrela do céu.

CONSTELAÇÃO DO LEÃO

Nessa constelação, encontramos a alfa Leonis, Régulos, uma das mais relevantes estrelas do Zodíaco e também de grande importância para a análise de um horóscopo. Também chamada "Estrela Real", Régulos emite radiações de grande amplitude, exaltando a vida dos nativos sob sua vibração...

A constelação do Leão e sua estrela Régulos encontram-se no signo de Leão.

CONSTELAÇÃO DA VIRGEM

A estrela alfa dessa constelação, alfa Virginis, é Espiga. De grande importância para a análise dos horóscopos, ela está mitologicamente identificada com a figura da Virgem segurando uma espiga... Apesar de pertencer à constelação, encontra-se situada no signo de Libra, em torno de 23 graus, bem próxima da Eta Carinae, a formidável supernova.

CONSTELAÇÃO DE LIBRA

Duas estrelas caracterizam esta constelação: a alfa, Kiffa Austral; e a beta, Kiffa Boreal. Representam os dois pratos da Balança, identificados com o equilíbrio do signo de Libra... Observar que, apesar de pertencerem à constelação de Libra, as duas estrelas se encontram no signo de Escorpião.

CONSTELAÇÃO DA LIRA

Pequena constelação boreal, situada no signo de Capricórnio, cuja importância se encontra em sua estrela mais brilhante, a alfa

Lirae, que marca o apex ou ponto da esfera celeste para onde se dirige o Sol com o seu sistema planetário.

O nome Lira tem muito que ver com a influência de suas radiações, estimulando as artes, a literatura e a poesia.

CONSTELAÇÃO CARENA

A constelação Carena tem uma importância muito especial para o estudo dos horóscopos.

Nela se encontra a formidável estrela Eta Carinae, Foramem dos astrólogos. Eta Carinae tem cerca de cinco milhões de vezes a luminosidade do nosso Sol e cem vezes a massa solar.

Segundo os modernos astrofísicos, Eta Carinae está entrando em colapso e deverá ser, em tempo não muito distante, um perigoso buraco negro em nossa galáxia.

Quando isto acontecer, Eta Carinae sugará toda a matéria da Via Láctea, inclusive o nosso Sistema Solar.

Esse colossal fenômeno sideral de nossa galáxia certamente está relacionado com o destino final de toda a nossa Via Láctea, incluindo a vida na Terra. Presumem os sábios que isto não ocorrerá, no mínimo, antes dos próximos 5 mil anos...

Para observar Eta Carinae no céu, necessitamos de um bom binóculo ou de uma boa luneta. Para localizar a estrela, devemos observar uma reta horizontal traçada à direita e à esquerda da estrela Acrux, alfa do Cruzeiro do Sul (o pé do Cruzeiro).

Vendo o Cruzeiro do Sul de frente, verifique à esquerda, pouco mais de um palmo; lá estão duas estrelas mais brilhantes, formando uma ligeira diagonal com a linha horizontal traçada. As duas estrelas são Agena, beta do Centauro, mais acima; e Bungala, beta do Centauro, no alinhamento.

Continue com a reta horizontal à direita, adiante de Acrux; guardando a mesma distância, encontrará um aglomerado de estrelas da constelação de Carina. Eta Carinae é mais conhecida porque se encontra dentro de uma nuvem de gás resultante de sua última catástrofe (explosão). Essa nuvem de gás tem a forma de um homúnculo, que lhe deu o nome...

É um espetáculo de formidável beleza, que certamente irá deslumbrar o observador astrólogo que desejar conhecer essa magnífica estrela.

Em outra parte deste livro, falei da importância de Eta Carinae, que fica situada bem próxima da estrela alfa da Virgem, Espiga.

A estrela mais brilhante da constelação Carina é Canopus, a alfa Carinae.

As estrelas dessa constelação se encontram no signo de Libra.

CONSTELAÇÃO DO ESCORPIÃO

As estrelas se dividem conforme suas cores. As letras do alfabeto indicam a classificação das estrelas de acordo com sua cor. As estrelas vermelhas são as mais frias, embora esse "frio" atinja temperaturas colossais de milhares de graus centígrados. As mais quentes são as da banda azul. No espectro de radiação, temos o violeta, azul, anil, verde, amarelo, alaranjado e vermelho.

Esta constelação tem a forma aproximada de um escorpião – com as tenazes para a frente e a cauda levantada para o alto em posição de ataque. A terceira estrela após as tenazes é a gigante vermelha Antares, a alfa do Escorpião. É, pois, a mais brilhante, a principal delas, exatamente no lugar que parece ser o coração do Escorpião. Antares é uma gigante vermelha; quando as estrelas se expandem, vão resfriando e mudando de cor para o vermelho.

O Sol é uma estrela anã amarela. A temperatura do Sol é imensa, 6 mil graus centígrados na superfície e cerca de 20 milhões de graus centígrados no núcleo solar.

CRUZEIRO DO SUL

Constelação austral, o Cruzeiro do Sul foi para os navegantes ibéricos um verdadeiro farol, guiando-os em suas aventuras e descobertas durante os séculos XV e XVI e até bem próximo dos tempos atuais.

As principais estrelas da constelação do Cruzeiro do Sul são: Acrux ou Estrela de Magalhães, o pé do Cruzeiro; Gagrux, o braço superior; Mimosa, o braço esquerdo; Pálida, o braço direito; e Intrometida, a estrela que se encontra entre o braço esquerdo e o pé.

O Cruzeiro do Sul tem 52 estrelas que podem ser vistas por um telescópio de médio porte, e cinco visíveis a olho nu, na formação do Cruzeiro que na bandeira nacional figura representando os estados do Sul.

O CENTAURO

A constelação do Centauro tem importância fundamental para o estudo dos horóscopos, pois suas estrelas alfa (Bungala) e beta (Agena) representam as duas mais poderosas fontes de radiações cósmicas de natureza espiritual de um horóscopo.

Seu estudo define claramente o grau de evolução espiritual de um ser humano.

Alfa e beta Centauri podem ser vistas à esquerda do Cruzeiro do Sul, no mesmo alinhamento horizontal de Acrux, a alfa do Cruzeiro.

Esta constelação se encontra no signo de Escorpião.

CONSTELAÇÃO DA ÁGUIA

Essa constelação se situa no signo de Aquário, e sua estrela alfa é Altair, responsável pelo glorioso destino de grandes luminares de nossa humanidade.

CONSTELAÇÃO ERIDANO

A estrela alfa Eridani dessa constelação situa-se em torno de 15 graus do signo de Peixes, e é responsável por dotes espirituais e grandes instrutores humanos.

Via Láctea – A nossa galáxia

Uma galáxia do grupo local

Denominamos Hipergaláxia Local ou Grupo Galáctico Local a família dos grupos estelares aos quais pertence o nosso sistema planetário.

A Hipergaláxia compõe-se de cerca de 19 galáxias, uma das quais é a nossa galáxia, VIA LÁCTEA, na qual se encontra o nosso Sistema Solar, precisamente em um dos seus braços: o BRAÇO DO ORION. A Via Láctea é a segunda em tamanho no seu grupo espiral.

As 19 galáxias do Grupo Local podem ser divididas em três grupos, assim distribuídas: três galáxias espirais, quatro galáxias irregulares e doze galáxias elípticas...

As três galáxias espirais são: Via Láctea – a que pertence o nosso Sistema Solar, situado na região do Braço do Orion e distante do perímetro do núcleo cerca de 30 mil anos-luz; Andrômeda M31 (no catálogo de Messier) – maior e a mais bela de todas as galáxias, é tão grande que tem duas galáxias satélites...

Descrição e observação no céu. Encontra-se nesta galáxia uma fonte emissora de sinais provavelmente oriundos de civilizações inteligentes, segundo alguns estudiosos.

Triângulo austral M33 – NGC 598

As quatro galáxias irregulares são:
Nuvem Maior de Magalhães
Nuvem Menor de Magalhães
Sagitário NGC 6822
Baleia

As doze galáxias elípticas são:
S Andrômeda NGC 205, Andrômeda M32
Andrômeda NGC 147, Andrômeda NGC 185
Escultor, Forno
Leão II, Leão III

Dragão, Ursa Menor
Wolf-Landmark e *Anã*

O planeta Terra

O planeta Terra gira ao redor do Sol. É uma imensa massa que tem cerca de 12.756 km de diâmetro e área total de 510.000.000 km². O Equador é o círculo máximo, o cinturão da Terra. A Terra tem dois pólos – Pólo Norte e Pólo Sul – e dois trópicos, o Trópico de Câncer e o Trópico de Capricórnio.

A órbita da Terra ao redor do Sol é ligeiramente elíptica. Mas, ao longo de sua órbita ao redor do Sol, ela manterá sempre o Equador ligeiramente inclinado em relação ao plano do Sol ou da eclíptica. Por essa razão, a Terra terá sempre, ao longo de seis meses, um hemisfério voltado para Sol e o hemisfério oposto na sombra. Após seis meses, a situação se inverte. Entre os dois cursos (Norte e Sul), haverá uma parada de traslado para o Norte e outra para o Sul.

Para o observador terrestre, a impressão é de que o Sol caminha. Mas este movimento é aparente. A Terra é quem gira, empurrando o Sol pelas longitudes zodiacais na razão de um grau por dia. Durante um mês, o Sol percorre um signo, e no decurso de um ano percorrerá os doze signos zodiacais – doze ao total: Áries, Touro, Gêmeos, Câncer, Leão, Virgem, Libra, Escorpião, Sagitário, Capricórnio, Aquário e Peixes.

O ano zodiacal começa em Áries, em torno do dia 21 de março, dando início à primavera no hemisfério Norte. Neste dia, o Sol retorna ao hemisfério Norte, para atingir a mais alta latitude deste hemisfério no trópico de Câncer no dia 21 de junho. A partir daí, reinicia o caminho de volta, chegando ao signo de Libra no dia 23 de setembro (outono boreal e primavera austral) e passando sobre o Equador na direção do signo de Capricórnio, na mais alta latitude austral no dia 23 de dezembro. Este dia é reconhecido como o dia da Natividade, porque o Sol estará renascendo, ou seja, retornando ao hemisfério Norte.

Daí a identificação da Igreja com o nascimento de Cristo: Deus é o Sol da vida. Somente deverá ter nascido no dia do nascimento do Sol, teria dito o papa Libério no quarto século de nossa era, estabelecendo a partir daí uma data para festejar o nascimento de Jesus... Por conta de um erro do calendário da época, porém, estabeleceu-se o dia 25 de dezembro, e não 23, como a data magna da cristandade...

Na filosofia bramânica, fala-se da dança de Krishna, em alusão à "dança do Sol", entre o Norte e o Sul, durante seu caminhar anual ao longo do Zodíaco...

Krishna é o deus Sol e dançava no Zodíaco.

A dança de Krishna, para o Norte e para o Sul!

As religiões sempre encontraram nos trânsitos solares inspiração para desenvolver suas liturgias... A cruz cardinal é inspirada na cruz astrológica, relacionada com os quatro signos cardinais, os signos das quatro estações: Áries – Libra e Câncer – Capricórnio...

Calendário e ano bissexto

Antes de o calendário surgir, os homens não tinham noção do tempo, período das chuvas etc., especialmente importantes para a agricultura. Eles passaram então a observar o movimento do Sol e da Lua, criando assim o Calendário Lunar.

O calendário tem 365 dias no ano comum e 366 dias no ano bissexto. No ano bissexto, de quatro em quatro anos, o mês de fevereiro tem 29 dias. Para saber se o ano é bissexto, dividimos seus números por 4. Se houver resto, o ano não é bissexto; se a divisão for perfeita, o ano é bissexto. Por exemplo, dividindo 2002 por 4, sobram 2 – então o ano de 2002 não é bissexto. Já o ano 2000, na mesma divisão, não tem resto. O ano 2000 é bissexto.

Todo ano, sobram 11 minutos e 46 segundos. Todos os dias em vez de 24 horas são 23h48min14s e faltam, portanto, 11m46s. No fim de um ano isto não resultou 6 horas. Sobraram segundos que no fim de 128 anos vão somar mais um dia. E a cada 4 anos vai sobrar um dia. Aí o calendário dá um pulinho de acerto. A cada 128 anos mesmo com os anos bissextos vai sobrar um dia.

O calendário é a fita métrica que mede o tempo e nunca acerta os ponteiros com o movimento de translação da Terra.

O calendário é o trânsito da Terra ao redor do Sol. Ela leva um ano para fazer essa volta e um dia para dar a volta ao redor do eixo. Ela vai como o pneu de um caminhão, rodando na estrada ao mesmo tempo que ao redor do eixo.

Eclíptica é a linha imaginária que mostra o trânsito da órbita terrestre ao redor do Sol.

Devido a esse movimento, a essa torção da Terra, o pólo do planeta não está em uma perpendicular ao plano do Sol, mas sim ligeiramente inclinado – uma inclinação de 23°27' de longitude. Esta inclinação promove seis meses de luz para um hemisfério e seis meses de sombra para o hemisfério oposto, situação invertida no semestre subseqüente. Daí as quatro estações: primavera, verão, outono e inverno.

No dia 23 de dezembro, quando o Sol está em nosso hemisfério, temos o dia mais longo do ano e a noite mais curta. Em algumas latitudes, o dia chega a ter mais de 13 horas, enquanto as noites têm 11 ou menos; enquanto isso no hemisfério oposto ocorre o contrário, ou seja, o Sol se põe mais tarde, tornando o dia mais longo e a noite mais curta.

Já no dia 21 de março, os dias e as noites são iguais – 12 horas para cada um. É o dia do equinócio da primavera e do outono.

Capítulo III

Diferenciais Assuramaya de interpretação astrológica

Interpretação de horóscopo – Regra básica

Depois do horóscopo calculado devidamente, a interpretação pode seguir a ordem que proponho:

► Examinar qual o signo ascendente, qual o seu planeta regente, onde se encontra, signo e casa, quais as disposições planetárias (dignidades fundamentais, essenciais e acidentais), quais aspectos recebe... Verificar se o signo ascendente se encontra povoado, examinar as condições desses planetas, conforme ocorreu com o item anterior.

▶ Verificar se o planeta regente do signo co-regente do signo ascendente tem atributos de significador, ou seja, se se encontra povoado, interceptado, se é um signo cardinal ou se é o signo de Leão, pois, nestas condições, o signo co-regente terá a mesma importância que o signo ascendente.
▶ Prosseguir na análise desses significadores, conforme a tradição astrológica.
▶ Examinar qual o signo da casa 2 e seu planeta regente, realizando a análise com o mesmo processo que usou para o signo ascendente.
▶ E assim sucessivamente, para todas as casas astrológicas, até a casa 12.

Na análise de um horóscopo, devemos sempre levar em conta as disposições planetárias e os aspectos que recebem. As disposições planetárias indicam o "estado de ser", ou seja, o valor do nativo, seja do ponto de vista instintivo, mental ou espiritual. Enquanto isso, os aspectos indicam "o que fazer com", ou seja, como o nativo responderá aos estímulos positivos e negativos que no horóscopo determinam seus valores e negatividades...

Os planetas mais fortes ou em melhor disposição planetária são os que, quando regentes de uma casa angular, se encontram em outra casa angular, de preferência sempre na ordem em direção à casa 1 ou signo ascendente ou à casa 10 ou meio do céu... Ou quando regentes de uma casa sucedente ou cadente se encontrem em casas da mesma qualidade.

Planetas no trono ou exaltados encontram-se em boas disposições.

Os trígonos e sextilhas somente são considerados como tais e bons aspectos enquanto se conservarem em signos harmônicos. Por exemplo: dois planetas sempre em signos do mesmo elemento. No entanto, dois planetas, mesmo observando um erro aceitável de 2 graus para um trígono de 120 graus, encontrando-se um a 118 do outro, se um está em 1 grau do signo de Leão que um signo de fogo e o outro em 29 graus do signo de Escorpião que é um signo de água, esse trígono não deve ser considerado, porquanto os dois planetas se encontram em signos hostis...

Essa observância é inevitável para todos os aspectos, sempre que essas contingências se repetirem. Tanto para os trígonos, para as quadraturas, sextilhas e quincúncios...

As sextilhas somente são harmônicas enquanto os planetas em aspecto se encontram em signos harmônicos.

As oposições verdadeiras, ou seja, quando os dois planetas se encontram em signos complementares, são sempre benéficas. São maléficas somente quando são oposições falsas, ou seja, quando os dois planetas se encontram em signos não-complementares.

As quadraturas somente são maléficas quando os dois planetas se encontram fora do quadrado, ou seja, quando não formam naturalmente um lado de um quadrado da mesma qualidade: angular, sucedente ou cadente.

Sempre que isto ocorre, os dois planetas, apesar de formarem uma quadratura "geométrica", não formam aspecto maléfico, porquanto estarão inexoravelmente em signos harmônicos entre si.

As conjunções verdadeiras são sempre benéficas pois, neste caso, estarão sempre no mesmo signo – portanto em signos do mesmo elemento e sempre benéficas... Não acredito, como alguns autores, em conjunções verdadeiras maléficas, nem mesmo nas conjunções com planetas ditos maléficos, como Saturno e Marte.

No entanto, as conjunções falsas, ou formadas em signos vizinhos, são sempre maléficas, porquanto hão de se encontrar sempre em signos hostis...

Tenha-se por conta, no entanto, que quando dizemos aspecto maléfico não estamos falando de malefício, conforme a dramaticidade do adjetivo. Esses termos são conservados em respeito à tradição. Diz-se de um aspecto maléfico quando os planetas se encontram "enfraquecidos".

Alguns planetas são, por natureza, sempre benéficos: entre eles estão Júpiter, a grande fortuna do Zodíaco, e Mercúrio. Em milhares de horóscopos que analisei, jamais encontrei um malefício de grande porte determinado por Júpiter.

Da mesma forma, porém em menor escala, Mercúrio também jamais causa um dano irreversível...

Disposições planetárias e aspectos diretos e reflexos

O astrólogo não pode, jamais, perder de vista, na análise de um horóscopo, os aspectos e as disposições reflexas dos significadores.

Por exemplo: em um horóscopo no qual Júpiter se encontre em Capricórnio, seu hospedeiro Saturno se encontre em Câncer, a Lua em Áries, Marte em Libra, Vênus em Aquário e Urano em Leão, teremos de observar as disposições planetárias divididas por todos esses significadores, sem o que a análise do horóscopo ficará deficiente.

Da mesma forma, quando um planeta se encontra em quadratura com outro, os hospedeiros dos dois planetas sofrem de forma reflexa os efeitos da quadratura ou outro aspecto negativo; por outro lado, um significador que hospeda um planeta em bom aspecto estará sendo influído positivamente por este planeta.

Síndrome Saturno-Lua

Introdução e descrição

Uma das contribuições mais valiosas ao estudo da astrologia, nestas cinco décadas do Curso Assuramaya de Astrologia Científica, é, sem dúvida, a questão que denominei Síndrome Saturno-Lua, a ser abordada neste capítulo.

A função do astrólogo é transmitir para seu cliente, com segurança e a inseparável presença da verdade, todas as informações colhidas na observação do movimento e dos aspectos dos planetas, estrelas e luminares...

Indubitavelmente, diante do cliente, o astrólogo assume a postura de um verdadeiro analista, convivendo com os problemas das pessoas e buscando, de diversas formas, sua elucidação – seja fazendo analogias e avaliando as posições de cada astro, isoladamente ou em conjunto, examinando as disposições planetárias, as dignidades, os aspectos diretos e reflexos de primeira, segunda, terceira geração... A análise de um horóscopo pressupõe o estudo do nativo, levando-se em conta seu potencial mental, sua capacidade intelectual de ordenar o relacionamento com o mundo e com as pessoas e sua aptidão para administrar problemas e coordenar soluções.

Se a carta astral é rica em posições bem-dispostas e aspectos favoráveis, parabéns para o astrólogo: ele não terá dificuldades em analisá-la, passando para seu cliente a orientação devida – que será, obviamente, de vital importância para o nativo.

Neste caso, avaliando posições favoráveis, o analista se encontrará em situação privilegiada, e o estudo transcorrerá sem maiores preocupações, resultando em uma salutar astropedagogia, que ajuda o nativo na administração de sua vida com o máximo de acertos.

No entanto, quando existem problemas e suas conseqüentes complicações, valerá a habilidade do astrólogo, que deve esmiuçar os escaninhos da carta astral até encontrar a forma mais adequada para o encaminhamento da solução ideal das dificuldades.

Para o astrólogo, não podem existir problemas sem soluções; consciente dessa premissa, ele deverá usar de todos os recursos possíveis na mandala até encontrar a solução ideal para o problema de seu cliente.

E esse magnífico profissional curador da alma humana, imbuído desses conhecimentos inerentes ao seu ofício, deverá agir com sabedoria, competência, sensatez e inarredável habilidade para, sem se afastar dos critérios científicos, transmitir a verdade, fruto da análise, tentando sabiamente encontrar nos mais recônditos trânsitos os portadores de soluções, providências ou as bases de sustentação dessa fada benfazeja que denominamos esperança.

O ditado popular "Não há mal que sempre dure, nem dívidas que não se paguem..." deve ser o coelho na cartola do astrólogo.

Isto porque, durante a análise de um horóscopo, esse dito popular chega a ser providencial. Por exemplo: o cliente o procura, em um momento difícil, buscando soluções. Ao percorrer os trânsitos, o analista descobre que determinado planeta maldisposto é o responsável pelas aflições do nativo.

Se é um planeta rápido, logo poderá apontar uma data próxima para a saída providencial. Caso se trate de um planeta lento, porém, o astrólogo experimentado tentará encontrar nos trânsitos e aspectos reflexos as possibilidades de soluções, as quais certamente serão analisadas e colocadas para o cliente com a devida logística da solução...

O objetivo é, fundamentalmente, encontrar a solução que cada um aguarda, ante a avaliação dos trânsitos dos planetas em um período determinado.

Forçosamente, o astrólogo desenvolve essa capacidade, indispensável para adquirir a confiança do cliente – e, aí, surgirá espontaneamente a orientação, que será passada com maior segurança para quem for devido.

Três elementos surgem na expectativa desta análise:

> *1 – A cúspide da casa 4 no signo correspondente, seus regentes e significadores, os planetas que aí se encontram, onde se encontram e quais aspectos recebem.*

2 – *Saturno, como significador da figura do pai – ou melhor, a soma de tudo que este modelo representa na formação intelectual, emocional, moral, de uma existência. O desejo de poder, por meio do qual o indivíduo se lança na grande luta pela sobrevivência.*

3 – *A Lua como significador da figura da mãe, como modelo de tudo que o arquétipo materno pode representar para toda uma vida. O sentimento de proteção, a segurança, a estabilidade e a vida no meio familiar.*

Antes de prosseguirmos, vale uma explicação sobre a figura do significador.

É a condição de um planeta revestido de atributos que naturalmente não lhe são peculiares, e que assume em cada carta segundo as disposições cronológicas e horárias.

Por exemplo: quando dizemos Saturno regente de Capricórnio, estamos falando da condição que é inerente a Saturno, mas não lhe acrescenta nenhum atributo específico. Mas, quando digo Saturno regente da casa 5, estou atribuindo a Saturno um condição de SIGNIFICADOR, ou seja, algo além de sua disposição natural como regente de Capricórnio.

Ou quando dizemos que Saturno representa o pai na figura natal; desse ponto de vista, Saturno é um significador da casa 5 e de tudo que ela representa num horóscopo. O que for dito para Saturno servirá para qualquer outro planeta, inclusive para os luminares, obviamente, quando nos referimos a um planeta com atributos específicos de regente de determinada casa astrológica...

Vale acrescentar que podemos ver na figura do pai os dois aspectos:

a – **O pai fulano de tal**, cujo nome carregamos em nosso sobrenome. É aquele que conhecemos desde os primeiros momentos da infância, o marido de nossa mãe, que nos educa, paga nossas despesas na infância, na adolescência e até atingirmos nossa independência.

b – **O pai representado** pelo componente biológico ou hereditário, atavicamente o macho forte da tribo, que a protege e sustenta. Ele nos transmite, pelo código genético, todo um conjunto de estímulos que nos obrigam a ser o mais semelhante possível a esse ancestral.

O primeiro age conscientemente e poderá seguir as prerrogativas do progenitor, sob a influência de seu exemplo na medida de seus valores inatos e espirituais. O modelo paterno exercerá uma influência artificial até quando o nativo começar a se libertar da influência de Saturno, o que começará a ocorrer a partir dos 7 anos (primeira quadratura de Saturno com o radical ou uso da razão); em torno e a partir dos 14 anos (primeira oposição de Saturno ao Saturno radical ou puberdade); em torno dos 21 anos de idade (quando Saturno forma a segunda quadratura descendente ao radical ou maioridade); e em torno dos 29 anos de idade, quando Saturno forma conjunção com o seu radical e o nativo atinge a plena maturidade, libertando-se definitivamente da influência "invasora" do pai.

A influência do pai poderá ser exercida consoante o grau de evolução do nativo; durante esse período, ele poderá praticar atos menos nobres ou mais nobres, inspirado no exemplo paterno, enquanto não assume sua própria identidade. Poderá ser bom ou mau, generoso ou egoísta, lúcido ou estúpido, conforme a formação social ou educacional ou o modelo e exemplo que recebe.

O segundo age inconscientemente, impondo a herança recebida como fator imutável da perpetuação da espécie, e naturalmente, com a imposição genética da ancestralidade... Age naturalmente, considerando que o ser humano não é essencialmente essa figura corpórea, física, instintiva, animal, não nasceu uma gota de esperma nem vai terminar num poço de vermes...

O espírito não é o produto da dicotomia Saturno-Lua ou Pai-Mãe. Na realidade, nós somos tríplices em nossa constituição humana: Espírito – Mente – Instinto.

A investigação que denomino Saturno-Lua levará em conta, principalmente, os valores individuais ou caráter adquiridos com o nascimento, e acrescentados ao longo da infância e adolescência – ou seja, todo o conjunto de hábitos e costumes do nativo, implantado pelos pais e pelo ambiente familiar a partir da infância, sob a influência da casa 4... Quer dizer, durante o período de adaptação, observando e se inspirando no comportamento dos pais, no primeiro estágio da evolução, principalmente durante a infância e o primeiro estágio da adolescência... Podemos dizer que a figura de Saturno-Pai influenciará indubitavelmente na busca do espaço, no modelo de luta para ocupar um espaço, inspirado em Saturno-Pai e no sentimento de proteção, inspirado em Lua-Mãe.

Um Saturno bem-disposto e bem aspectado na carta indica um pai modelo exemplar de liderança e estímulos. Um Saturno forte na carta e uma casa 4 bem-disposta e bem aspectada poderá indicar igualmente uma infância segura e uma adolescência estimulante para que o indivíduo se lance vitoriosamente na luta pela conquista de seus ideais.

Deve-se sempre levar em conta a importância da casa 4, que representa a infância e influi desde a vida intra-uterina até a adolescência ou quando o indivíduo corta o cordão umbilical astral que o liga à casa materna.

A Lua representa o sentimento de proteção, por meio do qual o indivíduo aprende a se defender no mundo hostil.

Paralelamente, uma Lua bem-disposta e bem aspectada na carta astral pode indicar uma infância amena e segura, preparando o nativo para a realização de seu projeto evolutivo terreno com mais amenidades, liberto dos transtornos psíquicos e certos distúrbios mórbidos que acometem as pessoas ao longo da vida.

O sentimento de proteção está sempre muito arraigado à alma humana. E todos nós o desenvolvemos mais seguramente desde os primeiros momentos da vida, durante a lactação e ao longo da infância.

Uma Lua forte na carta astral, principalmente se se encontra em excelentes dignidades, será para o nativo a segurança de um aprendizado mais harmonioso e equilibrado, uma infância mais feliz e a certeza de maior firmeza no trato dos problemas ao longo da existência.

O que é Saturno? O que é Lua?

Do ponto de vista do estudo que denominei Síndrome Saturno-Lua, Saturno significa fundamentalmente, como vimos, a figura do pai. E a Lua, a figura da mãe...

Para prosseguirmos esta avaliação e penetrarmos profundamente no entendimento do tema, vamos acompanhar o seguinte raciocínio: o significador antagônico de Saturno é a Lua, que naturalmente corresponde à figura da mãe – da mesma forma que Saturno representa a figura do pai.

Vamos então aprofundar nossa visão, estendendo-a até às origens de como surgiram estas figuras: mãe e pai. Valemo-nos do estudo, naturalmente pinçando dos conhecimentos da biologia, para justificar os aspectos da Síndrome Saturno-Lua.

Não pretendemos especular nos domínios da metafísica; portanto, iremos diretamente à nossa teoria. A história inicia quando os espíritos, oriundos de planos de outra dimensão, foram instados a penetrar no planeta Terra para realizar sua experiência evolutiva terrena.

Um dia, em tempo e espaço desconhecidos, e movidos por lei que não nos compete discutir, esses *quanta* de energia que denominamos espíritos foram direcionados ou atraídos para a Terra. Sua missão, ingressar no planeta e participar no grupo social humano de sua experiência evolutiva.

Obviamente, não possuindo matéria do planeta, pois sua constituição é quintessencial, tomaram "emprestados" de alguém que já existia no planeta os elementos para a composição da ferramenta de trabalho que iriam usar durante a vida terrena, ou seja, o futuro corpo físico.

Destarte, esse viajante sideral, vindo de outra dimensão, foi presenteado, pela Espécie e por um artifício da Evolução, com duas sementes, uma masculina e outra feminina. Cada uma delas possuía caracteres históricos das experiências de linhagem à qual pertencia.

Como é sabido, cada gameta ou célula germinativa masculina ou feminina possui cerca de 23 cromossomos, pequenos pacotes onde estão armazenadas centenas de moléculas, contendo cada uma indicações preciosas sobre determinados itens que precisam ser cumpridos durante um período e uma programação. O mesmo acontece com as células germinativas femininas.

Encontramo-nos aqui ante o aspecto tríplice resultante do encontro entre o Ente Sidério (que daqui para diante será denominado Espírito) e os dois partícipes (pai e mãe ou Saturno e Lua), que emprestaram gametas para a formação dessa "tróica".

Acrescentamos que os fornecedores de gametas são, de um lado, o pai, que será visto como Saturno na carta ou horóscopo individual; e, de outro, a mãe, que será representada pela Lua na carta.

Temos, a partir de agora, para encenar o drama fantástico da existência terrena, três comediantes individuais, cada um com sua existência própria, marcante e poderosa, disputando a primazia da liderança.

De um lado, a Espécie, representada pelos dois ícones poderosos (Saturno e Lua – pai e mãe), e a conseqüente herança ancestral, avoenga, ciosa de sua experiência milenar, possuindo um vasto cabedal de conhecimentos adquiridos ao longo de existências passadas, experiências essas adquiridas e transmitidas às progênies sucessoras e armazenadas nos códigos genéticos "empacotados" para presente, ofertados como mapas indispensáveis, indiscutíveis, que deveriam ser seguidos ao pé da letra.

Resultaria daí que, se este clamor da espécie não fosse questionado pelo espírito divino – o terceiro comediante – durante sua vida terrena, nos tornaríamos verdadeiras colônias de "clones" repetitivos e indesejáveis.

Mas o espírito divino, apesar do comprometimento pelo empréstimo, que poderia se transformar em perigosa "gratidão", assumiu o grande desafio de denunciar o contrato, ferir as normas não obedecendo às leis sublunares nos códigos moleculares da genética animal.

"Serás como nós!", grita a Espécie. "Não podes ser diferente", repete o Saturno-Pai. "Não te afastes nunca", reclama a Lua-Mãe.

"És um de nós! Não poderás ser diferente de nós!", explode no fundo da alma, nos porões do inconsciente, o grito genético que pretende transmitir e repetir sem contestação toda uma vasta soma de experiências milenares.

E o espírito divino, acorrentado como um Prometeu solitário, com milhares de grilhões a estes comprometimentos emocionais, passionais, começa o périplo dramático da existência, em busca da libertação que o projetará no caminho da perfeição.

De um lado, Saturno-Pai austero, vigilante, intransigente. Sua figura poderosa tentará abafar por todos os meios possíveis os clamores de poder e libertação.

O desejo de poder, existente no Espírito que emerge, é sempre contestado e coibido, obstruindo-lhe a vontade por meio desses códigos genéticos.

A virtude tem por modelo os parâmetros paternos. A vocação não pode ser diferente. Pesadas exigências estão programadas no código irrefutável: devo ser igual a meu pai. Ele é poder.

Do outro lado, a Lua-Mãe discorrendo sobre os limites presumíveis a que estará exposto o produto de uma maternidade. O regaço materno é o único refúgio, e afastar-se dele é expor-se aos perigos. Assim, poderão desbaratar a integridade física do filho da Lua.

Construiu-se uma paliçada ao redor da taba. O macho forte e poderoso tem o direito de ultrapassá-la e embrenhar-se na floresta hostil, para disputar o desconhecido, o fogo e a caça para provimento da tribo e da família. A ele, só a ele, o direito de defender os do mesmo sangue. Dentro da paliçada, a Lua-Mãe determina hábitos, comportamentos e a moda que rege a sociedade tribal. Sua obstinada proteção.

Este quadro, acima apresentado, amado leitor, é exatamente figurativo dos processos existentes no inconsciente de cada um de nós.

O jovem intelectual, político ou artista, o empresário maduro, o militar cioso de sua arma, o político astucioso, o místico ou o ateu, todos apresentam em uníssona defesa a integridade de sua investidura. A moderna secretária, a empresária, a mulher investida de funções que fizeram sua independência, nela, como em todos os outros, por detrás de sorrisos e carrancas, ironias e expressões de amor-próprio, revelam, nos vestíbulos de suas almas, o grotesco espetáculo do inconsciente.

Ninguém escapa à verossimilhança cruel. Ninguém foge à intransigência do destino! Como mudar? O que fazer para mudar?

Nas análises de nossos horóscopos constatamos muitas vezes a brutalidade do sistema imposto pela evolução aos Espíritos planetários que permanecem atados às cadeias e amarras do processo.

Muitos alunos ou clientes, ao se depararem com a inexorável descoberta, voltam-se contra o velho pesquisador num instante de crítica mordaz.

Em todos os casos, porém, quem quer que seja, após a explicação sistemática técnica, científica, inapelável da Síndrome Saturno-Lua, volta-se para seu próprio interior, a princípio estarrecido e inconformado, logo em seguida movido por um estímulo de coragem, e começa a partir daí um processo iconoclasta de depredação de seus ícones.

Alguns param, refletem e gritam o grito abafado no fundo da alma: "Professor Assuramaya, o senhor é um iconoclasta. Está destruindo os princípios e ligaduras formais da família?"

E eu respondo com a segurança de quem perlustrou mais de 40 mil horóscopos pesquisando, analisando e penetrando profundamente na alma de cada um, descobrindo as raízes neuróticas do seu comportamento para determinar essas raízes: "Não! Eu não sou iconoclasta!"

A família é a mais sagrada e importante instituição humana. Conhece-se a grandeza de uma civilização pelo tamanho de seu panteão. O respeito a nossos maiores, pai e mãe, a gratidão e o amor que devemos devotar-lhes não têm nada que ver com as ligaduras emocionais que nos atam ao passado ancestral e nos enchem de idiossincrasias passionais.

Os grunhidos da "macaquinha Lucy" dos paleontólogos deverão ser abafados pela palavra lúcida, gerada na mente liberta do *Homo sapiens*...

Eu respeito meu pai mas não sou igual a "Ele", o outro.

Eu amo minha mãe mas não sou igual a "Ela", a outra.

Eu não sou os componentes genéticos. Eu sou um cidadão do cosmo em busca da perfeição.

A única indispensável condição para o Espírito atingir a evolução e a felicidade é a sua condição de EGRESSO. O mundo é dos homens e mulheres libertos.

É indispensável que o astrólogo, ao analisar uma carta, verifique com competência as posições de Saturno e Lua, assim como a posição de sua casa 4 e seus significadores.

É indispensável também fazer com lucidez a diferenciação entre as pessoas dos pais, companheiros de jornada há mais tempo na caminhada, preceptores, educadores, modelos e exemplo de uma vida que pretendem passar pelas experiências adquiridas, e a figura avoenga, ancestral, que carrega em seu bojo toda uma história genética relacionada com a espécie humana e linhagem correspondente.

De um lado, pai e mãe a quem amamos e respeitamos com gratidão pelo bem que nos fazem. Sua influência é exercida sobre nós com lucidez, inteligência e bons propósitos.

Gostamos de ter alguém para nos apontar os perigos do caminho.

Mas é preciso estar atentos para estabelecer o marco divisório entre orientação paterna e materna e as diretrizes que devemos traçar para nós mesmos com a avaliação inteligente e independente, para uma vida de acertos e êxitos.

Exemplos são inúmeros de indivíduos que se anularam ante perigosa e severa determinação de seus maiores. A esses indivíduos não foi permitido que desenvolvessem por si mesmos suas próprias características e sua própria identidade.

Não é pequena a relação de médicos frustrados, filhos de médicos ilustres; advogados incompetentes, filhos de grandes causídicos; músicos medíocres, filhos de gênios da música, e por aí afora...

Procurando as causas determinantes desses conflitos de identidade e vocação, chegamos facilmente a identificar as origens destes transtornos: a má disposição dos significadores da quarta casa, seus dispositores e hospedeiros. Os planetas que aí se encontram, suas dignidades e aspectos, seus regentes, onde se encontram, quais aspectos e disposições planetárias diretos ou reflexos, de primeira, segunda, terceira ou quarta geração...

As posições de Saturno e Lua, seus hospedeiros na linha direta e reflexa, estado cósmico, aspectos e disposições planetárias diretos e reflexos, de todos os significadores relacionados com a casa 4 e a dupla Saturno-Lua...

A verificação das dignidades de hospedeiros de hospedeiro, numa sucessão até o limite do horóscopo.

São muitos milhares de aspectos e dignidades, posições e trânsitos, de tal magnitude, e o astrólogo deve ser um verdadeiro mago – como sempre foi designado desde os tempos antigos –, capaz de interpretar todo esse logogrifo fantástico da escrita planetária.

A avaliação da quarta casa astral, de Saturno e da Lua e os aspectos e disposições decorrentes fornecem com cristalina visão ao analista astrólogo uma imensa soma de informações sobre a relação do nativo, desde a vida intra-uterina, espaço e tempo vivido na casa materna, na infância e na adolescência. E na subseqüente cepa de provas que é o mundo no qual ele decidirá desempenhar as suas aptidões e o seu destino...

Os traumas e complexos adquiridos, o comportamento invulgar, inato ou impróprio da personalidade, avaliada pelo astrólogo, como resultado da análise na relação da casa 1 e da casa 4, e os ícones Saturno e Lua etc.

A importância da casa 4 é notória porquanto determina, ela mesma, todo o conjunto de influências gerado durante a infância e que tem fundamental importância sobre a personalidade.

Na casa 4 encontramos toda a história familiar tanto do ponto de vista somático como psíquico, suas influências e tudo que daí resulta na vida das pessoas...

E Saturno, que influência exerce e como exerce?

E a Lua, que influência exerce e como exerce?

Para melhor compreensão deste capítulo, vamos estudar em detalhes o que é Saturno e o que é Lua. Sabemos que a Lua rege o elemento água e os líquidos, e Saturno rege o elemento terra e os sais minerais.

O elemento terra rege o corpo físico; encontra-se, pois, sob a influência de Saturno. O elemento água rege o campo emocional e está relacionado com os assuntos do plano psíquico e espiritual.

Em astrodiagnose, estudamos Saturno, principalmente como o regente do elemento terra, especificamente dos sais em geral – da mesma forma que a Lua rege a água e os líquidos em geral. Essas duas constatações são suficientemente fortes para trazer à luz a importância de Saturno e Lua como regentes e determinantes do ciclo vital, e por extensão dos efeitos de sua ação direta sobre o sistema psíquico e somático, do mecanismo endócrino e das reações resultantes no complexo bioquímico e no ciclo vital – e no conseqüente comportamento das criaturas.

Sabendo que o sal é hidrófilo, ou seja, atrai água, ficamos conhecendo uma importante atuação de Saturno sobre a Lua, que rege os líquidos. Portanto, os líquidos de um campo são determinados pela quantidade de sais existentes. Ou seja, mais sal, mais água, menos sal, menos água.

Está aí explicitada com clareza a função Saturno-Lua no metabolismo.

A partir dessa constatação, podemos compreender a poderosa ação psicomotora desse mecanismo Saturno-Lua, inicialmente do ponto de vista bioquímico e em seguida o que há de resultar no sistema psíquico das criaturas.

Mais sal, mais líquido, mais peso, mais massa, edema, torpor, preguiça, cansaço, parada; menos sal, menos líquido, menos peso, mais desembaraço, mais ação, mais trabalho, mais lucidez psíquica e mental...

O equilíbrio hidrossalurético poderá determinar de forma inequívoca o comportamento dos seres humanos.

E na análise do horóscopo a avaliação dos aspectos de Saturno e Lua é indispensável para a compreensão desses fenômenos que nos levam à constatação da influência do capítulo que denominamos Síndrome Saturno-Lua.

No primeiro caso, mais sal, mais líquido – prevalência dos estímulos de alma: aspirações, sonhos, idealismo, funções do espírito.

No segundo caso, menos sal, menos água – prevalência dos estímulos físicos: ação, construção, prevalência do plano concreto.

A partir daí, o astrólogo deverá estar atento para os distúrbios que poderão surpreendê-lo. Por exemplo: quando Saturno, em signo de água, aflige a Lua que se encontra em signo de fogo, surge o inevitável precedente da exceção à regra acima estabelecida: Saturno muito mais forte aflige a Lua, muito mais fraca, e atua exibindo excesso de líquido, em desarmonia no conjunto, gerando psiquismo desastroso. E, simultaneamente, encontraremos na inapelável Síndrome Saturno-Lua a resultante de um desastroso relacionamento pai-mãe, responsável pela ativação negativa paralela do relacionamento dos pais vivido pelos filhos na romeira fase da vida, na casa materna...

A própria casa 4 se encarrega de ilustrar para o analista os momentos cruciais nos quais esses problemas se acentuam.

Por exemplo: para cada grau de distância de um significador mal aspectado ou maldisposto, do início do signo ou da cúspide da casa 4, contaremos um ano em cujo período tenham ocorrido acontecimentos traumáticos na vida da criança ou no relacionamento com os pais.

Entre as inúmeras funções em que se desdobra a ação saturnina estão a constância no trabalho, a determinação na conquista do espaço físico e a inarredável observância do tempo, de cuja dependência jamais se afasta...

Entre as inúmeras funções em que se desdobra a ação lunar vamos encontrar a proteção do objeto possuído por Saturno.

E Saturno, quando bem aspectado e bem-disposto, promove a ação em consonância com as leis da influência e gravitação lunar.

No Zodíaco, os dois se encontram em signos opostos ou complementares.

De um lado, Saturno – regente de Capricórnio –, o pai, o elemento terra, a ação material, a força; de outro lado, a Lua – regente de Câncer –, a mãe, o elemento água, a emoção, a proteção...

A influência da Lua sobre o sistema líquido de nosso planeta é tão poderosa que podemos observá-la nos mais diferentes e importantes sistemas de interação. O mais significativo deles é, sem dúvida, a atração gravitacional da Lua sobre os oceanos.

Quando o luminar da noite encontra-se sobre o meridiano do lugar, atrai para o alto milhões de toneladas de massas oceânicas, formando as marés altas.

É sabido que o corpo humano e dos animais em geral é constituído por 70% de líquidos.

Por outro lado, da mesma forma que a Lua atua sobre os oceanos, também o faz sobre os líquidos intra e infracelulares, protoplasmáticos e linfáticos dos seres vivos, formando uma "maré celular", alta, responsável pelo comportamento "lunar" dos seres humanos.

Nossos leitores estão começando a compreender a posição de Saturno, o elemento terra, matéria, a estrutura modelar e a força que a constrói e limita. E a natural identificação com a força masculina relacionada com a figura do pai.

Por outro lado, a identificação espontânea do elemento líquido como receptor, protetor, feminino, identificado com a figura da mãe e sua ligação com a Lua.

O estudo da Síndrome Saturno-Lua define todos os aspectos dessa dramática ciranda vital, que começa antes do nascimento – ainda na vida intra-uterina –, carregando cada um a memória da linhagem a que corresponde.

Agora já entendemos com clareza a vigorosa importância dessa "tróica" a que nos referimos linhas atrás, na qual o Espírito se torna prisioneiro temporário ou mesmo perene na medida em que tenha dificuldade de compreender o processo, administrá-lo e se libertar dos liames da ancestralidade observada na Síndrome.

As posições de Saturno e da Lua em uma carta astral oferecem ao astrólogo um conjunto ideal de informações para a orientação a fim de ajudar na correção de traumas, tiques nervosos e complexos de insegurança e inferioridade que acometem os filhos e são gerados durante a infância, no contato com esses dois importantes ícones da carta astral...

Sempre que Saturno e a Lua se encontram afligidos e em posição de disposição negativa ou violenta, ocorrem problemas na formação psicológica ou mental da criança.

Quando as aspectações negativas são relacionadas com Saturno, temos o complexo de inferioridade, a incapacidade de lutar, enfrentar problemas, encontrar soluções.

Quando as aspectações negativas são relacionadas com a Lua, temos os medos, a insegurança, a fuga na antevisão de problemas...

Quando as aspectações negativas são relacionadas entre Saturno e Lua, os distúrbios são encontrados na dificuldade de convivência com os pais, gerando naturalmente distúrbios de natureza nervosa, tiques, dificuldade de relacionamento, depressão etc.

A função do astrólogo nesses casos é muito mais valiosa e oportuna do que se possa esperar.

Ele deverá ser, ao mesmo tempo, detector de problemas e gerador de soluções – sem o que o seu trabalho perde o crédito indispensável, salutar e oportuno, que faz parte inarredável da análise astral...

Partindo do princípio de que "fantasmas somente existem no escuro, ao acenderem as luzes eles desaparecem", torna-se mais fácil ao astrólogo colocar para seu cliente o problema de maneira clara, aberta, sempre procurando justificar seus informes à luz da própria ciência astrológica...

Tenho me encontrado em momentos de grande emoção quando, examinando uma carta astral, aponto para o cliente, por exemplo, a cúspide da casa 4 em 5 graus de Escorpião; Marte e Saturno em conjunção na casa 4 a 7 graus da cúspide e em quadratura com a Lua que se encontrava na casa 7...

Nesse momento, não tenho constrangimento de olhar bem nos olhos da criaturinha e dizer: "Vamos recuar nos idos de sua infância... Um drama crucial ocorreu a partir dos 4 anos de idade e teve desfecho violento em torno dos 12 anos. Você precisa fazer uma catarse, resgatar a pequenina e indefesa criança, trazê-la para o presente e falar energicamente com ela: 'Fulana, você não é mais uma criança indefesa, insegura. Você é uma mulher poderosa, tal, tal', discorrendo sobre outros aspectos da carta que envolvam créditos importantes..." A partir daí, vale a competência do astrólogo para, sem se afastar um milímetro da verdade, conduzir a interpretação a fim de ajudar o seu cliente a se libertar de um trauma que fatalmente anulou muitos valores que poderão ser resgatados...

Com certeza, a cliente (ou o cliente) tecerá uma série de recordações, obviamente confirmando os problemas, que a partir daí serão muito mais facilmente suplantados.

Este é um exemplo tirado da algibeira – mas da algibeira de um astrólogo que já analisou algumas dezenas de milhares de horóscopos e certamente poderá oferecer uma fecunda soma de exemplos que nem cabem nas páginas deste capítulo...

O planeta regente da casa 4 ou os planetas que aí se encontravam no horóscopo natal poderão igualmente indicar dolorosos incidentes durante a infância e ser também responsáveis por grandes desgostos e sofrimentos impressados nos escondidos do inconsciente, os quais as pessoas podem carregar durante anos de sua existência...

Isto porque o desejo de poder, herdado de Saturno-Pai, e o sentimento de proteção, herdado da Lua-Mãe, encontram-se de tal forma oprimidos que dificilmente poderão ser motivos de estímulos ao longo da vida do ser humano...

Por fim, a importância de Saturno e da Lua não deverá ser sempre avaliada do ponto de vista da Síndrome Saturno-Lua. Saturno poderá ser analisado, sem atributos, no horóscopo, principalmente como o regente de Capricórnio – e, como tal, oferecendo uma vasta soma de informações... Neste caso, o planeta Saturno será avaliado independentemente de sua identidade com a figura do pai ou como regente de uma casa determinada. E o astrólogo, por meio de longas observações e muita experiência, estará preparado para fazer essas digressões.

Saturno na casa 10, por exemplo, poderá indicar um importante magistrado ou um governante de alta gerência...

Da mesma forma, a Lua deverá ser vista também, independentemente de sua função maternal, como a grande benfeitora do Zodíaco. Por exemplo, uma Lua na casa 10 do horóscopo poderá indicar determinado administrador ou executivo de grande porte, homem ou mulher, obviamente...

O regente do ASC nas casas e vice-versa

O signo ascendente, cúspides das casas e seus regentes

A linha da cúspide do ascendente é a medula espinhal do horóscopo, e as cúspides das casas subseqüentes são os nervos componentes do sistema nervoso da mandala. O Zodíaco é o centro nervoso cósmico que se manifesta no horóscopo por meio dos 360 graus da esfera celeste. As cúspides das casas são, então, linhas nervosas com grande sensibilidade de captação de energia. Por isso, chamo os regentes de cada uma das doze casas o ego da casa; em astrologia, entenda-se por ego todo o substrato sutil da individualidade e da personalidade, o indivíduo mental, o indivíduo em sua expressão psíquica ou espiritual, expressando-se pelo planeta regente de cada casa. Logo, esse significador da casa carrega toda soma de informações que ela encerra e transmite na linguagem ideográfica do horóscopo as informações traduzidas pelo astrólogo.

O **regente do ascendente** carrega uma soma de características muito mais plenas, mais importantes; sendo cúspides das casas linhas nervosas do horóscopo, as casas 1 ou ascendentes obviamente constituem a linha nervosa central, a medula espinhal, muito mais importante, muito mais plena em sua constituição cósmica.

O regente do ascendente é como a central desse conjunto do dodecaedro, que são as doze casas.

A casa 1 carrega, pois, tudo dela mesma, tudo da casa 2, da casa 3, da casa 4 e assim por diante...

A cúspide do ascendente, considerando essa figura de medula espinhal, seria o somatório de todas as outras. Ela contém o dodecaedro em si, a manifestação do tempo e do espaço, no qual se desdobra. Como um leque. Fechado, é uma peça única; aberto, tem doze paletas. Assim são as doze casas.

A cúspide da casa 1, como o cerne espinhal de toda a mandala, desdobra-se em onze outras casas para indicar onde o ascendente demonstrará uma face de sua constituição, de sua individualidade. As casas astrológicas constituem este conjunto fenomenal nervoso ou humano.

Na mandala, encontramos doze signos zodiacais, de Áries até Peixes.

O primeiro signo, Áries, inicia em zero grau e termina em 30 graus; em 30 graus, já encontramos a cúspide de Touro; em 60 graus, a cúspide de Gêmeos e assim sucessivamente. Tanto os signos quanto as casas astrológicas são também cúspides e têm uma constituição nervosa.

A diferença entre signos e casas astrológicas consiste no fato de que a cúspide do signo é cósmica, imanifesta, divina. Ao passo que as cúspides das casas são humanas. Deus se manifestando no homem.

Partamos do princípio de que Deus é onipresente, o universo é o corpo de Deus e ele está dividido em doze órgãos cósmicos – os doze arcos zodiacais, ou doze signos zodiacais. As doze cúspides das casas são humanas. A cúspide da primeira casa encerra o conjunto do dodecaedro, e o planeta que rege esse momento cósmico carrega a vibração do signo para esta casa, como agente da catálise universal; tal manifestação transformará alquimicamente essa vibração cósmica, segundo sua influência.

Uma peneira de fios bastante afastados deixa passar muitas impurezas; uma peneira de fios milimétricos permite a passagem apenas do líquido puro, deixando as impurezas para trás.

As casas são, por assim dizer, como a peneira, cuja porosidade para as impurezas funciona de acordo com a evolução deste indivíduo, a partir do momento cósmico de seu nascimento.

Na interpretação de um horóscopo, analisamos a posição do regente da cúspide de cada casa, onde se encontra, qual seu estado cósmico e que aspectos recebe.

Deve-se observar o signo ascendente em diferentes posições. São 144 signos ascendentes diferentes: ascendente em Áries, Touro, Gêmeos, Câncer e assim por diante. Doze signos diferentes. Ascendente em Áries com seu regente (Marte) em Áries, Touro, Gêmeos, Câncer etc. Doze tipos diferentes. Isto é, para cada doze posições do ascendente temos doze posições do regente, portanto 144 caracteres de ascendentes diferentes. Fundamentalmente, 144 tipos zodiacais especiais.

> **Signo ascendente** – "Eu quero", "Eu sou": o que eu desejo, o que eu tenho dentro de mim.
> **Signo solar** – "Eu realizo": a concretização no plano material do que trazemos no ascendente.

Uma casa astrológica não se limita somente ao signo que rege a cúspide da casa. Ela pode ter o signo regente, o signo interceptado e ainda um terceiro regente com atributos de significador da casa, como veremos a seguir. Conforme a latitude do lugar de nascimento e a época do ano, uma casa astrológica pode ser composta de um, dois ou até três signos.

Signo regente é aquele em que se encontra a cúspide (linha onde se inicia a casa astrológica) da casa, qualquer que seja o grau. Tem importância fundamental para as explicações dos assuntos da casa e é seu principal significador.

Signo co-regente é aquele que se adentra na casa. Pode ou não ter atributos de significador. Passa a ter esses atributos nos seguintes casos:

- Quando é num signo cardinal.
- Quando é o signo de Leão. Por exemplo: casa 6 em Câncer, parte do signo de Leão dentro da casa 6.
- Quando está povoado. Por exemplo: casa 9 em Libra, parte de Escorpião dentro da casa, povoado por um ou mais planetas.
- Quando o signo co-regente está interceptado. Por exemplo: casa 1 em Aquário, casa 2 em Áries, com Peixes todo interceptado na casa 1.
- Quando o regente e o co-regente estão formando algum aspecto (trígono, quadratura etc.).

Um planeta com atributos de significador é um planeta visto com atributos acidentais, quer dizer, acrescido de valores e atributos adquiridos dentro de um horóscopo. Portanto, o regente do ascendente carrega para onde estiver a importância, a vibração, o significado da casa. Vamos, pois, estudar esse significador nas diferentes casas do horóscopo.

O regente do ASC na casa 1

O regente da casa na própria casa é uma das melhores posições para esta casa.

O regente da casa 1 na casa 1, no signo ascendente, é uma posição muito forte para o ego, o espírito, pois este está em seu trono. Esse indivíduo tem fortaleza interior, é um tipo que sabe o que quer, com grande capacidade de querer, de poder, de vontade, sabe se autodirigir, sabe coordenar seus passos, só depende dele mesmo.

Qualquer que seja o ascendente, seu regente na casa 1 indica o domínio da vontade.

O indivíduo tem capacidade de dominar seus ideais, seus pensamentos, suas propostas, especialmente se o regente do ascendente está no próprio ascendente (mesmo signo da cúspide).

Ao iniciar a avaliação de um horóscopo, é indispensável que o astrólogo faça o reconhecimento da categoria a que pertence o indivíduo em análise. Existem castas evolutivas, tipos inferiores, tipos medianos, tipos superiores e, entre um tipo e outro, uma infinidade de degraus, uma verdadeira hierarquia que vai desde o bruto hotentote até o mais iluminado dos homens ou mulheres. Então, quando digo que um indivíduo é bem-dotado, quero dizer dentro de suas características evolutivas. Um tipo classificado como "inferior" pode ser bem-dotado dentro de sua categoria. Suponhamos o exemplo de um xavante bem-dotado: é aquele que atingiu a posição de cacique, de pajé, que tem uma influência, uma liderança indígena em sua casta, de sua categoria; porém, quando eu falo de um grupo social superior, entenda-se como pertencente a uma comunidade caracterizada em seu degrau.

O regente do ASC na casa 1 no signo co-regente

Pode não ser uma posição tão forte quanto a anterior, mas oferece uma diversificação que pode favorecer a vontade, uma vez que este ego pode se conduzir ante a influência do signo regente ou deste co-regente. Em alguns casos, no entanto, pode ser melhor até que no ascendente, conforme as disposições planetárias.

O regente do signo co-regente do signo ASC neste signo, na casa 1

Indica uma posição dual. Uma intuição paralela de sua identidade, quer dizer, funciona quando a emoção do querer ou expressão da vontade do indivíduo se esgota. Como uma renovação da vontade de querer para reativar a vontade que parecia anulada. Uma espécie de segunda *persona* que surge em auxílio da exaustão do querer.

O regente do signo co-regente do ASC na casa 1, no signo co-regente do ASC

Posição idêntica à anterior com menos força.

O regente do ASC na casa 2

O regente de determinada casa, onde for e onde estiver, signo ou casa, hemisfério ou quadrante, zona de influência estelar ou orbital do horóscopo, estará carregando a essência e o conjunto de valores desta casa, seus atributos, suas disposições, sua qualidade fundamental, essencial e acidental.

Ele influenciará e, ao mesmo tempo, será influenciado por esses atributos. Ele é o DNA dele mesmo... E transmite a genética astral para o nativo.

A casa 2 é o espaço onde o indivíduo se sente seguro. O espaço de que necessita para se realizar.

Sendo a casa 2 a casa 2 da casa 1 (casas derivadas), obviamente esta casa 2 influencia e até de certa forma molda suas próprias características às do regente do ascendente, assim como de qualquer outro significador que hospede.

No caso do regente do ascendente na casa 2, este se encontra muito à vontade, porquanto aí estará seguro, equilibrado pela proteção indispensável e importante para exercer suas atividades, estabelecendo e direcionando com segurança o seu próprio destino, o que implicará em maior estabilidade para o comportamento geral das demais casas astrológicas.

Destarte, sempre que o regente da casa 1 ou ascendente encontrar-se na casa 2, será um indicativo de segurança e estabilidade. Presume-se que o indivíduo deste aspecto terá sempre a segurança material indispensável e, provavelmente, equilíbrio psicológico. Significa, na sua expressão mais verdadeira, o bem material como objeto supremo.

Representa a ânsia do espírito de ocupar um espaço no mundo fenomenal. Ele precisa desse espaço para realizar sua evolução na Terra; ele conquista esse espaço; quanto mais exigente esse espírito, maior o espaço de que necessita para realizar seus objetivos materiais. Pode até ser um indivíduo muito egoísta e querer um espaço além do necessário, preocupado que é com sua segurança, sua defesa, sua proteção.

Nos tipos inferiores, esta posição desenvolve egoísmo natural, forte sentimento de posse, sendo, muitas vezes, responsável por litígios com relação aos limites de cada um. É o egoísta, o agiota. Está sempre à mercê dos valores materiais.

Vamos tomar como exemplo uma casa 2 em Áries; Marte adquire, portanto, atributos de estabilidade, valor, posse, necessidade de segurança que confere ao nativo a capacidade indispensável para agir e conquistar o espaço onde vai realizar as suas experiências.

A partir daí, Marte, neste caso, estará acrescido de outros valores além dos valores inatos de sua constituição ígnea ou aquosa, belicosa, agressiva ou dinâmica, se é regente de Áries ou Escorpião.

Uma casa 2 maldisposta cria no ascendente a neurose da insegurança material, supervalorizando assuntos materiais em geral.

Uma casa 2 bem-disposta cria para o ascendente condições ideais para expressar o altruísmo natural, convertendo valores da matéria em atributos espirituais.

Esse altruísmo pode se expressar também profissionalmente – uma pessoa que lide com bens materiais, um economista ou financista bem-sucedido e bem-intencionado.

O regente da casa 2 na casa 1

O regente da c-2 na c-1 indica o domínio do próprio espaço, a segurança para viver. Esta posição desenvolve uma capacidade no indivíduo de ocupar o espaço do seu próprio corpo, pois ele não precisa de um espaço maior para viver.

O regente da casa 2, visto deste sentido, não significa bens materiais, mas sim a segurança da estabilidade mental ou espiritual. É um símbolo de estabilidade, de autoconfiança e de suficiência. Ele é seu próprio espaço, nasce seguro. Exemplo do mestre Mahatma Gandhi. Sua c-2 era, no plano material, suas sandálias; no plano espiritual, o coração do mundo. No entanto, essas pessoas são, geralmente, bem-sucedidas no plano material...

O regente do ASC na casa 3

Do ponto de vista acidental, o regente do ascendente na casa 3 é uma excelente posição para o êxito na vida. Esse indivíduo tem condições de se transportar para fora, transbordar seu magnetismo, sua energia, sua simpatia, sua palavra, pelo poder de persuasão. É importante e se expressa com desenvoltura. É um indivíduo bem relacionado, dotado de grande capacidade de comunicação, de poderosa presença. Onde chega, há sempre "uma rodinha" à sua volta. Este ego colocado na casa da expansão, da comunicação, desenvolve força interior, suas leis de afinidade de atração estão mais equilibradas e harmônicas. Trata-se de uma pessoa em sintonia com o mundo, com capacidade de transmitir tanto pela sua força verbal e sua eloqüência ao falar quanto por seu aspecto físico. Não necessariamente pela beleza física, mas pelo *it*, que indica o "charme", o magnetismo interior. Eventualmente, isto pode coincidir com a beleza física ou graça pessoal. Geralmente, essas pessoas se vestem com elegância; nos tipos menos dotados, percebe-se o exagero, porque têm necessidade de chamar a atenção.

(A posição do regente da c-1 na c-5 é similar.)

Com o regente de 1 em 3, o indivíduo está sempre buscando novos caminhos; ele sobe e desce, chega à praça pública, conversa, imita, está sempre querendo se mostrar, tem necessidade de sair de seu espaço para o espaço circundante.

O regente do ascendente na c-3 no signo regente da casa está muito mais forte, muito mais bem situado, independentemente das afinidades essenciais ou fundamentais. Pode estar o planeta desterrado, em queda ou como estiver; mesmo mal aspectado, um planeta nestas condições está em bom estado cósmico do ponto de vista da casa para os assuntos dela como seu significador. Pode advir a forma como se comporta.

O regente da casa 3 na casa 1

Diferentemente do regente da c-1 na c-3, esta posição se caracteriza pela busca exterior por meio do conhecimento infuso. O raciocínio se processa por meio da avaliação dos elementos externos, de uma avaliação do mundo exterior, mas usamos os elementos do conhecimento infuso. Esses nativos não precisam subir a montanha para deduzir que lá há fogo se estão observando fumaça. A máxima desses nativos é: "Onde há fumaça há fogo". Enquanto o regente de 1 em 3 faz o nativo abrir a porta, sair e tentar envolver as pessoas com a presença e força pessoal, ao mesmo tempo para verificar o movimento da rua ou da praça, o regente de 3 em 1, observando da janela, sem sair de casa, faz suas deduções. Essas pessoas atraem outros para pedir conselho ou se orientar no que estão fazendo, mesmo estando envolvidas pelos fenômenos a serem avaliados. O regente de 3 em 1, mesmo sem se afastar de seu campo, não só elabora suas deduções do mundo circundante como pode fornecer, mesmo a distância, conclusões a partir de premissas bem elaboradas.

O silogismo de Aristóteles – "Todo homem é mortal, tu és homem, logo és mortal" – é um evidente descortínio de sua capacidade de se avaliar e avaliar o seu semelhante, o mundo em que vive. Em vez de ele ir procurar as pessoas, quando estas se aproximam não fazem indagações do tipo: "Fulano, com vai? Você é filho de fulano de tal? Você estuda medicina?", porquanto se encontram sempre bem informadas do ambiente e de tudo que aí se passa. Quer dizer, sabem se informar antecipadamente sobre os assuntos de seu interesse.

O regente do ascendente na c-3, ou o regente da c-3 na c-1, no signo regente da casa, está muito mais forte, muito mais bem situado, independentemente das afinidades essenciais ou fundamentais.

Um exemplo para esclarecer estas duas posições:
Diz o regente da c-3 na c-1 para o regente da c-1 na c-3:
– Você vai viajar?
O regente da c-1 na c-3 responde:
– Ainda não sei. Se chover, não irei. E você, vai viajar?
O regente da c-3 na c-1 responde com segurança:
– Não! Consultei o serviço de meteorologia. Vai chover. Não vou viajar...
O regente de 1 em 3, em um tipo menos dotado, chegava tagarelando:
– Olha, não vim ontem porque isso, porque aquilo... Porque aquilo outro.

Com o regente da casa 3 na casa 1, o indivíduo é portador de todos os talentos da posição anterior, sendo que esta sensibilidade e este magnetismo geralmente não se extravasam apenas em atos, mas sim em forma de simpatia e graça natural que não precisam ser estimuladas por atitudes, mas sim apenas pela presença, que faz bem ao ambiente. Estas pessoas irradiam constantemente uma aura de harmonia, envolvendo seus companheiros e amigos. Esta posição desenvolve as condições inatas para esse ego se expressar no mundo exterior. Desenvolve também o aprendizado e o conhecimento sem exigir do indivíduo grandes esforços para buscar o que ele geralmente por dedução desenvolve.

Sendo a casa 1 o universo do indivíduo e a casa 3 a casa da busca do conhecimento, óbvio que o indivíduo com essa posição já tem o conhecimento infuso. Entretanto, quando o planeta encontra-se maldisposto, pode ser indicativo de uma pessoa introvertida ou de difícil comunicação.

O regente do ASC na casa 4

O regente do ascendente na casa 4 em princípio indica o mergulho do espírito divino nas profundezas do oceano primordial da alma cármica, humana. Em sua fuga do destino imposto pela encarnação, esse ser mitológico encontra o obstáculo, na maioria das vezes intransponível, do pantanal placentário de Lerne. O terreno insólito da natureza uterina tenta tragá-lo. O regente de 1 em 4 está mitologicamente ligado à figura de Heracles no esforço ingente de cortar as cabeças da Hidra.

Os tipos superiores dessa classe conseguem desvendar o mito e desmontar o fantasma dessa figura tenebrosa. Alçando-se por cima das emoções do clã; ele, egresso, acrescenta vastos conhecimentos conseqüentes da avaliação da aventura nos meandros do inconsciente.

Os tipos inferiores tornam-se prisioneiros da Hidra, representada pela astralidade, pela ancestralidade, pelo emocional familiar. São incapazes de, libertando-se dessas amarras, traçar o seu próprio destino. Quanto menos liberto encontra-se o nativo com esse aspecto, mais caótica é sua incapacidade de nortear o próprio caminho, pois estão sempre acrescentando as emoções familiares às próprias emoções, sem condições de distinguir umas das outras.

Não é uma boa posição para o regente do ascendente a casa 4.

É o indivíduo preso às raízes, à casa materna, que não desenvolve suas aptidões individuais, sua independência. Em geral, são medrosos, tímidos, inseguros. Mulher casada que, ao se divorciar, mesmo aos 40 ou 50 anos, volta para a casa materna. Ou, casada mesmo, vai morar com a sogra. Enfim, é o indivíduo que dificilmente se arranca deste útero seguro, emocional, atávico, ancestral. É preciso conscientizar isto para cortar este cordão umbilical astral e alçar-se num vôo redentor, qual Fernão Capelo Gaivota.

Também o Sol na casa 4 não é uma boa posição – sendo porém menos negativa que o regente do ascendente em 4. Vejamos a diferença.

Tratando-se do Sol, na segunda metade da vida o indivíduo pode liberar-se da influência atávica ancestral quando perde os pais; praticamente começa a se libertar. O Sol em nativo preso ao clã, aos pais, à família, nos quais se apóia, não tem por isso coragem de lutar; com a morte dos pais, sai de sua área de influência e descobre que está só no mundo e tem mesmo de lutar.

Este processo, naturalmente inconsciente, determina esse "estado psíquico", embora seja uma presença poderosa e constante que pode ser conscientizado, elaborado, modificado gradativamente na medida em que o indivíduo se educa.

A posição do regente do ascendente em 4, especialmente se não tem outra alternativa, pode ser considerada mais negativa que o Sol em 4. Sendo o Sol material, ele pode pensar em sair antecipadamente. Com o regente do ascendente na casa 4, haverá mais dificuldade de estabelecer uma atitude libertária desta posição, no que se refere à proposta intelectual idealista espiritual. Está sempre voltado para dentro. Este comportamento do inconsciente está presente de forma oculta ou clara como sombra em todas as transmigrações dos regentes do ascendente nas casas astrológicas.

O regente da casa 4 na casa 1

Indica um indivíduo independente, com capacidade para se liberar precocemente do campo familiar. Essas pessoas tornam-se muito cedo conselheiras obrigatórias na comunidade ou no ambiente familiar, quase sempre desenvolvendo um carisma que as projeta, sendo o foco de admiração e respeito de quantos participam da sua existência.

O regente do ASC na casa 5

Tratando-se da casa 5, que é a casa da expansão, da sensualidade, do magnetismo sensual, do esplendor das células, da opção pela perpetuação da espécie, a posição de um regente de ascendente aí colocado indica, primordialmente, um indivíduo sensual; seu magnetismo já não é um magnetismo social da casa 3, porque ele busca fundamentalmente o contato com o sexo oposto.

Há indivíduos (homens ou mulheres), de forte sensualidade, cuja simples presença causa acentuada atração. Pelo menos uma em cada doze pessoas tem o regente do ascendente na casa 5, desenvolvendo naturalmente esse estado de sensualidade. Lógico que o tipo superior do signo (posição que jamais poderá deixar de ser avaliada em qualquer horóscopo), mesmo possuindo essa qualidade, exerce-a com equilíbrio. O sexo como complemento de amor é divino. Somente como complemento do amor! O orgasmo do amor é a mais refinada das emoções humanas.

O indivíduo com o regente de 1 em 5 é passional, pleno, afetuoso, vibrante, age segundo o humor de suas células.

Com o Sol na casa 5, a pessoa pode ter também no aspecto alguma beleza física, o caráter feminino ou masculino bastante acentuado, no qual a beleza e o magnetismo sensual juntam-se para dar a estes indivíduos uma postura de encanto e fascínio.

Entretanto, mesmo nos tipos mais bem-dotados, o magnetismo ocorre sempre em função da sensualidade. O indivíduo pode até equilibrar, educar, maquiar os impulsos hormonais no sentido de não chocar a sensibilidade das pessoas, mas é uma verdade dele.

É uma posição favorável e até benéfica quando expressa de forma salutar, mas pode também ser uma posição negativa se o indivíduo se encontra no outro extremo. Isto é, se for um tipo inferior do signo. Neste caso, pode ser um don-juan, um fanfarrão, geralmente tem mãos grandes, é sexual, sempre preocupado em se mostrar.

Se o regente do ascendente está no signo regente da casa 5, aí a força é muito maior. Verificar:

▶ se o regente é positivo;
▶ se o planeta é positivo ou negativo.

A casa 5 é por natureza harmoniosa. Atua expressando a arte em todos os seus movimentos, fundamentalmente voltados para a busca do elo, do bem-estar e da beleza – naturalmente a verdade de cada um, conforme seu grau de evolução e expansão de seus instintos.

O regente da casa 5 na casa 1

O regente da casa 5 na casa 1 é uma posição magnífica, porque o indivíduo tem o domínio de sua sensualidade. Desenvolve um magnetismo bonito e simpático, e sua sensualidade contagia, envolve uma aura mística, misteriosa. Sua sensualidade é natural e o torna mais atraente, harmoniosamente atraente.

Enquanto o regente de 1 em 5 deixa o nativo à mercê de seus humores, de sua força gonadotrófica ou de sua sensualidade, o regente de 5 em 1 coloca todo este manancial vibratório sob controle da vontade, tornando o nativo mais exuberante, mais pleno, inclusive mais sensual – sem, no entanto, atingir aquele êxtase incontrolado que caracteriza a posição do ego à mercê da casa 5.

O regente do ASC na casa 6

Sabemos que o regente do ascendente é o ego, o espírito, o indivíduo, e a casa 6 é a casa da saúde, da força de trabalho, da atividade.

Com o regente do ascendente na casa 6, o nativo desenvolve uma dinâmica diligente, aquela que o leva a vencer na vida pelo esforço pessoal.

O tipo superior "é servidor sem ser servil, e está sempre a serviço de alguma causa, a qual persegue com responsabilidade, dinamismo e determinação".

É o trabalhador, qualquer que seja o seu grau de instrução ou evolução, que exerce sua função com respeito quase místico até alcançar os seus objetivos.

É aquele que está no serviço, a serviço, para o serviço.

É um trabalhador, qualquer que seja o seu grau de evolução. Se é um ministro de Estado, é um ministro que deverá exercer seu ministério com eficiência e magnanimidade. Desde o mais alto dignitário até o mais simples trabalhador, deverá ser constante e responsável no trabalho. É um servidor, presente e atencioso. Outros aspectos confirmarão a capacidade moral do nativo.

Entretanto, para os espíritos menos dotados, mesmo sem ser uma posição negativa, pode acarretar obstáculos e dificuldades no exercício de suas atividades.

Em geral, é o indivíduo que faz questão de enfrentar seus demônios, lutar para vencer na vida pelo esforço pessoal, pelo trabalho, pela confiança, pelo pensamento positivo. Indivíduos que lutam a vida inteira e são até grandes funcionários e altos dignitários na carreira pública ou privada, podendo galgar os degraus da hierarquia numa carreira bem-sucedida, alcançar altos cargos e realizar com êxito seus empreendimentos.

Quando estiver no co-regente, temos de ver também as afinidades essenciais.

Na realidade, tanto para o regente quanto para o co-regente, as qualidades essenciais não podem ser desprezadas; quando o planeta regente ocupa o trono da casa, a posição é mais forte. Assim, as afinidades essenciais e acidentais do hospedeiro não podem ser desprezadas. O hospedeiro é o veículo do agente.

O regente da casa 6 na casa 1

Com o regente da casa 6 na casa 1, o indivíduo é eficiente, mas não necessariamente o servidor constante, permanente, trabalhador. Tem a habilidade inata, nasceu para realizar o seu trabalho, pleno, consciente, convicto. Comanda o serviço dos outros.

Carrega dentro de si a essência do trabalhador. Ele se basta, todos o procuram, pedem explicações etc. O regente do ascendente caracteriza como se comporta o indivíduo ante si mesmo, porque as doze casas astrológicas são a "Távola Redonda" da alma humana. A casa 1 é o indivíduo no seu potencial interior.

O regente do ASC na casa 7

Sabemos que o ascendente representa o ego, o espírito em sua carreira evolutiva, a mente provedora dos ideais, o instinto como instrumento da vontade para a realização e construção do projeto evolutivo no plano das idéias e dos assuntos materiais. E que o objetivo primordial de sua atividade é a evolução, sobretudo espiritual.

Sabemos que a sétima casa é complementar da casa 1 ou signo ascendente. É, portanto, a casa do complemento. Não há expressão mais abrangente para determinar o que significa a sétima casa astral. Ela é o que completa, é o que falta ao indivíduo quando este entra no planeta pelo nascimento, quando entra na atmosfera da Terra para realizar sua evolução. Ele vai acrescentar ao seu universo interior a bagagem contida em sua casa 7, os conhecimentos que irão aumentar no seu plano de evolução mais elementos; assim, este indivíduo cresce e evolui.

O homem é um Deus em formação, está sempre crescendo, evoluindo; Deus é o homem pronto, o homem perfeito. Ele é onipresente, onipotente e onisciente. Basta-se por Si mesmo.

Evidentemente, partimos do pressuposto de que Deus não tem uma casa 7. O Divino deve ser igual a todo o horóscopo ou ao universo.

A casa 7 está para o ascendente como a preamar está para a maré cheia, como a Lua Nova está para a Lua Cheia, como o fluxo está para o refluxo, como a estática está para a dinâmica.

A energia dinâmica sem a energia estática nada produz, não se transforma em luz ou força a não ser que haja auto-suficiência, que é apanágio dos deuses.

Ora, se a c-7 é o complemento, é o que me falta e eu devo acrescentar à minha própria condição divina, o que está na c-7 me faz falta. Daí as minhas carências.

Assim sendo, podemos afirmar que a casa 7 complementa as emoções do ascendente nos diferentes degraus de sua constituição, espiritual, mental e instintiva.

A ausência desta complementação, em qualquer destes quesitos, gera carências e é responsável pela maioria dos distúrbios comportamentais dos seres humanos.

Quando o regente do ascendente se encontra na sétima casa astral, pois, o nativo encontra-se à mercê do parceiro ou de sua contrapartida espiritual; intelectual ou instintiva.

Esta dependência será o temor espiritual, ou nostalgia mística: mental, em forma de frustração intelectual; ou instintiva, em forma de carência afetiva.

Desse ponto de vista, o indivíduo é uma metade. Ao homem falta a mulher e à mulher falta o homem; a mente carece dos recursos intelectuais ou da inteligência; e ao espírito falta o despertar da consciência que aproxima o homem de sua divindade.

Os conseqüentes distúrbios gerados por essas carências são responsáveis, em grande parte, pelos sofrimentos humanos.

O regente do ascendente na casa 7, tratando-se da ausência do complemento afetivo, torna o indivíduo dependente do cônjuge, do complemento. Em princípio, indica um marido que depende da mulher, ou uma mulher que depende do marido para viver, para realizar algo.

É o indivíduo carente afetivamente.

Cremos que a complementação plena somente advirá quando todos os itens sinástricos forem supridos. Quer dizer, quando o ser evolutivo houver preenchido seus vazios. Quando tiver encontrado sua alma gêmea, que é a sua contrapartida espiritual, mental e instintiva.

Os tipos superiores, seres iluminados, com esta posição são necessariamente parceiros plenos e totais de contrapartidas de sua afinidade ou identidade. Assumem, conseqüentemente, a postura de auto-suficiência, de independência, de poderosa vontade, porquanto encontram todas as suas carências preenchidas, todos os seus vazios supridos. O mesmo ocorre com os parceiros de sua sétima casa astral.

Os tipos inferiores são dependentes, inseguros, instáveis e dificilmente realizam seus projetos; não agem por si sós, não tomam decisões sem o apoio exterior de um parceiro. Seja de onde quer que ele venha ou proceda, é um dependente.

O regente da casa 7 na casa 1

O regente da casa 7 na casa 1 é uma posição de auto-suficiência.

Indica um indivíduo independente, que sabe o que quer e caminha resoluto sem se preocupar em dar satisfações a quem quer que seja sobre suas decisões e atitudes.

Os tipos superiores com esta posição são sempre bem-sucedidos, pois sabem estabelecer os próprios limites e munir-se dos elementos que julgam indispensáveis para o seu próprio sucesso. Os tipos inferiores, no entanto, são despóticos e dificilmente desenvolvem outros predicados além de seus próprios interesses.

Geralmente o regente de 7 em 1, por plena auto-suficiência, desestimula a vida em sociedade e desenvolve tendências solitárias, a não ser que outros aspectos modifiquem essa postura.

O regente do ASC na casa 8

Os nativos com esse aspecto geralmente são dotados de grande capacidade de penetrar os planos superiores, desenvolver fecunda criatividade, sonhos premonitórios, intuição e valores psíquicos e artísticos. A casa 8 é a casa do espírito, da morte, da ressurreição.

Do infinito. Da eternidade... É a casa complementar da casa 2. A c-2 é o espaço, a c-8 o não-espaço. Tudo que é material em função da c-8 perde seu conteúdo, perde a sua vida. A c-8 é a casa das perdas, dos fins, da morte por extensão, inclusive da vida física.

Do ponto de vista da matéria, dos espaços finitos da posse e dos limites, não é uma posição forte para o plano material, mas é uma posição de grande significado para o campo espiritual, para a intuição, para a análise e avaliação do futuro e da eternidade. É a casa da transcendentalidade!

É uma boa posição, já de início, para um psicólogo ou astrólogo.

O regente do ascendente e o Sol na oitava casa estimulam essas vocações... Dotam seus nativos de uma forte capacidade de penetrar os mundos superiores do inconsciente para avaliar melhor os próprios desígnios do destino porque há uma ligeira similidade entre a casa 8 e o futuro.

Tudo tem um começo, um meio e um fim. O começo está relacionado com o signo ascendente, o meio com os trânsitos do Sol e o seu cortejo planetário, e o fim com a oitava casa astral.

O fim é, pois, aquilo que vem depois do princípio e depois do meio. É tudo que sucede aos fenômenos físicos. O fim é a grande incógnita, o advir, o futuro, relacionado e guardado com zelo nos cofres da oitava casa astral.

O estudante de astrologia é, por dever de ofício, um filósofo, um metafísico, um sacerdote. Para, abstraindo-se das emoções do mundo material, poder mergulhar nas profundezas da mandala e interpretar os trânsitos astrológicos que não podem ser avaliados ou conhecidos simplesmente por meio dos fenômenos geométricos ou simplesmente desses trânsitos. A posição do regente de 1 em 8 é um exemplo disso.

O indivíduo que tenha uma vocação fortemente materialista, mesmo com o regente de 1 em 8, terá sempre dificuldades ao tentar penetrar as profundezas oceânicas da alma, do infinito e da eternidade. Mas, se ele é um astrólogo versado na leitura dos ideogramas da carta estelar, se é um espiritualista, um filósofo, um metafísico, um tipo superior do signo, com esta posição certamente desenvolverá a capacidade para interpretar a mandala com muito mais convicção e lucidez. Esta posição também é favorável para o exercício da psicologia e ciências afins.

Por exemplo, o trabalho de um astrólogo.

Avaliando o meu trabalho durante quase meio século, analisando milhares de horóscopos, várias obras publicadas, centenas de apostilas, gravações, aulas e conferências, observo que isto pode ser muito abstrato. Não quer dizer que não seja importante ou necessário e até imprescindível para o exercício e estudo da ciência, mas é um assunto que não cabe numa casa 2. É tudo muito mais num plano mental ou espiritual. Não é uma realização da c-6 ou da c-2, mas sim da oitava casa.

Dessa forma, o regente de 1 em 8 não significa necessariamente um indivíduo que se perde em lucubrações intelectuais. Se é um tipo intelectual com uma inteligência suficiente para que esta sua atuação possa ser respeitável, será naturalmente um verdadeiro ministro desse nobre ofício.

Um tipo superior do signo com esta posição responde às vibrações espirituais, é o grande instrutor ou guia lúcido e respeitável de seus semelhantes.

Um tipo inferior que não responde às suas oitavas superiores vive no plano material, é inseguro, instável, pusilânime. Tais indivíduos são pessimistas e somente acreditam nos valores materiais nos quais depositam suas emoções. Destarte, são capazes de atitudes distorcidas que podem levá-los a práticas torpes ou aos mais diferentes vícios...

O regente da casa 8 na casa 1

Se o regente de 1 em 8 desenvolve e estimula a visão do insólito, do imponderável, do transcendental, dos assuntos espirituais, sugere-se o extremo nada ou próximo do nada do ponto de vista das expectativas materiais.

Em contrapartida, o regente de 8 em 1 pode acender na alma desses nativos uma poderosa emoção espiritual que poderá desenvolver nos espíritos mais lúcidos elevadas veleidades de natureza mais nobre. Espíritos mais elevados dessa classe evolutiva desenvolvem, com o regente da casa 8 na casa 1, postura bem diferente, que pode ser magnífica, porque a atitude da casa 8 é a atitude do "não ser", é o grande vácuo onde se erguem as colunas do templo do espírito divino, aproximando-o de sua divindade. A casa 8 é a linha divisória entre o mundo material e o mundo imaterial. Os nativos com essa posição têm a plenitude dessa consciência, especialmente nos espíritos mais bem-dotados.

Um grande pensador com essa posição terá uma poderosa força premonitória, uma grande sensibilidade astral e capacidade para perlustrar os caminhos da alma, especialmente no que ela sugere além dos limites do futuro.

Um futurólogo com esta posição tem maior capacidade de antecipar-se ao tempo. Um espiritualista sugere as grandes mutações do espírito ao longo da evolução. Um astrólogo, maior intuição para descerrar os mistérios ocultos ou implícitos numa carta, na qual poderão ser avaliados com maior segurança.

Significa, enfim, um indivíduo com intuição inata, espírito aberto para a pesquisa no campo hermético, como nas pesquisas laboratoriais. A decifração dos hieróglifos e ideogramas. A busca do desconhecido.

Esta posição também desenvolve certo carisma na proporção do tipo astrológico em pauta.

Nos tipos inferiores, esta posição pode sugerir as mais libertinas deformações da alma humana.

Não esquecer que uma posição isolada não define um horóscopo, mas carrega uma intenção.

O regente do ASC na casa 9

Quando o regente de um triângulo encontra-se em um de seus vértices, dizemos que este horóscopo representa um horóscopo de equilíbrio.

Por exemplo: regente da c-1 na c-5 (triângulo da vida) – pessoa exuberante em magnetismo, sensualidade, envolvendo-o fortemente com a descendência.

Regente da c-1 na c-9 (triângulo da vida) – grande mentalista, capacidade intelectual profunda, idealista; é o indivíduo que vai à praça pública propagar os ideais que defende; é o retórico, o criador inflamado. Excelente posição para o parlamentar, o público, um filósofo debatedor, aquele que sai em campo para expressar suas idéias; é um indivíduo que está sempre estudando as condições humanas. O sociólogo, o assistente social de grandes massas humanas, ou que ausculta os problemas de pequenas coletividades e até mesmo de pessoas individualmente, apresentando soluções, criando proposições políticas, econômicas e sociais.

Assim, aquele que tem o regente de 1 em 9 busca essa idéia panorâmica. Geralmente, esses indivíduos ultrapassam os limites maiores nos planos idealista, social, político, mental e intelectual. São pessoas que defendem tese, que expressam seus pensamentos em público, grandes retóricos, grandes oradores. Esse ego se expressa por meio do intelecto.

Os tipos superiores são idealistas, criadores da filosofia e das artes de interpretar a vida.

Os tipos inferiores são sonhadores ingênuos ou perversos criadores de situações mirabolantes, que podem ir até os limites do terrorismo.

O regente da casa 9 na casa 1

É também uma posição muito parecida, só que na expressão desses valores os métodos são diferentes.

O regente de 9 em 1 tem todo esse potencial guardado dentro dele. Em vez de ir à praça pública expressar seus ideais, ele está guardado entre as paredes numa biblioteca, meditando, estudando – e as pessoas vêm a ele. O grande pensador, o grande filósofo, é de poucas palavras. Ele age mais no seu silêncio, mas todos o consultam.

É esse mesmo indivíduo com as características de 1 em 9, mas voltado para dentro de si, meditativo, introspectivo. É a fonte do conhecimento, naturalmente considerando o seu grau de evolução. Os outros é que vêm a ele. É o Sartre, o grande filósofo, o grande pensador, em cuja seara todos vão colher o conhecimento. Os outros vão a ele porque ele é o patrimônio da sabedoria.

É uma boa posição para um museólogo, um arqueólogo, um antropólogo, um cientista, um pesquisador, mas muito mais do ponto de vista filosófico, intelectual, idealista, do que do ponto de vista materialista. As duas posições são significativas do ponto de vista do regente de um ângulo no vértice do mesmo triângulo como também por estar na casa do regente da vida.

Obviamente temos de verificar quem é quem.

Se é um tipo superior com esta posição, óbvio que suas tendências, sua vocação, virão neste sentido de filósofo, pensador, sábio.

Se é um tipo inferior, ele também se sobressai em sua comunidade neste mesmo contexto intelectual, embora suas proposições não sejam as mais nobres...

O regente do ASC na casa 10

Sabemos que o ascendente é a vontade, é o ser. A casa 10 representa a projeção, a realização vista, observada; a casa 10 é a glorificação do indivíduo; é o indivíduo que se alça acima do seu nível.

Indica ânsia de projeção. A casa 10 é o poder político, o poder de liderança, o cargo público ou na empresa privada, a caminhada na hierarquia profissional ou social.

Mercê do esforço pessoal, esse indivíduo se projeta. É o executivo agressivo, o homem que vence na vida, que também pelo esforço adquire uma posição de relevo na comunidade à qual pertence. É uma das melhores posições para o êxito na vida, do ponto de vista social.

O regente de 1 em 10, a fortuna, a fama, o prestígio são conquistados pelo próprio esforço. É alçar-se o conquistador aos degraus da fama. É a glória buscada ao calor da ambição, o governo do mundo, a partir dos mais ambiciosos sonhos e aspirações. O indivíduo que tem o regente de 1 em 10 nunca se contenta com um mundo pequeno, em viver naquele quadrado limítrofe de suas origens. Ele vai buscar se projetar, ele quer modificar, geralmente, o mundo em que vive, não passa em brancas nuvens em meio aos seus concidadãos, ele sempre se alça pelo poder, pelo seu trabalho, seus ideais, mais do que por suas realizações. É um empreendedor, empresário pequeno ou grande. É um indivíduo que, pelo próprio esforço, se levanta; começa como contínuo na empresa e vai à presidente.

Dependendo do talento, qualquer que seja ele, o indivíduo não fica na posição de origem, saltando sempre um pouco. Pode ser um indivíduo qualquer, mas que atingiu a superintendência de uma empresa. O regente de 10 em 1 quase nunca é um indivíduo qualquer, tem um nome na vanguarda. Se houver dez candidatos em igualdade num concurso, este levará o nome mais nobre e obviamente será reconhecido pela fama, pelo campo social que traz dentro dele.

No primeiro caso, o regente de 1 em 10 irá buscar sua promoção no campo social; ele vai à luta e ocupa um espaço na sociedade. O outro, regente de 10 em 1, já nasce com essa posição. Está na rede do alpendre quando chega um telefonema: morreu um tio velho que deixou um dote para ele. Nem sempre esse dote é material, o dote social pode ser uma honraria, uma dignidade.

Os nativos com essa posição jamais desprezam a liça enquanto não atingem os seus mais altos propósitos. Nunca param. No primeiro andar, estão de olhos no segundo, e sucessivamente até alçarem a cobertura mais alta. Daí se mostram, vangloriando-se de sua proeza. É a posição mais expressiva do político, aquele que nasceu para sonhar e viver o sonho. Essas pessoas estão sempre querendo mostrar ao mundo a melhor forma de alcançar a fortuna e o poder. Pretensiosos modelos de perfeição, do alto do seu pódio não admitem contestações.

Os tipos superiores são grandes líderes, guias de povos ou simplesmente indivíduos que alcançam os degraus da hierarquia em qualquer carreira que sigam.

Os tipos inferiores jamais se esquecem dos obstáculos que ultrapassaram nem perdoam àqueles que os infringiram.

O regente da casa 10 na casa 1

É o comendador. É o que trouxe o dote por herança. Nasceu conde, príncipe ou tem sangue real. É uma realeza herdada. Enquanto o regente de 1 em 10 vai à luta para alcançar sua conquista e glória, o regente de 10 em 1 tem-na ao primeiro passo diante de si. São geralmente indivíduos pouco esforçados, mas contam com a sorte para alcançar aquilo que outros só conseguem após ingentes esforços. Dadas estas características, a posição do regente de 10 em 1 é responsável pela formação de ricos *playboys* ou afortunados migrantes nos tipos inferiores.

Nos tipos superiores, encontramos indivíduos bem-dotados que sabem fazer uso das benesses do destino.

Geralmente, esta posição dá auto-suficiência dentro dele em termos de poder; ele não tem necessidade no campo ideal, ele se basta, não tem necessidade de se mostrar, de dizer: "Eu sei fazer isto, eu faço aquilo..."

O regente do ASC na casa 11

A casa 11 é a casa das aspirações, o terceiro vértice do triângulo das uniões, a casa da esperança, das amizades. Mãos que se estendem para ajudar, a solidariedade, o altruísmo.

O regente de 1 em 11 sempre significa o indivíduo preocupado com o mundo; um indivíduo que não desenvolve, senão em raros casos, esse sentimento de egoísmo que é próprio e inato da figura humana.

Mas ele pode se confundir, já que quase sempre paga para ter amigos. Ele compra amizades, tem necessidade de ter amigos, se sente infeliz quando alguém que ele chama amigo o magoa. Necessita daqueles a que chama amigos como do ar que respira, e tem dificuldade em entender quando são magoados ou incompreendidos por ele.

O regente da casa 1 na casa 11 é a aspiração como aspiração, não como objetivo ou como conquista realizada, concretizada. É a alma da idéia, a aspiração no seu conceito mais nobre, mais superior. Ter o regente da casa 1 na casa 11 é uma das mais bonitas posições do horóscopo. Quase sempre o filantropo, o altruísta, o solidário, o amigo que está sempre generosamente auscultando o que se passa na alma do companheiro. É aquele nobre por essência, que não tem necessidade de sair, mostrar a sua vontade; ele é harmônico por natureza.

Indica beleza interior, magnetismo, ternura, altruísmo, espírito amigo, o idealismo que se preocupa com o futuro, o indivíduo dotado de força e capacidade de perseverança. A esperança é uma virtude quase sempre presente naqueles que têm o regente de 1 em 11.

Naturalmente, considerando sempre a posição do regente no signo regente ou co-regente. Sempre no signo regente a posição é mais forte. No signo co-regente lembramos que é preciso observar as afinidades fundamentais, acidentais e essenciais, nas quais há outras opções de vida.

O regente da casa 11 na casa 1

Essa posição desenvolve uma sensibilidade altruísta que é um caráter inato da personalidade, tornando as pessoas simpáticas e agradáveis ao convívio. A pessoa não sente necessidade de agradar ninguém. Há um sentimento intrínseco de justiça, de fraternidade, não se preocupa se aquele a quem serviu é solidário ou não. Ela é aquilo e basta!

É filantropo, o altruísta. É o amigo leal, natural, espontâneo, que carrega dentro de si a simpatia e o magnetismo que agradam a quantos dele se aproximam.

O regente do ASC na casa 12

O regente da casa 1 na casa 12 tem duas características muito peculiares. Ou este ego está sempre em disponibilidade ou não está. Pode ser um indivíduo aleatório, que vive muito mais para o campo espiritual; se for um espírito menos dotado, pode ser um desses pregadores fáceis em praça pública, de pouca cultura, que, ao pensar descobrir uma luz em um caminho ou uma obra, fazem dessa luz o universo deles e querem, deslumbrados que são, levar todos os humanos para sua luz.

Se é um tipo superior, ele envereda pela busca no campo espiritual, podendo tornar-se uma pessoa de grandes dotes imateriais – uma posição boa para um mestre, um guia de seus semelhantes.

Nos tipos inferiores, encontramos aquelas criaturas aborrecidas que estão sempre querendo convencer os outros daquelas idéias que encontram, seja no campo religioso, filosófico, nas artes – aqueles que têm a pretensão de divulgar esses pensamentos como a verdade universal sem a menor preocupação ou respeito por seus semelhantes.

O regente da casa 12 na casa 1

O regente da casa 12 na casa 1 estimula o sentimento místico, desenvolve profunda sensibilidade espiritual, inclusive o sentido premonitório. As pessoas com esta posição são dotadas de certa capacidade de penetrar os mistérios ocultos e, geralmente, se voltam para o conhecimento e estudo das religiões antigas, buscando o esoterismo. Podem desenvolver e penetrar no âmago dos estudos sobre ideogramas e hieróglifos.

Os tipos superiores com esta posição procuram no sacerdócio os meios para exercer essas atividades e pesquisas, ou então se tornam astrólogos, pesquisadores etc.

O Hilec e o Anareta

São dois importantes significadores de um tema natal. **Hilec** é o planeta mais forte, mais bem situado em um horóscopo. Fundamentalmente, Hilec é o alimentador da vida. Por ser o mais forte dos planetas da carta, ele alimenta o regente do signo ascendente, os luminares (Sol e Lua) e os regentes dos signos solar e lunar. Destarte, podemos afirmar que o Hilec representa o que mais desejamos em forma de fortuna material e espiritual. Ele está sempre de plantão, em posição de defesa contra o seu oposto, Anareta.

Hilec é o planeta do Bem em uma carta estelar de nascimento... Hilec é, pois, o guardião da fortuna em todos os setores da vida humana, e como tal encontra-se sempre relacionado com Júpiter, a grande fortuna do Zodíaco.

As grandes conquistas humanas, e também as mais pequeninas benesses alcançadas, encontram-se sob a influência desse magnífico benfeitor da vida.

Anareta, ao contrário, é o planeta que aflige irremediavelmente o regente do signo ascendente – aflige o Sol e aflige a Lua.

Por sua natureza fortemente maléfica, Anareta tem uma relação forte com o regente da casa 8. Por essa razão, em todas as perdas que ocorrem na vida de um nativo, Anareta estará presente com seus malefícios, afligindo, conforme o caso, o regente da casa determinada em que ocorre o problema ou a perda.

Também quando ocorre a morte física ele estará presente, afligindo irremediavelmente o Sol, a Lua, o regente do signo ascendente, e sempre em relação direta de fortalecimento da casa 8, visando à perda do bem maior – a vida.

E nos mais diferentes momentos da vida, sempre que nos encontrarmos ante um dano – desde a perda de pequenos valores, perda de dinheiro nos negócios, perda de oportunidades no plano material ou social, perda de uma amizade, do amor ou desenlaces dos mais diversos –, sempre estaremos sob a influência nefasta desse implacável cobrador do carma.

E, por ser ele verdadeiramente o cobrador do carma, estará, sem dúvida, relacionado, direta ou indiretamente, com Saturno, o verdadeiro guardião planetário do carma humano...

Sua função em uma carta natal é exatamente enfraquecer a energia, a vitalidade, o ânimo do nativo. Sempre que algo de ruim acontece na vida de um nativo, podemos estar certos de que o Anareta está presente de uma forma ou de outra, seja por meio de aspectos ou disposições planetárias diretas ou reflexas...

Nicolaus Copernicos, Galileo e, em seguida, o sábio, matemático, físico, astrônomo e astrólogo Johannes Kepler dimensionaram os rumos da astronomia, tornando possível a Isaac Newton e Albert Einstein realizar as grandes descobertas cosmológicas – e assim compreender as galáxias nos limites do universo, magnetares, pulsares, quasares, buracos negros, a matéria escura, coletando incríveis radiações de fundo que explicam as origens do universo...

Mas a astrologia, que já freqüentou palácios e catedrais, reis, príncipes, cardeais e papas, emerge mais gloriosa do que nunca no terceiro milênio, pretendendo ocupar o espaço que lhe é devido como a ciência dos homens e a religião de Deus...

Sabemos que Newton foi astrólogo e Kepler elaborou as três leis da física, sendo que a primeira delas explica a existência de Lilite – o apogeu da Lua, o grau de maior magnitude do horóscopo, conforme explicaremos linhas adiante.

A Lilite

Lilite é o apogeu da Lua, o grau de alta espiritualidade, o Kundalini dos iogues.

As deformações criadas por uma literatura inculta têm sido responsáveis por perigosos enganos, advindo daí sérios problemas que enfrentam os verdadeiros cultores da ciência astrológica.

Depondo sobre a verdade científica, pretendo esclarecer a opinião pública e principalmente os estudantes de astrologia, além de alguns astrólogos mal informados por essa mídia leiga e perigosa – que, em função destes enganos, poderão criar sérios embaraços nas avaliação dos horóscopos...

Explicando Lilite

A Lua gira ao redor da Terra em movimento elipsóide; o foco onde se encontra a Terra não é o centro, como se acreditava antigamente. O movimento elipsóide cria uma situação diferente nos trânsitos da Lua, ocasionando a existência de dois focos: o foco ocupado pela Terra (perigeu lunar) e o foco vazio (apogeu lunar ou grau de Lilite), dois pontos opostos e de diferente interpretação, conforme veremos.

O foco ocupado pelo centro de gravitação está relacionado com a Terra e a aproximação no perigeu. Daí resultam um apogeu, quando a Lua se encontra mais afastada da Terra, e um perigeu, quando a Lua se encontra mais próxima da Terra.

No perigeu, quando a Lua se encontra mais próxima da Terra, ocorre maior influência das correntes materialistas, mundanas, sensuais do planeta. Este ponto, denominado Priapo, está relacionado com uma série de deformações, como a deformação do órgão genital masculino, que os médicos denominam priapismo e tem muito que ver com os problemas inspirados na posição lunar sob a influência de Priapo, a verdadeira Lua Negra da iconografia mundana.

Daí se sabe que, quando a Lua se encontra no perigeu, o ponto de sua aproximação em relação à Terra, está interagindo com muito maior intensidade sob a influência materialista do planeta.

No outro extremo de sua órbita, quando a Lua se encontra mais afastada da Terra, mais distante dessa influência e imune às vibrações mundanas, temos o grau do apogeu lunar ou Lilite.

Não será difícil concluir que, nos dois casos opostos, teremos duas opções de influências extremas, conforme estamos avaliando.

O grau do apogeu surge como o mais sublime ponto do trânsito lunar.

Lilite busca a sublimação, o despertar da consciência, o crescimento espiritual. Lilite é a força ígnea que impulsiona o espírito na fantástica jornada evolutiva, para a sua sublimação.

Equivale à libido da psicanálise, ao elã vital dos naturalistas, ao Kundalini dos iogues.

Sabe-se que somos uma usina de três andares – alma instintiva, alma intelectual e espiritual. Para maior entendimento, podemos afirmar que Lilite determina o grau de evolução espiritual do nativo, o selo divino da natividade...

Vamos encontrar a vibração mais elevada do nativo em seu horóscopo no ponto em que está Lilite.

Lilite tem seu trono em Libra, onde tem profunda afinidade, desenvolvendo a sublimidade da arte que promete o equilíbrio e a exaltação dos valores espirituais.

No ascendente, Lilite indica sempre o indivíduo mais evoluído espiritualmente, em seu degrau de evolução.

Na casa 12, revela aptidões espirituais; na casa 3, desenvolve harmonia na comunicação sempre direcionada para a elevação do espírito.

Na casa 10, indica indubitavelmente o líder espiritual, cuja atuação em seu nível social deverá ser intensa e profícua.

E, assim por diante, Lilite exalta, sublimando o signo e a casa em que se encontra, sempre desenvolvendo uma vocação espiritual.

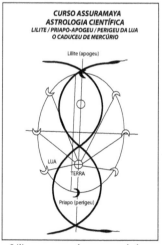

Lilite – o grau do apogeu da lua

Observar os dois pontos extremos da órbita lunar: apogeu, Lilite – a Lua espiritual; perigeu, Priapo – a Lua mundana.

Observar o caduceu de Mercúrio.

As duas serpentes encaracoladas indicam: com a cabeça para cima, a energia que sobe, espiritual; com a cabeça para baixo, a energia que desce, mundana, terrena.

A analogia entre Lilite, Kundalini e o caduceu de Mercúrio é universal.

Horóscopo individual e progressões

A análise de um horóscopo individual pode ser vista sob dois aspectos fundamentais: o estudo do horóscopo natal, que trata da vida potencial do nativo e seu grau de evolução instintiva, mental e espiritual; e o acompanhamento dos trânsitos dos significadores (estrelas fixas, luminares, planetas e plexos astrais) ao longo do tempo que discorre após o nascimento.

Isto porque os astros que foram colocados na carta astronômica natal não permanecerão "parados" após o momento do nascimento.

A dinâmica sideral ou astronômica ditará inexoravelmente o amálgama que se modifica com o passar dos tempos, determinando o comportamento e a própria evolução dos seres.

Destarte, os astrólogos procuraram, desde cedo, encontrar fórmulas pertinentes que preenchessem a expectativa de oferecer aos natos analisados métodos capazes de orientá-los com segurança em determinados períodos da existência.

Inúmeros foram os métodos criados com esse intuito, nem todos excelentes. Poderia até afirmar, sem exagero, que todos esses métodos esbarraram em presumíveis erros, maiores ou menores, sempre que se pretendeu insinuar previsões exatas.

Na realidade, não existem previsões exatas, já que o homem manipula seu livre-arbítrio de forma invariavelmente inadequada.

Ora, se todas as previsões astrológicas se baseiam na invariabilidade dos trânsitos astronômicos, que, por sua vez, transitam sob leis estritamente matemáticas; se as previsões se encontram, contrariamente, debaixo da imprevisibilidade do comportamento dos humanos, obviamente qualquer previsão se encontrará fatalmente sob essa perspectiva de frustração.

Para ilustrar esse aspecto de forma prática e objetiva, imaginemos um lavrador que possui um magnífico sítio, com a melhor terra cultivável, dispondo de boas sementes, adubo apropriado, e a meteorologia afirmando que haverá um bom inverno.

Tudo muito bem, as expectativas são excelentes e nosso lavrador encontra-se ante as melhores perspectivas de uma boa colheita.

Mas, se ele negligenciar e não plantar, jamais colherá um único grão, mesmo tendo uma excelente soma de perspectivas de uma boa colheita.

Se plantar, mas não cuidar da lavoura, não adubá-la convenientemente, não regar cuidadosamente, não proteger sua lavoura das pragas que infestam as plantações, obviamente sua colheita será diretamente proporcional ao esforço e à dedicação empreendidos.

Nenhum agrônomo dirá que ele terá uma excelente colheita somente pela condição de ter uma boa terra, boas sementes, bons adubos e os astros indicarem um bom inverno...

Da mesma forma, um astrólogo jamais deverá cometer a temeridade de afirmar que seu cliente terá uma progressão perfeitamente saudável pelo fato de seus trânsitos encontrarem-se nas melhores disposições e aspectos planetários. As progressões astrológicas devem funcionar como uma forma de consultoria astral.

Por outro lado, um nativo que tenha em sua carta astral obstruções previsíveis, marcadas nos aspectos negativos para uma progressão determinada, mas cujas disposições planetárias sejam excelentes, indicando uma fortaleza interior poderosa, uma lucidez mental e um espírito muito bem-dotado, obviamente seu astrólogo terá boas razões para acreditar que esse cliente poderá vencer suas dificuldades e alcançar o êxito com muito mais segurança do que outro que, ante melhores perspectivas de sucesso, não seja igualmente bem-dotado espiritualmente.

O analista deverá conhecer em profundidade o nativo antes de aceitar fazer as progressões de seu horóscopo.

Pessoalmente, não aceito fazer progressões de quem não tenha sido analisado por mim. Preciso conhecer profundamente o nativo para ter a certeza de que ele se enquadra nos presumíveis acontecimentos previstos nos trânsitos.

Quando conhecemos nosso cliente, o desempenho da progressão se torna muito mais fácil, podendo o astrólogo, por conhecer suas fragilidades e fortalezas, realizar um trabalho com muito mais segurança...

Existem dezenas, talvez centenas de métodos, práticas e cálculos para avaliar os trânsitos de um horóscopo, desde os mais rigorosamente técnicos até os criados pela "fértil" imaginação de alguns astrólogos.

Inúmeros são os métodos de progressões: as progressões primárias (relacionadas com a sincronicidade da rotação e translação da Terra em sua órbita), as progressões secundárias (baseadas no decurso dos trânsitos dos planetas e luminares, observando-se, para cada grau percorrido, um ano a partir do nascimento)...

Também há o chamado trânsito retrógrado da antena sensitiva ou meio do céu, também denominado "Fatun", que inicia seu trânsito mais rapidamente a partir do nascimento e diminui a velocidade ao longo da existência... Neste caso particular da antena sensitiva, encontrei a desestimulante margem de erros de até cerca de 30%.

O cálculo do "Dia Índice" ainda é usado por muitos astrólogos, embora altamente susceptível de erros.

A mais prestigiada de todas as progressões é a revolução solar, que se baseia no retorno do Sol ao grau, minuto e segundo de arco longitudinal do Zodíaco no instante do nascimento. Em função da dificuldade, ou até da impossibilidade de o astrólogo trabalhar com exatidão em segundos do momento do nascimento, resta uma possibilidade inarredável de laborar em erros, sempre que trabalhamos com a hora, minuto e segundo, o instante em que a criança teve cortado o cordão umbilical, retirando-lhe, simultaneamente, o suprimento do oxigênio.

O primeiro respiro, dramático e ofegante, que é geralmente confundido com o choro da criança, indica astralmente o marco da entrada do espírito divino no planeta Terra – a fantástica escola de provas do ser que vem aqui realizar a sua experiência cármica.

Durante as primeiras duas décadas de meus estudos e pesquisas dos trânsitos astrológicos, encontrei-me nessa situação, procurando, no entanto, buscar um método razoável que me oferecesse maior segurança no acompanhamento de horóscopos a partir do horóscopo natal, o que denomino astropedagogia...

Qual a melhor técnica, astrologicamente falando, para o astrólogo dar a seu cliente uma orientação que tenha total credibilidade e o indiscutível convencimento tanto para o astrólogo, mas, principalmente, para o seu cliente?

Método Assuramaya de progressões: um verdadeiro "Ovo de Colombo"

A intimidade com os horóscopos, alcançada durante milhares de experiências, me convenceu de que quando os planetas transitantes se deparavam com os seus radicais, em seu caminhar imutável e eterno ao longo do Zodíaco, formando conjunções ou outros aspectos a partir dos dias, meses e anos após o nascimento no horóscopo natal, fatalmente haveriam de disparar os fenômenos registrados nas posições radicais desses significadores.

Depois de acompanhar a veracidade dessas constatações, durante alguns anos e algumas centenas de observações, consegui montar meu próprio logogrifo, a partir do trânsito triunfal do Sol com seu cortejo planetário ao longo das doze casas astrológicas da mandala.

Estava surgindo gradativamente o novo método que denominei MÉTODO ASSURAMAYA DE PROGRESSÕES...

A confirmação se estendeu à observação de que, exatamente no momento em que o Sol, com a sua corte planetária, "entrava" em cada casa astrológica, disparava uma série de fenômenos previstos nessa casa e relacionados com os significadores envolvidos no processo.

É importante acrescentar que a linha ou cúspide da casa 1 ou signo ascendente é a "medula espinhal" do horóscopo, e as casas seguintes compõem o " sistema nervoso" da mandala.

Conclua-se daí que quando o Sol entra em uma casa astrológica, passando sobre essa "linha nervosa", dispara, por assim dizer, os acontecimentos que se encontram narrados na escrita astral, registrada pelas posições dos planetas nesse momento sensitivo.

Conclua-se, igualmente, que, quando o Sol entra na casa 1, inicia-se o ano astrológico do nativo, e os planetas que nesse instante se encontravam dentro da casa 1 estarão registrando os eventos mais importantes desse ano da progressão do nativo.

Em torno de 30 dias depois que o Sol entrar na casa 2, o nativo se encontrará em segurança para assumir a posse de seus bens materiais e administrar com maior equilíbrio sua vida tanto do ponto de vista material quanto do ponto de vista psicológico. Quando o Sol entrar na casa 3, as predisposições serão relacionadas ao contato com as pessoas e o mundo circundante – o indivíduo abre suas janelas, olha para o mundo ao redor, com uma emoção nova, querendo participar do processo. Quando o Sol entrar na casa 4, estará debaixo das influências emocionais relacionadas a esta casa, e assim por diante...

A partir de 1970, promovi uma série de observações metodológicas; nos cinco anos e centenas de horóscopos analisados que se seguiram, convenci-me da validade desse método ainda experimental – mas que já se mostrava suficientemente convincente para que eu passasse a usá-lo definitivamente.

Para aumentar o leque de informações cada vez mais próximas do ideal, tornando meu método muito mais seguro, avaliava os trânsitos dos quatro planetas lentos, Júpiter, Saturno, Urano e Netuno, os verdadeiros responsáveis pelos grandes eventos na vida das pessoas.

Os resultados se mostravam excelentes.

As conjunções dozenais de Júpiter com o Sol, Saturno ou importantes significadores da carta, a conjunção trintenal de Saturno com Júpiter, que eu denominava "conjunção magna", em alusão à estrela de Belém. Igualmente as conjunções de Urano e Netuno com os outros lentos, a entrada desses lentos no ascendente ou em casas significativas da carta astral acrescentavam importantes elementos comprobatórios da eficiência do "método" e forneciam outras informações para a complementação da análise da progressão pelo método que eu criara.

Sabemos que os quatro planetas lentos ou de órbita longa são os responsáveis pelos grandes eventos e pelo destino das pessoas; e que os planetas rápidos ou de órbita curta e ainda o Sol e a Lua são os disparadores dos acontecimentos previstos nas posições desses planetas gigantes.

Essa avaliação é sempre indispensável para a compreensão e orientação segura do nativo cuja carta estamos analisando.

A progressão pelo meu método pode ser iniciada em qualquer data, ou seja, com o Sol entrando na casa 1, casa 2, casa 3 etc., em qualquer período ou mês do ano.

Para a avaliação, verificamos o dia exato em que o Sol entra numa casa determinada. E colocamos a data encontrada em um círculo traçado acima da casa referida.

Dentro deste círculo, colocamos também todos os planetas, inclusive a Lua, como onde se encontravam nesse dia, acrescentando em que casa se encontravam esses significadores.

A análise se torna didaticamente exemplar, porquanto as posições encontradas fornecerão ao analista os elementos astrológicos indispensáveis para a orientação que pretende dar ao cliente.

Exemplo de uso do método Assuramaya de progressões

Em determinada progressão, retirada aleatoriamente do meu arquivo para estudo, encontramos o Sol entrando na casa 10 no dia 25 de maio de 2002. Desenhamos um pequeno círculo ao longo do gráfico, exatamente sobre a linha ou cúspide da casa em estudo, no caso a casa 10:

Sol em c-10 em 25/05/2005.

Observando as efemérides para esse dia, encontramos:

Lua em Escorpião, na casa 3
Mercúrio em Gêmeos, na casa 10
Vênus em Câncer, na casa 11
Marte em Gêmeos, na casa 10
Júpiter em Câncer, na casa 11
Saturno em Gêmeos, na casa 10
Urano em Aquário, na casa 7
Netuno e Aquário na casa 11

E fazemos a avaliação conforme segue. A análise resultará imediata.

Se o Sol no período se encontra na casa 10 e a Lua está na casa 3, obviamente o nativo estará vivendo um período de êxitos a serem alcançados, mediante a atividade intelectual ou em área de comunicação. A orientação do astrólogo deverá seguir as indicações ditadas pelos trânsitos dentro da casa 10; Mercúrio na casa 10 indica sempre evidência alcançada mediante o poder da fala ou da comunicação, da inteligência acentuada, possibilitando contatos importantes com pessoas de poder decisivo – o que deverá ser aproveitado de forma lúcida, mas coerente; Vênus na casa 11 sugere atividade filantrópica, encontro com amigos, e resultará em facilidades por conta da lucidez, sensibilidade e harmonia como que o nativo estará administrando o seu momento; Marte na casa 9 indica mente lúcida e poderosa, estimulando a vontade e o idealismo positivo que deverá criar novas expectativas de criatividade construtiva; Júpiter na casa 11 ativa o sentimento altruísta e humanitário, levando o nativo a repensar sobre a trajetória evolutiva terrena, sobre os valores tradicionais que certamente o ajudarão em um despertar mais lúcido em sua busca para o espiritual. Aqui, o astrólogo poderá até propor um projeto a ser elaborado pelo nativo no sentido de aproveitar o excelente trânsito de Júpiter na undécima casa astral. Com Saturno na casa 10, o nativo deverá estar atento para assumir grandes responsabilidades na administração de sua vida ou de empreendimentos que se encontrem sob sua responsabilidade. Saturno na casa 10 em uma progressão representa um dos maiores estímulos para o êxito na vida, tanto na hierarquia profissional como na vida em sociedade; Urano na casa 7, trânsito que deverá ter a duração de alguns anos, exige uma cuidadosa avaliação, observando o astrólogo os aspectos reflexos que determinarão as mais variadas conseqüências tanto positivas como negativas. A argúcia e a sabedoria do astrólogo serão responsáveis pelo bom termo dessa avaliação; finalmente Netuno na casa 11, quando o planeta Netuno é o mais lento do sistema astrológico, exige do nativo maior atenção para os problemas de ordem moral ou espiritual. O trânsito de Netuno em uma casa astrológica poderá ter a duração de 14 anos ou até mais, conforme a latitude do nascimento. A orientação do astrólogo, exatamente por isto, deverá levar em conta os aspectos reflexos, conforme é ensinado em outro capítulo deste livro.

Início do ano astrológico

Com a entrada do Sol na casa 1 em 23 graus de Leão, inicia-se o ano astrológico do nativo. E o ano astrológico que começou em 16 de agosto vai até o dia 15 de agosto do ano seguinte.

Acrescentamos que o ano astrológico desse nativo começa em 16 de agosto porque é nesse dia que o Sol entra em 23 graus de Leão, grau do ascendente do nativo. Nesse dia, a Lua estará na terceira casa, Mercúrio na primeira, Vênus na segunda em conjunção com Urano, Marte e Júpiter na casa 12, Saturno na décima casa, Urano na sétima e Netuno na sexta casa astral.

Tratando-se da entrada triunfal do Sol com o seu cortejo planetário no ascendente ou casa 1, teremos nesse momento uma indicação geral de como será o ano do nativo.

Exemplo: Lua na terceira será indicando que ele terá no decorrer dessa progressão anual janelas abertas para a comunicação, importantes oportunidades de alargar seus conhecimentos, fazer pequenas viagens, pequenos negócios, cursos de aperfeiçoamento etc.

Mercúrio na primeira casa astral acrescenta lucidez e oportunidades de crescimento intelectual, na convicção sobre as vantagens gerais.

Vênus estará na casa 2 em conjunção com Urano, indicando oportunidade de novos negócios ou surpresas que poderão trazer vantajosas oportunidades no setor material em geral.

Marte na casa 12 acarreta exigências espirituais, exigindo do indivíduo um comportamento ilibado. Leviandades nesse período indicarão perdas, prejuízos, cobranças cármicas inexoráveis.

Júpiter na casa 12 desperta um profundo sentimento espiritual, o despertar da consciência, o interesse por assuntos mitológicos e místicos.

Saturno na casa 10, quando o Sol transita no ascendente, determina oportunidade de alcançar projeção, fama, evidência no campo profissional.

Urano na sétima casa, quando o Sol transita no ascendente, coloca em observação qualquer sociedade, inclusive conjugal. É um período para avaliação do ponto de vista do interesse de preservar qualquer união.

Netuno em cinco quando o Sol transita no Ascendente exerce uma influência profundamente alquímica – ou seja, transmutação de sentimentos materiais para outros de natureza sublime.

Casa 2

O Sol entrou na casa 2 no dia 25 de setembro e aí permanecerá até o dia 24 de outubro. A Lua está na casa 9, determinando novas idéias para assuntos materiais, criando conseqüentemente oportunidades e conquistas neste sentido.

Mercúrio estará na segunda casa astral, acentuando a tendência lunar e assegurando amplas possibilidades econômicas e financeiras.

Vênus na terceira, com o Sol em 2, indica uma tendência mais objetiva para esclarecer assuntos conflitantes. Também indica forte magnetismo pessoal e equilíbrio nas decisões.

Marte na primeira acentua a energia, a ousadia, a capacidade de tomar decisões e ação concreta.

Casa 3

Dia 29 de outubro, o Sol entra na casa 3 e aí permanecerá até o dia 25 de novembro. A Lua estará em 12, despertando interesse pela literatura relacionada com assuntos místicos, cultura e arte.

Mercúrio em 2 acentua o interesse por negócios e viagens sempre com interesses materiais.

Vênus na terceira casa continua o acentuado magnetismo pessoal acrescentando vocação para as artes.

Marte na segunda casa significa equilíbrio, bom desempenho da saúde e certo egoísmo. Tendência para ganhar dinheiro.

Casa 4

Dia 26 de novembro, o Sol entra na casa 4 e aí permanecerá até o dia 19 de dezembro.

A Lua continua na casa 12. Com o Sol em 4 e a Lua em 12, encontramos uma tendência depressiva e possibilidades de problemas com familiares.

Mercúrio em 4 acentua essas tendências.

Vênus em 2, possibilidades de negócios relacionados com educação, alimentação e assuntos correlatos. Esta fase pode trazer problemas ou depressiva relação afetiva.

Marte na casa 2 em conjunção com Lua: problemas familiares se acentuam com possibilidades de discussões e agressões tanto no campo familiar quanto em qualquer relação emocional.

Casa 5

Dia 20 de dezembro, o Sol entra na casa 5 e aí permanecerá até o dia 13 de janeiro do ano seguinte.

Lua na casa 11, com o Sol na quinta, indica uma tendência excelente para o relacionamento em geral, para as artes, para as festas e para o amor.

Mercúrio estará na casa 5, confirmando as indicações anteriores e acrescentando lucidez intelectual na administração desses eventos.

Vênus estará na terceira, acompanhada de Marte, determinando harmonia, dinamismo e um forte magnetismo pessoal.

Casa 6

Dia 14 de janeiro, o Sol entra na casa 6 e aí permanecerá até o dia 13 de fevereiro.

A Lua estará na nona casa, com o Sol na sexta, indicando lucidez intelectual, idealismo no campo do trabalho e profissional.

Mercúrio na quinta torna exeqüível qualquer assunto relacionado com arte.

Vênus na quarta indica emoções relacionadas com o campo familiar.

Marte na terceira: ação, dinamismo, ousadia, vontade de viajar e conquistar novos caminhos.

Com o Sol na sexta, oferece-se uma fase excelente para verificação da saúde e da capacidade de trabalho.

Casa 7

O Sol entra na casa 7 no dia 12 de fevereiro e aí permanecerá até o dia 22 de março.

Lua em 10, excelente para projeção ou início de sociedades que poderão ter bom êxito.

No relacionamento conjugal, evidências surgirão – e estas devem ser aproveitadas com sabedoria.

Mercúrio em 6: cuidado no relacionamento em sociedade ou na relação conjugal.

Vênus em cinco, com o Sol em 7, é excelente para uma lua-de-mel, quando o casal vai se renovar afetivamente.

Marte em 4: segure seu campo emocional, não se envolva nos problemas dos outros. Se puder ajudar, ajude; senão, passe ao largo.

Casa 8

Dia 23 de março, o Sol entra na casa 8 e aí permanecerá até o dia 15 de abril.

Sabendo que a casa 8 é uma casa voltada para o não-espaço, o não-ser ou o campo espiritual, cada detalhe deve levar isso em conta.

Lua em 4 indica perigosa tendência depressiva na avaliação de problemas quase sempre muito menores do que se apresentam ao nativo.

Mercúrio em 8 significa igual tendência a depreciar valores.

Vênus em 7 com o Sol em 8 pode significar atritos conjugais.

Marte em 5 agirá como equilíbrio, mostrando o lado bom e que os conflitos podem ser sanados.

Nota: Observe sempre que a astrologia não é para assustar, é para orientar e evitar que os problemas se instalem.

Casa 9

Dia 26 de abril, o Sol entra na casa 9 e aí permanecerá até o dia 24 de maio.

Lua em 2 com o Sol na nona indica lucidez no trato de assuntos relacionados com matéria, economia, negócios etc.

Mercúrio em 9 em conjunção com Saturno assegura bom relacionamento com pessoas idosas ou conclusão de antigos negócios.

Vênus na casa 9 indica idéias brilhantes que poderão ser bem aproveitadas.

Marte na casa 10 é excelente oportunidade para tomar decisões.

Casa 10

Dia 25 de maio o Sol entrará na casa 10 e aí permanecerá até o dia 19 de junho.

A Lua se encontra na casa estimulando o relacionamento.

Mercúrio na casa 10 assegura-lhe evidência e convencimento pelo poder da palavra.

Vênus na casa 11 atrai amigos sinceros e leais, alegrias e êxito nas artes.

Marte na casa 9 fortalece a mente, idéias brilhantes e oportunidades de viagens, férias etc.

Casa 11

Dia 20 de junho o Sol entra na casa 11 e aí permanecerá até o dia 15 de julho.

A Lua se encontra na casa 2, com o Sol em 11 assegurando oportunidades de êxito em negócio com intermediação de amigos.

Mercúrio em 10 proporciona evidências também no relacionamento com novas amizades.

Vênus na casa 12 desenvolve atributos espirituais que deverão ser levados a sério.

Marte estará na casa 11, estimulando atitudes altruístas e o surgimento de novas amizades.

Casa 12

Dia 16 de julho, o Sol entra na casa 12 e aí permanecerá até o dia 15 de agosto, quando terminará o ano astrológico do nativo.

A Lua encontra-se na casa 2, estimulando atitudes místicas, interesse por mitologia, astrologia e assuntos correlatos.

Mercúrio está na casa 11, aumentando a sensibilidade espiritual.

Vênus na casa 12 indica uma sensibilidade mística e misteriosa, despertando maior interesse das pessoas de seu ambiente.

Marte encontra-se na casa 12, juntamente com o Sol, oferecendo um excelente momento para profundas reflexões.

Você notou que abordamos os planetas lentos somente na análise do trânsito do Sol na casa 1. Primeiramente porque são os planetas e significadores rápidos (Sol, Lua, Mercúrio, Vênus e Marte) os ativadores dos acontecimentos determinados pelo trânsito do Sol em cada casa astral. Naturalmente, os planetas lentos (Júpiter, Saturno, Urano e Netuno), como o nome indica, determinam os grandes eventos na vida das pessoas e ao longo de largos espaços de tempo... No entanto, a abordagem para cada caso poderá ser avaliada pelo analista, sempre observando a importância desses planetas lentos nas casas percorridas pelo Sol, conforme as indicações gerais da prática astrológica.

Naturalmente, e todo estudante de astrologia tem consciência disso, um aspecto isolado não define o horóscopo. Cada observação, portanto, deverá ser apreciada dentro do conjunto. Nesta orientação, o astrólogo deverá pôr o seu cliente informado de que estará realizando uma consultoria, e de que precisa estar convencido de que tem em mãos um verdadeiro "mapa" para orientá-lo em sua trajetória evolutiva terrena da forma mais segura, durante determinado período, indicando como e quando agir com segurança, para ter a maior soma de acertos e a menor possibilidade de erros.

O método de progressões Assuramaya, que ponho à disposição de nossos alunos, colegas e leitores em geral há cerca de trinta anos, obedece sempre a esses critérios, e posso assegurar que a margem de acerto encontra-se próxima dos 90% – sendo que os 10% de erros estarão sempre por conta da negligência das pessoas e da natural imperfeição humana.

Capítulo IV
Perguntas mais freqüentes

Astrologia em geral
O que é astrologia?

Astrologia é uma prática milenar, destinada a estudar os eventos e a vida das pessoas em geral ou em particular, e orientá-las a se administrar em momentos determinados ao longo da existência. O método astrológico consiste em avaliar a relação do mapa estelar do nascimento, quer dizer, a posição da esfera celeste, as leis de verticalidade e horizontalidade, e as posições dos astros, Sol, Lua, planetas, estrelas e demais significadores da tradição astrológica.

E efetuar a análise da interação entre o campo magnético da esfera celeste e o campo magnético do nativo ou evento ocorrido nesse momento é um empreendimento formidável, considerando-se que as opções de aspectos e disposições planetárias, interação com os diferentes significadores entre estrelas, luminares, planetas, graus naturais e graus críticos, plexos lunares, solares e planetários, conjunções seculares, trânsitos especiais, dignidades, e muitos outros fenômenos passíveis de ser encontrados em uma análise astral, poderão atingir cifras de muitos milhões de posições a serem avaliadas para se chegar à análise final...

Nesse mister, o astrólogo se encontra ante uma inimaginável soma de opções e avaliações, o que raramente deve ocorrer com outros pesquisadores em outras diferentes áreas do conhecimento.

Para tal, o analista astrólogo necessita de hora, dia, mês e lugar exatos do nascimento do nativo ou o momento do evento para levantar os cálculos e traçar a carta astral ou o horóscopo. O horóscopo é constituído de doze signos zodiacais, doze casas astrológicas, luminares (Sol e Lua), planetas, estrelas e tudo o mais que existe na esfera celeste e tenha suficiente campo magnético capaz de interagir com o campo magnético da Terra e, conseqüentemente, com o campo magnético do ser humano em particular.

As doze casas astrológicas são divididas em 4 grupos de 3 casas cada um, compondo 4 triângulos assim designados: o triângulo da vida (casa 1, casa 5 e casa 9), o triângulo da atividade (casa 2, casa 6 e casa 10), o triângulo das uniões (casa 3, casa 7 e casa 11) e o triângulo dos fins (casa 4, casa 8 e casa 12).

O triângulo da vida é o fundamental porque está relacionado com o ser humano em sua tríplice constituição: orgânica ou instintiva, mental ou intelectual, e divina ou espiritual. Determina ainda o grau de evolução, a vocação e o degrau que o indivíduo deverá ocupar na comunidade humana à qual estará ligado etc. Quando estudamos o triângulo da vida, encontramos as três importantes casas responsáveis pelos diferentes estágios da evolução do nativo.

A casa 5 é material, química, instintiva... Rege, entre outras, a função linfática, endócrina, gonadotrófica e enzimática, atuando no temperamento, caráter, sexualidade, sensibilidade instintiva e artística etc. A natureza humana, em seu aspecto animal, instintivo será perfeitamente investigada com segurança na casa 5, oferecendo ao analista astrólogo uma completa soma de informações sobre o caráter instintivo ou o temperamento do nativo.

A casa 9 é mental e intelectual. Indica o grau de inteligência, o "QI", a capacidade mental, e está relacionada com o idealismo filosófico do nativo, a cultura, a ciência, seu idealismo e suas aspirações.

Indiscutivelmente, a atividade mental é a grande responsável pelo avanço cultural da humanidade e pelas grandes conquistas das civilizações através dos tempos. Por meio dela foram alcançadas grandes descobertas e invenções, e todas elas graças a mentes luminosas que abriram as portas do saber e da ciência para os ciclos das grandes civilizações.

A casa 1, ou signo ascendente, é espiritual. O signo ascendente, como o próprio nome indica, é o signo que "ascende" para a vida, a partir do instante do nascimento, trazendo de seu passado antinatal toda a bagagem cármica conquistada durante sua existência milenar. Traz o espírito divino em sua manifestação, o ser evolutivo, seus valores morais e espirituais, a maturidade, o grau de evolução a que está designado esse nativo, e ainda suas virtudes e méritos, mas, também, os seus defeitos e vícios. A casa 1, ou signo ascendente, determina o perfil espiritual do indivíduo durante uma existência terrena, o degrau em que se encontra na fantástica jornada evolutiva aqui na Terra.

Essas observações nos levam a concluir que o ser humano tem um destino espiritual a cumprir neste planeta, que não é um clube de recreação, e sim uma escola de provas na qual nos encontramos para o grande aprendizado evolutivo em busca da perfeição.

Sob esse ponto de vista, a abordagem astrológica oferece, em sua excelência, o caminho mais nobre para o ser humano despertar a consciência, descortinar a eternidade e encontrar sua divindade, afastando-se do materialismo ateu e encontrando refúgio em Deus.

Enfim, este é o verdadeiro caminho da felicidade... E o notório e inarredável propósito da astrologia.

Astrologia é uma arte, ciência ou religião? Qual sua função como disciplinadora do comportamento humano ante a existência, o destino e a felicidade humana?

Astrologia é uma ciência: baseia-se nos mesmos mapas astronômicos calculados pelos astrônomos para estudo da esfera celeste e dos corpos estelares, suas dimensões, composições e movimentos. Estuda a interação entre as mesmas radiações estelares e seus efeitos nos campos magnéticos dos seres humanos aqui na Terra. Desde que iniciei, nos anos de 1950, no Curso Assuramaya de Astrologia Científica, os estudos, pesquisas e ensino da astrologia, preocupei-me em cunhar a expressão "astrologia científica", com o objetivo de erradicar-lhe, por um lado, o caráter adivinhatório que lhe tem emprestado, indevidamente, certos setores estranhos à matéria. E, por outro lado, as investidas alienígenas dos apedeutas, afoitos e despreparados, os quais já montavam tendas de "camelôs" em nossas cercanias.

Obviamente, havia em paralelo uma preocupação com o efeito "fermento" que a presença desses intrusos causava nas mentes de novos e sérios candidatos ao ministério sagrado que é o exercício de nossa atividade. Preservá-los, para o progresso da ciência, parecia-me um inevitável objetivo e árdua campanha de informações.

Astrologia é também uma arte. Conforme afirmava, sabiamente, o grande mestre Eliphas Levi: "Arte é a expressão do Belo, o Belo é a expressão da Verdade..." Então astrologia é, também, uma arte, porque busca a harmonia e a beleza da vida e afirma a Verdade.

E, nesse sentido, tendo por escopo encontrar a interação entre o universo, que é o corpo divino, e o homem, feito à semelhança de Deus, pode ser observada, também, como a grande religião do homem. Isto é tão verdadeiro que, assim como religião quer dizer "religar", no sentido de religar o homem a Deus – o Criador –, a astrologia verdadeiramente avança para esse propósito, procurando acompanhar a interação entre o homem e o universo, entre o homem e a estrela, entre o homem e Deus...

Podem-se comprovar cientificamente as informações contidas em um horóscopo?

O estudo astrológico se baseia nas leis de atração e repulsão. E, também, obviamente, no concurso da energia, a matéria-prima fundamental do universo, da estrela e do homem. Essa relação é indubitável, porquanto a estrela, sendo da mesma constituição do homem, com ele interage, determinando reações orgânicas, mentais e espirituais e, conseqüentemente, o seu destino.

O exemplo maior vem do Sol, de cuja energia somos inarredavelmente depositários, e de cujo usufruto resultam a vida e o nosso destino. Das influências lunares não restam dúvidas, pois desde Isaac Newton têm sido comprovadas cientificamente as influências da gravitação lunar nas marés oceânicas e, por conseguinte, no comportamento dos líquidos orgânicos cujo resultado, tão notório para o organismo, para a saúde e para o psiquismo humano, a medicina astral ou a astrodiagnose tem comprovado exaustivamente.

Quando ou qual a idade indicada para efetuar o horóscopo de uma pessoa?

O momento ideal para fazer o horóscopo de um indivíduo é a partir das primeiras semanas de seu nascimento. Dia virá em que o tabelião exigirá dos pais o horóscopo efetuado por um astrólogo oficial, antes de registrar a criança.

O horóscopo de recém-nascidos tem dupla vantagem: primeira, quanto mais perto do nascimento, maior a segurança da hora natal; segunda, de posse do horóscopo que contém a soma dos valores morais, intelectuais e espirituais da criança, seu indicador vocacional, dados pessoais, informações sobre onde a saúde é mais vulnerável etc., conhecendo bem o filho que vão educar, os pais estarão muito mais bem capacitados para a magna tarefa da educação de seu filho. Conhecerão muito melhor o comportamento, o temperamento, o caráter, o grau de desenvolvimento intelectual e mental, a vocação.

De posse desses conhecimentos, os pais estarão muito mais aptos para a tarefa de educar e orientar, acompanhando a evolução da educação ao longo de seu crescimento, adaptando-se gradativamente durante a evolução natural dos anos e o aprendizado, obtendo os mais variados e corretos sucessos no decorrer da infância e da adolescência.

Durante a infância, o horóscopo será uma preciosa carta para guiar os pais na condução dos primeiros passos de seus filhos, colocando-os devidamente – dia a dia, mês a mês, ano a ano – no caminho mais adequado a seu desenvolvimento e educação, preparando-os desde cedo, inspirando-os no fortalecimento de sua verdadeira vocação.

Na adolescência, os pais terão mais serenidade no confronto das presumíveis rebeldias, as quais poderão ser apenas experiências naturais e momentâneas para o aprimoramento do jovem, sem a conotação perigosa de desvios de conduta, tão preocupantes e capazes de criar transtornos perfeitamente evitáveis.

Finalmente, o tempo mostrará, ao longo de sua inexorável temporaneidade, que os frutos do amanhã serão tanto mais maduros e excelentes quanto a excelência do tratamento e da adubagem correta administrada no decorrer de cada etapa da vida.

Interpretação astrológica
Qual o signo mais forte do Zodíaco? Existe isso?

Antes de responder a essa pergunta, é importante afirmar que as pessoas não são "feitas" por determinados signos; elas são, sim, o resultado do amálgama zodiacal produto de muitos milhões de aspectos somente retratados com precisão no horóscopo individual.

Em outras palavras: ninguém é de um signo isoladamente, ninguém é produto de um único signo. Obviamente, o signo solar imprime na alma dos nativos importantes caracteres que lhes são peculiares. Mas cunhar uma imagem com base unicamente no signo solar é uma heresia imperdoável.

Ao dizermos que uma pessoa é do signo de Leão, estamos afirmando que quando ela nasceu o Sol se encontrava no signo de Leão. Entretanto, sabemos que, além desta posição do signo solar, existem milhões de outras para compor uma carta estelar do nascimento. Assim sendo, podemos afirmar que uma pessoa nascida em um signo solar determinado, mais ou menos forte, certamente receberá influência deste signo, embora esta posição, isoladamente, não lhe confira o rótulo privilegiado de característica deste signo. Simplesmente porque um aspecto isolado não confere ao nativo plenos atributos astrológicos capazes de identificá-lo como nativo deste signo, portador de todos os atributos deste signo, mesmo que se trate do signo solar.

Agora, sim, posso afirmar que o signo mais forte, mais nobre, mais importante, obviamente, é o signo do Sol: Leão. Pois, além de ser o signo de regência do Sol, é um signo de polaridade positiva, de qualidade fixa e do elemento fogo. Por isso mesmo, além do Sol, qualquer planeta situado no signo de Leão encontra-se em alta dignidade, distribuindo eqüitativamente as benesses siderais.

Sempre levando em conta a casa astrológica em que se encontra, a qual é, indubitavelmente, a provedora dos bens e virtudes ali contidas...

Se existe um signo mais forte, há também um signo mais fraco?

Perfeitamente, podemos afirmar que existe um signo mais frágil para assuntos materiais e este é o signo de Peixes. Na realidade, o signo de Peixes poderá ser considerado o signo mais frágil, do ponto de vista material, e mais forte, do ponto de vista espiritual. Isto porque Peixes é um signo de polaridade negativa, de qualidade móvel, do elemento água e regido pelo planeta Netuno – de natureza espiritual.

Destarte, compreendemos que Leão é o signo mais forte para os assuntos do mundo material e planetário... E Peixes, o signo mais forte quando falamos de evolução espiritual da humanidade.

Existem signos hostis? Em caso positivo, essas pessoas devem ser evitadas?

De modo algum! Da mesma forma que os leoninos não deverão comemorar a plenitude material, nem os piscianos a plenitude espiritual, somente porque nasceram no signo de Leão ou no signo de Peixes... Porquanto são inúmeros os fatores que regem essas disposições planetárias.

Obviamente, os signos chamados hostis ou incompatíveis o são em função dos elementos que os regem. E, somente em casos perfeitamente definidos na análise astrológica, podemos chegar a essas conclusões, conforme veremos ao longo deste tratado de astrologia.

Tomando por exemplo dois signos, Leão, que é fogo, e Escorpião, que é água, podemos afirmar que uma pessoa de Leão é capaz de se harmonizar tão bem com outra de Escorpião quanto com outra pessoa de Sagitário, que é também fogo. Desde que outros fatores decisivos apliquem suas influências específicas...

É preciso levar em conta que, do ponto de vista do elemento, Escorpião e Leão são signos incompatíveis – água e fogo.

No entanto, do ponto de vista da qualidade, Escorpião e Leão são signos de qualidade fixa, o que sugere uma indubitável sintonia.

Este, e outros inúmeros fatores, desautorizam análises precipitadas, especialmente quando leigos tentam deitar normas em uma ciência de tal magnitude para a humanidade.

Qual a importância do signo ascendente e do signo solar em um horóscopo?

O signo ascendente é o signo que se levanta no Zodíaco no instante exato do nascimento. Por isso, indica tudo que o nativo trouxe como bagagem de sua evolução antenatal. Tudo que ascende com ele a partir do nascimento, quando entrou para a vida no planeta Terra. O signo ascendente revela o grau de evolução espiritual do indivíduo, sua predestinação, sua vocação, a missão que veio realizar neste planeta.

O signo ascendente revela-se no instante em que o ser recebe o primeiro hausto de oxigênio, ao lhe ser subtraído tal suprimento pelo corte do cordão umbilical. Esse instante dramático interage com o momento da esfera celeste e define o ser evolutivo, sua marca ascendente. Enquanto o signo solar, sob as influências diárias dos trânsitos do Sol, ao longo da existência, rege o destino dos humanos sob a lei de causa e efeito que denominamos "carma".

Cada passo do Sol no percurso do Zodíaco traz novas experiências ao nativo, que vai acrescentando, gradativamente, em sua trajetória evolutiva terrena, a marca de sua própria evolução, forjando seu amálgama instintivo, mental e espiritual. Essa é a marca do signo solar, o signo do grau solar do nascimento.

A influência cármica do cotidiano signo solar vai, por assim dizer, lapidando o espírito divino em sua trajetória evolutiva terrena.

Por que se diz que os homens são de Marte e as mulheres são de Vênus?

Há certo fundamento nesta afirmação. Na realidade, sabemos que as radiações catalisadas pelos planetas em suas órbitas ao redor do Sol atuam no campo magnético da Terra, no campo magnético dos seres que a habitam de forma determinada e, mais especificamente, nos seres humanos.

E os planetas Marte e Vênus sempre foram identificados mitologicamente na parceria conjugal, o que é afirmado por milênios de estudos e confirmações estatísticas. Marte, o galante varão do Olimpo; Vênus, a sensual, a doce e terna Afrodite, mãe do apaixonado Cupido, o Ares grego, responsável pela paixão que exacerba os corações dos filhos de Geia.

Em astrodiagnose – a medicina astral –, sabemos que Marte rege e produz o hormônio masculino testosterona, ao passo que Vênus rege e produz o hormônio feminino estradiol.

Tenho observado, em centenas de horóscopos analisados, aspectos e disposições negativos de Marte ou de Vênus, responsáveis por distúrbios endócrinos nesses nativos e os conseqüentes problemas de impotência, esterilidade ou outros distúrbios de natureza fisiológica e endócrina.

É necessário salientar que a Lua e o regente da casa 5, assim como os planetas que aí se encontram na carta natal, também participam no conjunto dessas pesquisas.

Em função dessas observações, uma sinastria conjugal somente poderá ser avaliada, obviamente, entre parceiros de sexo diferente. De um lado, o homem que é de Marte; do outro, a mulher que é de Vênus.

A propósito, que fator astrológico determina a sexualidade em um horóscopo?

A casa 5 do horóscopo relaciona-se com a atividade instintiva e, conseqüentemente, com a sexualidade. Não descartando jamais, como vimos acima, que a sexualidade masculina está intimamente ligada à produção do hormônio testosterona dos estímulos marcianos, e a sexualidade feminina à produção do hormônio estradiol dos estímulos venusianos. Sempre vinculando a casa 5 a Marte e a Vênus, conforme o caso.

A casa 5 rege a função endócrina e gonadotrófica, responsáveis pela sexualidade e, por conseguinte, pela perpetuação da espécie por meio da geração de filhos. O concurso de Vênus e de Marte, portanto, completa a atividade relacionada com a geração.

Um Marte bem-disposto e bem aspectado no horóscopo de um homem indica um perfil viril, em que prevalecem suas aptidões masculinas. Já uma Vênus bem-disposta e bem aspectada no horóscopo de uma mulher indica uma sensibilidade feminina sob a doce harmonia das filhas de Afrodite.

Obviamente, a extensão dos fenômenos relacionados com a sexualidade, através de muitos milênios de evolução, estabeleceu um conjunto de normas e expectativas, tornando cada vez mais sofisticada a relação sexual entre os seres de determinadas espécies, inclusive na espécie humana. Observemos então, desde as espécies mais inferiores, o sofisticado engenho que conduz os pares ao acasalamento.

Os machos em geral se emplumam ou se vestem de exuberantes ornamentos naturais e promovem atitudes insólitas, nas quais exercem seus pendores artísticos – alguns verdadeiros dançarinos, cuja fascinante demonstração encontramos na "dança dos tangarás" e dos pavões –, sempre com o objetivo de impressionar e atrair a parceira. Em outros casos, especialmente nos animais de pêlo, esguicham odores hormonais, como o boi almiscareiro ou os marsupiais cujo odor é pressentido a quilômetros de distância pelos parceiros na função natural para a perpetuação da espécie. Em meio às aves, alguns se enfeitam de plumas multicoloridas, a exemplo do faisão, do magnífico pavão, entre muitos outros.

Na espécie humana, esses artifícios naturais, perdidos no decorrer dos longos anos da evolução, desde nossos remotos antepassados, foram ardilosamente substituídos por outros ornamentos artificiais – tinturas, perfumes, jóias, peças de vestuário etc. –, produzidos artificialmente pela indústria da moda, da joalheria, da perfumaria...

Daí estudarmos na casa 5 tudo que se relaciona com a sexualidade – moda, arte etc. Naturalmente, esse esforço conjugado haveria de desenvolver uma surpreendente cultura, designada sob o nome genérico de Arte. Todo esse novo e formidável ministério humano é estudado na casa 5 dos horóscopos individuais.

Qual fator do horóscopo determina o sucesso de algumas pessoas e dificuldades na vida de outras? Existe um determinismo astral?

Este assunto torna-se perigoso do ponto de vista ético, porquanto, e inevitavelmente, precisaremos avaliar o grau de evolução demonstrado nas disposições planetárias e zodiacais do mapa astral com muito discernimento. Sem deixar de levar em conta que a hipocrisia de certos setores humanos poderá levantar suspeição acerca de alguma evidência elitista ou antiética, com inevitáveis problemas para o bom êxito dos estudos e aplicação dos ensinamentos astrológicos.

Entretanto, nada disso existe quando analisamos um horóscopo e constatamos o óbvio: que há entre os humanos, como em tudo no universo, os mais variados graus de evolução, tanto sob o ponto de vista físico quanto mental ou espiritual.

Destarte, e inapelavelmente, caímos na conclusão de que não existem dois seres humanos iguais. E a análise do horóscopo do nascimento demonstrará essas desigualdades de forma muita clara e precisa.

Estudamos essas indicações, principalmente, nos dois triângulos do dodecaedro zodiacal: o triângulo da vida, que dispõe sobre o grau de evolução do indivíduo propriamente dito; e o triângulo da atividade, que dispõe sobre sua participação na conquista do espaço no qual haverá de realizar sua experiência planetária.

No triângulo da vida, a casa 1, ou signo ascendente, mostra seu grau de evolução real; a casa 9, seu grau de desenvolvimento intelectual; e a casa 5, seu temperamento instintivo.

Enquanto as indicações no triângulo da atividade mostram na casa 6 a capacidade vocacional e conseqüente atividade profissional, a casa 2 a segurança e estabilidade material e a casa 10 mostrará também um nativo que terá presumível notoriedade sobre os seus semelhantes nos diversos setores onde atuar, seja no campo profissional, social, intelectual, artístico, espiritual etc.

A análise do triângulo da atividade determinará a carreira mais ou menos brilhante de um nativo... Ou o seu declínio.

Todavia, posso acrescentar que a astrologia é, fundamentalmente, a ferramenta ideal para educar os nativos analisados à luz do horóscopo, oferecendo a melhor e excelente opção astropedagógica. Mostrando as dificuldades, apontando soluções, identificando as favorabilidades, os recursos para o indivíduo se atualizar, aperfeiçoar-se, levantando sua verve mental e espiritual, mostrando-lhe exatamente o caminho de eleição para vencer suas dificuldades, o astrólogo o estará ajudando, como nenhum outro instrutor, a descobrir onde, quando e como atuar para subtrair-se de suas dificuldades.

Aí se encontra o escopo principal da astrologia: fazer o indivíduo se conhecer melhor, para, sabendo mais sobre seus problemas e deficiências, ajudá-lo a superar esses problemas. Sempre levando em conta o direcionamento de soluções sob o crivo da racionalidade, sabendo que não existem milagres, e sim soluções possíveis, conforme as disponibilidades astrais de cada um.

Acendendo a centelha divina que habita dentro de cada um de nós... Jamais, por crueldade, aniquilar uma vontade... Mesmo quando tudo parece nada... Pode surgir a vida debaixo da luz...

Assim é a astrologia. Não há milagres. E não deve haver, igualmente, hipocrisia.

Poderemos sempre orientar nossos nativos a aproveitar melhor suas favorabilidades astrais e tentar corrigir as dificuldades e obstruções que fatalmente existem, em maior ou menor escala, em todos os horóscopos. Este é o aspecto mais fascinante da astrologia. Poder orientar as pessoas a lutar incansavelmente pela conquista de um lugar ao sol, pela conquista de seu objetivo natural e espontâneo, mesmo quando tudo parece conflitar...

Astrologia e suas técnicas

Existe um indicador vocacional determinante de objetivos, como área de saúde, financeira, política, de comunicação, social, empresarial, governamental etc.?

A partir daí, observando outros detalhes da carta astral, o astrólogo poderá oferecer a seu nativo uma segura indicação vocacional, apontando, em seguida, a profissão que mais deverá se identificar com aquele indivíduo que o procura para essa orientação.

O que é sinastria? Qual a importância da análise de duas pessoas, seja para a avaliação afetiva em uma união conjugal seja para a formação de uma sociedade comercial?

Sinastria é a análise conjugada de dois horóscopos, que visa avaliar uma presumível união conjugal ou, ainda, uma sociedade comercial.

Pode ser a análise de horóscopos de casais já constituídos, realizada com objetivo astropedagógico, a fim de oferecer ao casal maiores e melhores subsídios para reavaliar a união existente, repensar soluções, reencontrar a felicidade abalada no decorrer dos anos de casamento. Existem várias técnicas para chegar a uma sinastria.

Na primeira abordagem, o astrólogo, logicamente dispondo dos dois horóscopos a serem comparados, verificará se os dois parceiros são compatíveis sinastricamente, isto é, se os itens sinástricos positivos são em maior número do que os itens sinástricos negativos.

Preliminarmente, observamos o Sol e Marte no horóscopo da mulher; em seguida, analisamos Lua e Vênus, no horóscopo do homem. Esses significadores costumam ser conclusivos para o julgamento pelo astrólogo da oportunidade da união. Obviamente, outros fatores serão acrescentados conforme a tradição astrológica.

A análise dos itens sinástricos positivos e negativos será sempre valiosa para se chegar a uma conclusão, verificando e identificando os pontos de atrito (itens sinástricos negativos) e os pontos harmônicos (itens sinástricos positivos), e realçando a oportunidade da união.

No caso de prevalecer a possibilidade da união, então o astrólogo deverá iniciar aquilo que eu denomino astropedagogia, orientando o casal para a administração da relação conjugal.

Sabendo que a união conjugal é uma empresa como qualquer outra e que, portanto, precisa ser bem administrada para dar lucro e atingir sua excelência, criei meu próprio método – que será ensinado nas páginas seguintes deste livro.

Uma sinastria também poderá ser empregada na avaliação de uma empresa representada por seus sócios. Nesse caso, o astrólogo fará os dois horóscopos, certamente verificando o grau de maturidade e seriedade dos participantes da sociedade, priorizando, obviamente, as casas do triângulo da vida: casas 2, 6 e 10. E, naturalmente, analisando os horóscopos como um todo.

O que é progressão?

Assim como na sinastria, existem vários métodos de progressão. Falarei, neste momento, de meu próprio método, que tem sido ideal em todos os milhares de horóscopos analisados por mim. Vejamos.

O horóscopo radical do nascimento é estático, como uma radiografia do céu natal. Mas os planetas não ficam parados depois do nascimento. Eles continuam sua trajetória zodiacal ao longo dos tempos, indefinidamente.

Em minha técnica de progressão, acompanho os trânsitos do Sol com seu cortejo planetário no percurso das longitudes zodiacais do horóscopo, quando, naturalmente, cada astro passará em conjunção com os radicais da carta natal, a partir do momento em que o Sol entrar em uma casa determinada.

Levando-se em conta que os planetas do horóscopo radical encontram-se nos mesmos graus em que se encontravam no dia do nascimento, observamos que os transitantes irão, inexoravelmente, depois do evento natal, passar sobre seus radicais em períodos determinados, quando fazem, por assim dizer, disparar os eventos registrados no horóscopo natal.

Existe uma astrologia empresarial? Pode-se fazer o horóscopo de uma empresa? Como procedê-lo?

O horóscopo de uma empresa poderá ter tanta importância e validade para o êxito do negócio quanto o horóscopo de uma pessoa para orientá-la ao longo de sua existência.

Tal horóscopo poderá ser traçado a partir do momento mais significativo de sua criação, como a assinatura do termo contratual, a inauguração de fato da empresa etc. No caso de uma nova empresa, será possível ao astrólogo verificar o melhor momento para sua inauguração, momento esse também usado para levantar o horóscopo.

O procedimento deve ocorrer da mesma forma que no horóscopo individual, tomando-se a hora, o dia, mês, ano e lugar onde a empresa será instalada. Para efetuar um trabalho completo, é fundamental levantar igualmente o horóscopo do empresário ou dos empresários – no caso de haver mais de um sócio.

Existe uma prática de efetuar os horóscopos de países. O Brasil também tem o seu horóscopo. Qual a validade dessas informações?

Eu mesmo já estudei o horóscopo do Brasil, feito para a região às margens do riacho Ipiranga, interior de São Paulo, às 17h02, no dia 7 de setembro de 1822, na longitude 46 graus e 30 minutos Oeste e latitude de 23 graus e 32 minutos Sul, com base em informações colhidas na obra do historiador Rocha Pombo.

São tentativas, pesquisas e avaliações, nem todas totalmente comprovadas. Na realidade, qual data se insere na história do Brasil para determinar-lhe o seu verdadeiro nascimento como uma nação homogênea e verdadeiramente identificada astrologicamente?

Na década de 1990, após algumas pesquisas nesse sentido, criei um método que me pareceu excelente para estudar o horóscopo do Brasil. Denominei-o Horóscopo Geodésico do Brasil.

Existe uma astrologia lunar?

Na verdade, existe apenas uma astrologia. Abordada de forma plena, cientificamente dentro dos padrões técnicos e da análise astronômica competente quando estudamos todo o universo, relacionando a interação entre o homem e a estrela, e, em nosso caso particular, obviamente, o Sistema Solar, os luminares e os planetas colocados devidamente no horóscopo... Somente a partir daí poderemos compreender a astrologia como um todo.

A astrologia lunar existe, sim, como um capítulo à parte do estudo astrológico; aliás, o estudo da astrologia lunar é um dos capítulos mais palpitantes desse estudo. A importância da Lua em um horóscopo pode ser avaliada sob os mais diferentes aspectos na abordagem da carta astral. A Lua no horóscopo se situa de forma tão plena e variada que se torna presente em todos os momentos da análise. Começando por avaliar a Lua em suas quatro fases: Nova, Crescente, Cheia e Minguante.

A Lua poderá se encontrar no horóscopo à luz do dia, acima ou abaixo da linha do horizonte, quer dizer, no hemisfério superior ou inferior, no hemisfério oriental ou no hemisfério ocidental.

Poderá estar Nova, Crescente, Cheia ou Minguante nesses diferentes quadrantes da carta natal. A Lua poderá se encontrar combusta, ou seja, em um arco de distância do Sol igual a seu diâmetro. Pode se encontrar Nova, Crescente, Cheia ou Minguante, em cada uma das doze casas astrológicas e nos doze signos zodiacais. E dezenas de outros aspectos e disposições que fazem de nosso satélite a verdadeira maga do Zodíaco. Tão importante é esse estudo que estou terminando a composição de um de meus próximos livros que terá esse nome: *Astrologia lunar*.

Além dos luminares, Sol e Lua, planetas e estrelas, que outros elementos podem ser considerados em um horóscopo?

Existem os denominados graus críticos, de grande significado para a interpretação correta de uma carta astral.

Posso citar alguns, como o ponto angélico ou coração do Zodíaco, em 15 graus de Leão; o grau curador ou grau médico em 18 graus de Leão; o 29º de Aquário, conhecido por grau de alta magia que confere aos seus natos grande poder e força nesse domínio; o 29º grau do signo de Virgem, grau do Semeador; o 19º de Áries, grau de exaltação do Sol; o 3º grau de Touro, grau de exaltação da Lua; o 29º de Escorpião, grau de alta espiritualidade e muitos outros, os quais jamais poderão ser desprezados na interpretação de um horóscopo.

O que é Hilec e o que é Anareta?

Hilec é o planeta mais forte da carta astral, que alimenta os luminares e o regente da vida e do ascendente; trata-se do alimentador da vida no horóscopo. Anareta é o destruidor, que alimenta o regente da casa 8 – da morte – e aflige os luminares e o regente do signo ascendente.

Pode-se dizer que, enquanto o Hilec alimenta a vida, o Anareta promove seu enfraquecimento. Poeticamente, criei a seguinte metáfora: ao passo que o Hilec põe azeite na lamparina para acender e ativar-lhe a chama, o Anareta sopra a chama tentando apagá-la.

Hilec é o responsável pelas benesses do destino e está identificado com a conquista e a supremacia da vida.

Anareta é o responsável pelas perdas e pela destruição e está identificado com o concurso das perdas desde as mais insignificantes até a perda irrecuperável da vida, a chamada morte.

Do equilíbrio dessa insólita concorrência, resultarão a própria existência humana e seus momentos de subidas e quedas ao longo dos anos. Não é fácil identificar esses dois significadores da carta astral. E, por serem de vital importância na análise, é preferível que estudantes e neófitos não se arrisquem a fazer previsões tomando-os como base, pois poderão cometer erros imperdoáveis.

O que é "movimento retrógrado" dos planetas e qual a sua importância para análise do horóscopo?

O movimento retrógrado dos planetas ocorre em função das diferenças de velocidade e posições das órbitas planetárias ao redor do Sol. Imagine dois trens transitando em linhas paralelas, um mais rapidamente do que o outro. Quando o trem que corre mais rápido passa pelo outro que corre mais devagar, os passageiros do primeiro têm a impressão de que o outro trem está caminhando para trás, ou seja, em movimento retrógrado. Esta posição por si mesma não determina efeito maléfico para a análise do horóscopo.

Em uma progressão, o que ocorrerá de bom ou mau dependerá de, durante o movimento retrógrado dos planetas em curso, eles se encontrarem em aspectos bons ou maus, valendo sempre a natureza desses aspectos. Por exemplo, se os dois planetas se encontram em trígono, em sextilha, conjunção ou oposição benéfica (em signos do mesmo elemento), repetem no decurso dos aspectos o movimento retrógrado, acentuando a evidência desses bons aspectos. Neste caso, o movimento retrógrado será benéfico. Mas, se o aspecto formado pelos dois planetas for uma quadratura, quincúncio, conjunção ou oposição maléfica (em signos negativos), evidentemente o movimento retrógrado estará acentuando aspectos negativos.

Observe o leitor que, nos dois casos, tanto o trígono quanto a quadratura hão de se repetir durante o movimento direto, seguindo-se o movimento retrógrado e, por último, o movimento direto que se sucederá inevitavelmente. Alguns estudantes fazem confusão, atribuindo sempre malefícios ao movimento retrógrado por falta de conhecimentos de astronomia e, conseqüentemente, da mecânica celeste. Por esta razão, no currículo do Curso Assuramaya de Astrologia, um dos capítulos versa exatamente sobre noções básicas de astronomia.

O que o astrólogo não deve revelar ao seu cliente? Até onde o astrólogo pode usar o direito do arbítrio?

Em meu livro *Manual de astrologia*, que escrevi em 1974, criei o Juramento do astrólogo – naturalmente inspirado no Juramento dos médicos (atribuído a Hipócrates) –, em cujo decálogo coloquei o seguinte: "7) Juro respeitar os postulados da ética, jamais pesquisando a casa 8 (morte) de pessoas vivas, sob qualquer pretexto ou outros atos que o bom senso e a boa moral rejeitam".

O astrólogo não deve revelar ao seu cliente, em especial, a morte e os problemas maduros ou insanáveis, como acidentes fatais inevitáveis ou doenças graves que não tenham previsão de cura ou solução satisfatória. Enfim, todos os acontecimentos previstos no que denominamos destino maduro.

Astrologia é a ciência da vida, da administração segura e lúcida para uma vida feliz e bem-sucedida.

Será sempre preferível para o astrólogo passar pelo desgosto de ouvir alguém dizer que ele não previu uma perda a antecipá-la na alma de quem certamente haverá de agradecer o preferível comedimento do astrólogo – antes de tudo, o conselheiro sábio nos momentos mais importantes da vida humana.

Anexos

A bandeira do Brasil e suas estrelas

A bandeira do Brasil foi criada pelo Decreto n° 4, de 19 de novembro de 1889, cujo texto estipulava que ela deveria representar o céu visto do Rio de Janeiro, às 08h37 do dia 15 de novembro de 1889. O desenho foi criação de Teixeira Mendes e Miguel Lemos, sob orientação do astrônomo Manuel Pereira Reis. É a única do mundo que possui em seu desenho a esfera celeste, cortada ao centro pela faixa que representa o Zodíaco, na qual se lêem as palavras "Ordem e Progresso". As constelações, assim como as estrelas, estão dispostas aproximadamente nas mesmas posições vistas no firmamento por um observador terrestre a partir do Campo de Santana, local onde teria sido proclamada a República pelo Marechal Deodoro.

As constelações e estrelas presentes na bandeira brasileira

CRUZEIRO DO SUL

Alfa Acrux - São Paulo Beta Mimosa - Rio de Janeiro
Gama Gacrux - Bahia Delta Pálida - Minas Gerais
Eta Intrometida - Espírito Santo

ESCORPIÃO

Alfa do Escorpião (Antares) - Piauí Beta (Graffias) - Maranhão
Eta (Wei) - Ceará Teta (Sargas) - Alagoas
Iota - Sergipe Zeta (Girtab) - Paraíba
Lambda (Shaula) - Rio Grande do Norte Mu - Pernambuco

CÃO MAIOR

Alfa (Sirius) - Mato Grosso Beta (Mirzan) - Amapá
Delta (Muliphem) - Rondônia Gama (Wezen) - Roraima
Eta (Adhara) - Tocantins

TRIÂNGULO AUSTRAL

Alfa (Atria) - Rio Grande do Sul Beta - Sta. Catarina
Gama - Paraná

AS ESTRELAS

Alfa Cão Menor (Prócyon) - Amazonas Alfa Hydra Fêmea (Alphard) - Mato Grosso do Sul
Gama Hidra Fêmea - Acre Alfa Carina (Canopus) - Goiás
Alfa Virgem (Espiga) - Pará Sigma Oitante - Distrito Federal[2]

O horóscopo do Brasil

Ensaios e erros

Os erros iniciados com a data do descobrimento do Brasil precisam ser corrigidos. O Brasil não foi descoberto em 22 de

---

[2] A estrela Sigma do Oitante, por ser uma estrela polar, nunca se põe. Daí a razão de sua escolha para representar o município neutro, o Distrito Federal.

abril, mas em 3 de maio; e um erro do calendário não justifica continuarmos celebrando uma data astronomicamente falsa.
O que é mais importante?

- ▶ A descoberta do Brasil em 3 de maio de 1500?
  Na realidade, o país "nasceu" como nação brasileira nessa data, uma vez que, a partir daí, surgiria o necessário vínculo da nacionalidade, dentro de limites geográficos. Houve uma "posse" territorial e um grupo de indivíduos se estabeleceu como embrião de uma nova nação. E mais: foi batizado com um nome, Brasil. Elaborou-se uma carta a Portugal registrando para o mundo a descoberta de um novo país, naquele dia que teria sido 3 de maio de 1500.
- ▶ A abertura dos portos em 11 de junho de 1808?
  Nesse dia, a nação brasileira "nasceu" para o mundo. Quer dizer, teve seu cordão umbilical cortado pelo "parteiro" Dom João VI e respirou livre para o resto do mundo, "nascendo" do útero materno português.
- ▶ O 7 de setembro de 1822?
  Trata-se da libertação política do jugo português, o também nascimento, como nação liberta, preparada para a individualização.

No primeiro caso, houve um fato concreto: a existência, confirmada pelo descobrimento. Nos dois casos subseqüentes, realizou-se uma crisma, uma confirmação do nascimento. Na realidade, não é fácil estabelecer um marco ideal, determinante e verdadeiro como fato inarredável do nascimento da nação brasileira. O momento do nascimento de um país como nação, universalmente reconhecida. No entanto, astrologicamente, qualquer dessas datas poderá ser usada para o levantamento da carta astral do evento, para a análise de uma mandala – no caso, o horóscopo do Brasil.

Tomando por base o dia da Independência, precisaremos nos reportar ao momento (hora, dia, mês e ano do fato histórico) e às coordenadas geográficas do lugar. Infelizmente, não há, ainda, entre os astrólogos, um consenso nos cálculos do horóscopo do Brasil, tomando-se como base o 7 de setembro.

Em meu livro *Manual de astrologia*, publicado em 1974 pela Editora Renes, fiz um estudo amplo e técnico do polemizado horóscopo do Brasil. O depoimento histórico, irrecusável, do historiador Rocha Pombo sobre o assunto é definitivo quanto à hora do evento que ficou famoso como o Grito do Ipiranga.

Horóscopo do Brasil

No volume IV, página 111, da coleção *História do Brasil*, de um dos mais respeitados historiadores brasileiros Rocha Pombo, lemos o seguinte:

> Entre 4 horas e 4 horas e meia da tarde de um belíssimo sábado de 7 de setembro, quando, à meia légua do Ipiranga, Bregaro e Cordeiro se encontraram com o Príncipe, a quem fizeram entrega da correspondência. Montava Sua Alteza Real um cavalo zaino e vestia pequeno uniforme. Lê o Príncipe ali mesmo os despachos, além de outros papéis, as cartas da Princesa e de José Bonifácio. Sente-se que ele experimenta súbita emoção. Depois, calmamente, como quem medita em angústia, entrega as cartas ao seu ajudante-de-ordens Major Canto e Melo, e diz à meia voz, premido por forte agitação: "Tanto sacrifício feito por mim e pelo Brasil inteiro... e não cessam de causar a minha ruína". Em seguida, arranca da espada e grita: "Independência ou morte!", como se gritasse para o Brasil inteiro.

Nos anos de 1960, iniciei uma pesquisa, inspirado nesse e em outros depoimentos de autores e historiadores diversos e no trabalho do saudoso Demétrio de Toledo. A partir daí, criei um verdadeiro teatro, cujos atores e figurantes eram meus alunos da turma de astrologia de 1962. A encenação do teatro, à guisa de pesquisa, foi verdadeiramente emocionante; cada ator ou figurante da peça encenava para tentarmos calcular o tempo percorrido desde o encontro de Dom Pedro com a comitiva até o Grito do Ipiranga.

Ensaiamos toda a trama do evento, desde a chegada da comitiva do Príncipe Real Dom Pedro, quando, a cerca de três quilômetros do riacho Ipiranga, encontrou a comitiva com a correspondência de Portugal. Dom Pedro recebeu a correspondência, leu os despachos, avaliou, analisou o tormentoso conteúdo, com certeza profundamente abalado. Conjeturas foram feitas, a profunda tensão emocional invadiu a alma do Regente. Acontecimentos da mais alta magnitude estavam sendo analisados por Dom Pedro. A grande emoção que se abateu sobre sua alma certamente haveria de forçá-lo a tomar a mais imperiosa decisão de toda sua vida.

E não seria, jamais, um ato impetuoso, impensado, sem o respaldo de uma profunda reflexão.

Dom Pedro leu a carta da Princesa e conjeturou sobre a opinião dissertada; leu a carta de José Bonifácio, cujo conteúdo, certamente amadurecido em uma relação de fortes laços de amizade e respeito, haveria de provocar em seu espírito outras emocionantes reflexões.

Leu e analisou os despachos – muitos e contundentes. O período entre o início desses acontecimentos, os fatos dramáticos que se sucederam, o conseqüente dilema para a alma do Príncipe Real e o desfecho final de tamanha amplitude, prelúdio, decorrer e epílogo da magnífica sucessão de acontecimentos, não teria ocorrido em menos de uma hora.

Dom Pedro realizou o ato heróico nunca antes das 5 horas. Acrescente-se o fato de que, logo após, a comitiva entrava na cidade quando os sinos da Boa Morte assinalavam cinco horas e meia.

Foi sob a cuidadosa análise acima descrita que levantei o horóscopo do Brasil para o dia 7 de setembro de 1822, às 17h02, nas coordenadas do Ipiranga: 46 graus e 30 minutos de longitude Oeste e 23 graus e 32 minutos de latitude Sul.

Alguns astrólogos colocaram o signo ascendente do Brasil em Aquário.

Não creio nessa opção.

O signo ascendente do Brasil é Peixes. Somos o país do misticismo. Todas as religiões do planeta têm guarida em nosso país. E mais: Netuno, o regente do signo ascendente Peixes (Netuno) na casa 10, assim como Lilite confirmam essa profunda vocação mística dos brasileiros.

A conjunção de Lua e Júpiter na casa 4 confirma a tendência do Brasil de se tornar uma nação híbrida, onde quatro raças compõem o mais importante cadinho racial do planeta.

A casa 3 do Brasil na área de exaltação da Lua confirma o "jeitinho brasileiro".

Contrariamente, o Brasil jamais teria um ascendente em Aquário. Não somos, nem de longe, um povo ousado, pioneiro, revolucionário, transformador, como seríamos se nosso ego fosse regido por Aquário.

Os aspectos reflexos que fluem vigorosos ao longo da análise não deixam dúvidas, para qualquer astrólogo experiente, da contundente confirmação de Peixes no ascendente do horóscopo do Brasil.

Somos piscianos, sim, com muita honra, místicos, sentimentais, emocionais...

A conjunção de Netuno – regente de nosso ascendente –, esta sim, tem levado alguns dirigentes brasileiros a se envolver em falcatruas, causando a danosa situação de enfermidade que assola a moral nacional, principalmente quando Netuno se encontra no trono de Urano e Urano se encontra no trono de Netuno.

Cheguei a batizar a enfermidade de nossos políticos, provocada por uma bactéria, de "corruptela brasiliensi"...

Urano está na casa 11, mas, felizmente, Netuno lidera na casa 10, prometendo uma nova ordem que não virá a curto prazo – enquanto Urano for hóspede de Netuno e Netuno for hóspede de Urano.

O horóscopo de Luís Vaz de Camões

Luís de Camões – O astrólogo. A ciência astrológica nos Lusíadas. No ano das comemorações do 480º aniversário do nascimento do grande poeta lusitano, pretendemos, como justa homenagem, ir ao encontro de seu desejo, colhendo em sua fecunda obra as preciosas informações colocadas tão sabiamente em seus versos geniais.

A data de nascimento do maior poeta da língua portuguesa, Luís Vaz de Camões, foi determinada por ele, por meio de informações astrológicas – as quais inseriu sabiamente entre os magníficos decassílabos de seus *Lusíadas*, tanto na épica quanto na lírica –, e encontra-se definitivamente estabelecida. Assim como as sentidas reminiscências de sua doce amada Dinamene, a Cordeira Gentil ("Alma minha gentil que te partiste"), emocionantemente retratada nos geniais versos camonianos.

Dois lobos cruéis roubam-lhe a felicidade: Saturno, o lobo de seu destino, rouba-lhe a Fortuna, prêmio de Júpiter; e Marte, o lobo do amor, rouba-lhe a doce Dinamene – cujo nome chinês, segundo Antenor Nascentes, aportuguesado em Macau onde a conhecera Camões, é Ti-Nan-Men –, a linda chinesinha morta em um naufrágio no rio Mechong, na Indochina.

Diz a tradição que Camões perdeu nesse naufrágio a Gentil Cordeira Tin-Nan-Men, contudo teria salvado, nadando, os manuscritos de *Os lusíadas*.

Por ocasião do próximo aniversário, comemorando 480 anos do nascimento do poeta luso, procurei reunir evidências astrológicas sabiamente insertas na épica e na lírica do grande vate português.

Até 1650, considerava-se verdadeira, de acordo com Faria e Sousa, um de seus biógrafos, a data de 1517 como a de seu nascimento. Em seguida, modificaram-na para 1524 ou 1525.

No Arquivo da Biblioteca Nacional de Lisboa, segundo Mario Saa, encontra-se o registro de um depoimento do século XVI afirmando que Luís Vaz de Camões alistou-se para servir na Índia em 1550, dando como idade 25 anos – o que faz prever que teria nascido em 1525.

Era este, aparentemente, o único registro comprobatório da data de nascimento do poeta. Muitas pesquisas se fizeram, mas todas permaneceram na estaca zero. Continuava dúbia a informação sobre a verdadeira data de seu nascimento...

Foi o grande escritor e astrólogo português Mario Saa, citado acima, que iniciou uma pesquisa lúcida e científica, baseando-se nas memórias astrológicas de Camões. Na realidade, não são poucas as citações encontradas nos versos épicos e líricos, fazendo coincidir importantes fatos astrológicos, como a magna conjunção de Saturno e Júpiter no dia em que nasceu, o eclipse do Sol no dia exato de seu primeiro aniversário, ocorrido no dia da estrela funesta (Saturno, na linguagem da época), além de afirmar posições de planetas como Marte fustigando Vênus, Saturno fustigando Júpiter, a Lua Cheia se levantando no Oriente, na casa 12, e ter nascido com o Sol no signo de Aquário.

Camões ajudou na confirmação da hora de seu nascimento ao dizer que nasceu na terceira hora funesta noturna (hora de Saturno), sob influência do funesto Saturno, ou seja, entre 20 e 21 horas. Estas indicações dos planetas, em casas determinadas, fornecem os elementos para confirmarmos a exata hora: 20h40 do dia 23 de janeiro de 1524, em Lisboa.

Os cálculos diamantinos de Mario Saa, baseados nessas informações, acrescidas da indicação de Camões de que a "Lua Cheia se encontrava suspensa sobre o horizonte oriental", não deixam dúvidas da precisão da hora pesquisada.

Temos, a partir daí, indubitavelmente, os dados indispensáveis para traçar com segurança o mapa de Luís Vaz de Camões.

Para chegar a essas conclusões, consultei alguns de seus biógrafos, entre os quais Faria e Sousa e Teófilo Braga. Fundamentalmente, consultei também o grande escritor e astrólogo, também português, profundo exegeta da obra de Camões, Mario Saa, que de maneira magistral penetrou profundamente o pensamento do vate, arrancando-lhe as preciosas informações, colocando novas e providenciais luzes para o aclaramento da verdadeira data de nascimento do maior poeta da língua portuguesa, que tem sido, com justiça, igualado a Homero para a língua grega e a Virgílio para a língua latina.

Enquanto se perseguiu a data somente atendo-se a fatos históricos, os elementos disponíveis foram frágeis e insuficientes. Mas, tomando ciência do fato, até então inédito, de que Luís de Camões era profundo conhecedor da astrologia, alguns lúcidos biógrafos, também conhecedores da ciência astrológica, empenharam-se nessa direção, e só aí foi possível estabelecer com segurança não somente o dia, o mês e o ano, mas também a hora de seu nascimento – como poderemos explicar, adiante, à luz dos conhecimentos e evidências astrológicas.

Sabemos que, para traçar um horóscopo, necessitamos da hora, do dia, mês e lugar de nascimento; entretanto, se já temos as posições em que se encontravam os planetas do mapa estelar natal, poderemos facilmente efetuar a construção do horóscopo.

Vejamos o verso profético proposto por Mario Saa para confirmar o ano do nascimento de Camões:

> O dia em que nasci, morra e pereça
> Não o queira, jamais, o tempo dar
> Não torne ao mundo; e se tornar,
> Eclipse nesse "passo" o Sol padeça

Ao pesquisador atento não restará dúvida de que na "redundância" (morra e pereça) está implícito o duplo infortúnio ou o dia de seu nascimento, em 23 de janeiro, coincidindo com a conjunção Saturno e Júpiter, quando, segundo Camões, Saturno, o lobo, aflige a fortuna (Júpiter), roubando-lhe a sorte; e o eclipse do Sol, o qual haveria de ocorrer nesse mesmo dia (o "passo" do Sol), um ano depois, no mesmo dia 23 de janeiro do ano seguinte, em seu primeiro aniversário. A profecia de que, se o dia de seu nascimento se repetir no aniversário (no ano seguinte): "Eclipse nesse 'passo' o Sol padeça..."

E Camões acrescenta, com precisão astrológica, que nasceu sob a influência funesta de Saturno...

> Quem nasce em dia
> De estrela tão dura
> Não acha ventura
> Não pôs minha Estrela
> Mais ventura em mim

A estrela tão dura dos alfarrábios astrológicos é Saturno, que, nesse dia, infringia à fortuna (Júpiter) restrições responsáveis por toda a desgraça de sua vida.

> O dia em que nasci, morra e pereça
> Não queira jamais o tempo dar
> Não torne ao mundo e, se tornar,
> Eclipse nesse "passo" o sol padeça

Ora, as tábuas astronômicas da época confirmam que o único eclipse do Sol ocorrido em um sábado (dia do mesmo Saturno que o afligira no dia de seu nascimento) entre 1515 e 1540 (período inarredável do evento) teve seu curso no signo de Peixes, no dia 23 de janeiro de 1525, ocasião do primeiro aniversário do poeta. Está, portanto, bem claro que Camões afirma ter se dado o eclipse no dia do primeiro aniversário de seu natalício, em 23 de janeiro, mas do ano anterior ao funesto eclipse de 1525, sob influência de Saturno.

Como astrólogo, discordo da interpretação da época segundo a qual seriam funestos os efeitos dessa conjunção. Isto, porém, não ofusca em nada as magníficas citações astrológicas de sua obra.

Em outros de seus versos, Camões repete a nênia triste de seu trágico destino, quando decanta com amargura os dois maiores dramas de sua alma: a vida de heróicas e desastradas aventuras e o doloroso desfecho do trágico desaparecimento de sua bem amada Dinamene.

> Dois lobos... logo a voz e a melodia
> Te fugirão, e o som suave e puro!
>
> Bem foi assim porque um me degolou
> Quanto gado vacum pastava e tinha
> De que grandes soldadas esperava...
>
> E, por mais dano, o outro me matou
> A "Cordeira Gentil" que eu tanto amava
> Perpétua saudade de alma minha!

Os "dois lobos" são Saturno, que lhe rouba a fortuna, e Marte, que lhe mata o amor. Lobos estes que se encontravam anareticamente colocados no horóscopo do dia de seu nascimento.

Com essa evocação à vida e obra de Luís Vaz de Camões, desejo ajudar a despertar novas emoções nas almas dos cultores do saber para o magistral Poema da Humanidade, composto pelo grande poeta de quem somos culturalmente herdeiros...

São Paulo, Lunação de Capricórnio de 2005.

Amorosamente,

Assuramaya

www.gruposummus.com.br